Bernd Heidenreich (Hrsg.)

Geist und Macht: Die Brentanos

Bernd Heidenreich (Hrsg.)

Geist und Macht: Die Brentanos

Westdeutscher Verlag

Die Deutsche Bibliothek – CIP-Einheitsaufnahme
Ein Titeldatensatz für diese Publikation ist bei
Der Deutschen Bibliothek erhältlich

Der Westdeutsche Verlag ist ein Unternehmen der
Fachverlagsgruppe BertelsmannSpringer.

www.westdeutschervlg.de

Höchste inhaltliche und technische Qualität unserer Produkte ist unser Ziel. Bei der Produktion und Verbreitung unserer Bücher wollen wir die Umwelt schonen: Dieses Buch ist auf säurefreiem und chlorfrei gebleichtem Papier gedruckt. Die Einschweißfolie besteht aus Polyäthylen und damit aus organischen Grundstoffen, die weder bei der Herstellung noch bei der Verbrennung Schadstoffe freisetzen.

Redaktion und Bildauswahl: Dr. Helma Brunck, Frankfurt
Umschlagbild: Wappen der Familie Brentano (Foto: Ursula Seitz-Gray)
Umschlaggestaltung: Horst-Dieter Bürkle, Darmstadt
Satz: Fromm MediaDesign, Selters/Ts.
Druck und buchbinderische Verarbeitung: Druckerei Hubert & Co., Göttingen
Printed in Germany

ISBN 3-531-13477-9

Inhalt

Vorwort des Herausgebers

„Geist und Macht: Die Brentanos“

Die Geschichte der Familie Brentano ist nicht nur in einer Hinsicht bemerkenswert: In den Nachfahren des „Don Domenico Brentano di Tremezzo“, der 1698 eine Handelskompanie in Frankfurt als Warenumschlagplatz gründete, und seines 1674 verstorbenen Vetters Natalis haben sich italienische, reichsstädtische und hessische Elemente zu einem einzigartigen Stück europäischer Geistesgeschichte verdichtet, das gleichsam modellhaft vorführt, welche Früchte europäische Integration tragen kann. Vor allem die Kinder und Enkel des seit 1762 mit dem Frankfurter Bürgerrecht ausgestatteten Peter Anton Brentano sind aus Literatur, Philosophie und Wissenschaft der Deutschen nicht mehr wegzudenken. Das gilt nicht nur für das berühmte Geschwisterpaar Clemens und Bettine, sondern auch für den Philosophen Franz Brentano (1838–1917) und den Volkswirtschaftler Lujo Brentano (1844–1931). Aber auch die hessische Linie von Brentano di Tremezzo, die mit Otto Rudolf von Brentano (1855–1927) und seinen Söhnen Heinrich (1904–1964) und Bernard (1901–1964) immerhin einen stellvertretenden Ministerpräsidenten, den langjährigen Außenminister Adenauers und einen bedeutenden deutschen Schriftsteller des 20. Jahrhunderts hervorgebracht hat, verdient eine stärkere Aufmerksamkeit – repräsentiert sie doch geradezu idealtypisch die Synthese von Geist und Macht. Nimmt man noch die entfernten Verwandten der Brentanos hinzu (etwa den langjährigen bayerischen Ministerpräsidenten und kurzzeitigen Reichskanzler Graf Hertling) oder bezieht gar die nicht weniger bedeutenden verschwägerten Familien mit ein, also die Arnim, die Savigny, die Kühlmann-Stumm, so wird die herausragende Bedeutung dieses Geschlechts noch einmal unterstrichen. Die Besonderheit der Brentanos gründet sich dabei nicht auf eine zufällige Kombination der Gene, sondern auf einen besonderen Geist dieses Hauses, der zwischen den Polen von Freiheitsbedürfnis und Verantwortungsgefühl, von Individualismus und sozialem Engagement, von künstlerischer Kreativität und dem Gemeinwohl verpflichteter Weltklugheit, von Kunst und Politik gesucht werden muß.

Mit dem Sammelband „Geist und Macht: Die Brentanos“, der aus einer Tagung der Hessischen Landeszentrale für politische Bildung hervorgegangen ist, stellt die politische Bildung in Hessen die Geschichte dieser Familie in den Mittelpunkt einer Publikation. Das mag nur auf den ersten Blick überraschen. Denn Familiengeschichte ist mehr als die emsige Fleißarbeit Stammbäume zeichnender Genealogen. Als Seitenzweig der Sozialgeschichte beschäftigt sie sich mit hochdifferenzierten sozialen Gemeinschaften, in denen die Wirtschafts-, Sozial-, Alltags- und Mentalitätsgeschichte ganzer Generationen am jeweiligen Beispiel einer durch Abstammung, Herkunft und Bildung, aber auch durch gemeinsame Überzeugungen und Einstellungen verbundenen Personengruppe greifbar wird. Der Wechsel der Zeitläufe und der geschichtlichen Ereignisse bricht sich dabei im Spiegel der individuellen Einzelschicksale der Familienmitglieder. Die Geschichte der Familie Brentano bietet daher einen Zugang zur geschichtlichen Überlieferung, deren Kenntnis die Basis und das Fundament jedes vom Zeitgeist und den Ereignissen des Tages unbeeinflußten politischen Urteils ist. Kultur-, Geistes-, Ideen- und Politikgeschichte unserer Region, die stärker noch als die äußeren Ereignisse die Mentalitäten und Denkweisen der Menschen geprägt haben, können so anhand bedeutender Persönlichkeiten der Familie Brentano in das öffentliche Bewußtsein gerückt und damit hessische Identität gestärkt werden. Die Hessische Landeszentrale für politische Bildung entspricht damit zugleich dem Auftrag des Artikels 56 der Hessischen Verfassung, bei der Darstellung der Geschichte „die großen Wohltäter der Menschheit, die Entwicklung von Staat, Wirtschaft, Zivilisation und Kultur“ in den Vordergrund zu stellen. Wir hoffen, daß es mit dem kleinen Band gelingt, den engen Zusammenhang von Geist und Macht, Kultur und Politik, Persönlichkeit und Geschichte an einem geglückten Beispiel zu demonstrieren und dazu zu ermutigen, diesen in Deutschland immer noch außergewöhnlichen Dialog fortzusetzen.

Dr. Bernd Heidenreich
Ständiger Vertreter des Direktors der
Hessischen Landeszentrale für politische Bildung

Die Familie Brentano

Vom Comer See an den Main

Klaus Günzel

Es war an einem Frühlingstag zu Beginn unseres Jahrhunderts, als der deutsche Professor Lujo Brentano, damals ein bekannter Nationalökonom und Sozialpolitiker, das Postamt in Cadenabbia am Comer See verlassen hatte und nun, die Schönheit der Landschaft betrachtend, am Ufer des Lario stand. „Ich kenne keine Gegend, die so wie diese sichtlich vom Himmel gesegnet ist.“ So hymnisch hatte den Landstrich einst Franz Liszt gepriesen, der hier um das Jahr 1837 zusammen mit seiner Geliebten, der Gräfin d'Agoult, buchenswerte Wochen verbrachte. Der Name ihrer Tochter Cosima, die in Bellagio zur Welt kam, war auch eine Huldigung an den Comer See, der „vom Himmel gesegneten“ Stätte dieses Liebesidylls.

Die malerischen Villen auf der Halbinsel Bellagio konnte der Professor Brentano deutlich erkennen, ebenso das mondäne Menaggio, das wie Cadenabbia am Westufer des Sees liegt. Nach Süden hin erstrecken sich die Rhododendron- und Azaleenfluren der Riviera della Tremezzina, die aber den aus dem Norden herbeigereisten Gast nicht nur wegen ihrer Blütenpracht faszinierte. Denn er wußte, daß aus dieser von Natur, Kunst und Geschichte gleichermaßen ausgezeichneten Landschaft seine Vorfahren gekommen waren, bevor die Familie später in Deutschland zu Glanz und Ruhm gelangte. Und wie zur Bekräftigung seiner Erinnerung trat in diesem Moment an ihn ein elegant gekleideter Herr heran, der im Postamt den Namen des fremden Professors erfahren hatte und sich nun vorstellte.

Ein Brentano sei auch er, sogar ein Vetter des deutschen Besuchers und überdies Bürgermeister des nahen Ortes Griante. So geriet der humanistisch gebildete, ansonsten aber mehr den Fragen seiner Gegenwart zugetane Gelehrte auf die Spuren seiner Ahnen, die er hier überall wahrnehmen konnte: in der zauberhaften Bucht von Lenno, die den Poeten des Barock als „Spiegel der Diana und Venus“ erschienen war; auf der Isola Comacina, wo noch die Ruine einer romanischen Basilika von längst vergangenem Reichtum zeugt; oder im Intelvital, aus dem so viele

Künstler, die Maestri intelvesi, gekommen waren, die gleich den Brentanos nördlich der Alpen gewirkt haben, vor allem als Architekten, Bildhauer und Maler. Der Vetter und Bürgermeister zeigte dem Gast die Häuser, die seine Vorväter erbaut hatten oder in denen sie geboren waren, so in Azzano und besonders in Tremezzo, wo anno 1735 der spätere Frankfurter Handelsherr Peter Anton Brentano als Pietro Antonio Brentano das Licht der Welt erblickt hatte, der Vater der Dichtergeschwister Clemens und Bettine Brentano sowie zahlreicher weiterer Kinder, denen die deutsche Kultur unverlierbare Schätze verdankt.

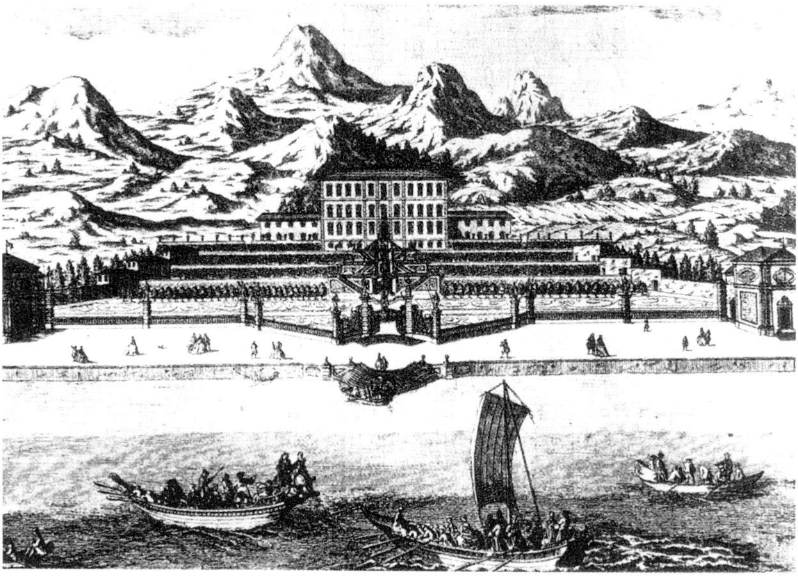

Abb. 1: Tremezzo, Villa Carlotta im 18. Jahrhundert.
Kupferstich von M. Dal. Re

Die Kunstlandschaft um den Comer See ist von mannigfachen, oft gegensätzlichen Einflüssen geprägt. In der Urheimat der Brentanos, im südlich von Tremezzo gelegenen Lenno und auf der Halbinsel Bellagio, sollen die beiden Villen des jüngeren Plinius gestanden haben, der von ihrer anmutigen Lage bereits im ersten nachchristlichen Jahrhundert schwärmte: von „den kristallenen Kanälen, die sich so angenehm an den blühenden Ufern entlangziehen, mit dem bezaubernden See, der sowohl nützlichen Zwecken wie zugleich der Schönheit dient". Später, im frühen und hohen Mittelalter, öffnete sich der ganze italienische Norden der Anregungen der deutschen und französischen Baukunst. Mönche des Zisterzienserordens brachten den Geist der Gotik über die Alpen. Kuppeln und Türme der Kirchen von Como verrieten rheinländische Einwirkungen, womit sie auf einen fernen Kulturraum verwiesen, in dem das Geschlecht der Brentanos mehr als ein halbes Jahrtausend danach seine höchste Entfaltung erleben sollte.

Auf geistigen und wirtschaftlichen Austausch mit den deutschen Nachbarn war man eingestellt, die freilich auch bald Herrschaftsrechte geltend machten, seit sich Kaiser Otto der Große 951 in Pavia als König der Franken und Langobarden huldigen ließ. Soziale Gegensätze in den Städten, die Auseinandersetzungen zwischen Adel und Geistlichkeit, das wachsende Selbstbewußtsein der oberitalienischen Kommunen, besonders jedoch die verhängnisvolle Rivalität zwischen Kaiser und Papst beherrschten jahrhundertelang die Lombardei, die als „Reichsitalien" von den römisch-deutschen Herrschern beansprucht wurde. In den oberitalienischen Städten tobte mit wechselndem Glück der unnachgiebige Kampf zweier Parteien: der auf den Kaier eingeschworenen Ghibellinen und der auf den Papst verpflichteten Guelfen.

Im chaotischen Getümmel dieser Parteiengefechte erscheint, nebelhaft genug und zur Mythenbildung geradezu herausfordernd, die Gestalt, auf die alle Linien der Brentanos ihre Stammbäume zurückführen – die Gestalt des Ghibellinen Johannes de Brenta, von dem die Familientradition glaubt, daß er in dem Ort Brenta, vielleicht auf einer Burg gleichen Namens zwischen dem Lago di Varese und dem Lago Maggiore, geboren war. Die Brenta oder Brentani sollen mit den Grafen von Mede verwandt gewesen sein und einen Teil von deren Lehen übernommen haben. In Bonzanigo am Comer See, zwischen Tremezzo und Azzano gelegen, hat sich Johannes de Brenta mit anderen Angehörigen seiner Sippe niedergelassen. In Mailand herrschte damals bereits das Geschlecht der Visconti, in Como zunächst noch der Bischof Giovanni degli Avvocati, der es mit den Guelfen hielt. Im Frühjahr 1282 kam es zum Überfall ghibellinischer Gefolgsleute auf die Stadt Como, die sie eroberten und deren bischöflichen Palast sie niederbrannten. Der geflohene Bischof belegte die Aufrührer mit dem Kirchenbann, unter ihnen den Ritter Johannes de Brenta und seine Verwandten.

In einem Codex des 15. Jahrhunderts ist das Wappen der Familie überliefert, das eine „Brenta" oder „Brente" zeigt: eine Tragbütte, in welche die Weinbauern jener Gegend die Trauben zu lesen pflegen. Der

Abb. 2: Casa Brentano in Azzano am Comer See.
Foto nach einer alten Platte aus dem Nachlaß Christian Brentanos

Reichsadler, der gelegentlich im Haupt des Schildes auftauchte, verwies auf die ghibellinische Gesinnung der Sippe, während die Schlange auf die mailändischen Visconti hindeutete, zu deren Etablierung im Gebiet von den Alpen bis nach Bologna die Brentanos beigetragen hatten. Sechshundert Jahre nach dem flüchtigen Auftauchen des Ritters Johannes auf dem Welttheater setzte sein Nachfahre, der Dichter Clemens Brentano, im pittoresken Reigen der „Romanzen vom Rosenkranz" den mittlerweile fast sagenhaften Zwistigkeiten ein Denkmal, in die auch seine Vorfahren verstrickt waren:

Und da diesen eignen Händeln
Sich noch fremde eingeflochten,
Ghibellinen und die Guelfen,
Ward die Sache mehr verworren.

Und so ward gar viel gerechtet,
Manches Blut im Streit vergossen,
Daß die Frauen bittre Tränen
Um die Toten weinen konnten.

Die uradlige Herkunft der Familie und manche Geschichte aus ihrer Frühzeit werden nun allerdings von dem Genealogen Alfred Engelmann energisch in Frage gestellt. Die späteren Brentanos, die ja erst in Deutschland zu Titeln, Ehrungen und Besitz gelangten, hätten die spezifisch deutschen Gegensätze zwischen „Adligen" und „Bürgerlichen" auf die Sozialstrukturen übertragen, die im Mittelalter für das Land um den Comer See charakteristisch waren, was aber auf einem grundsätzlichen Denkfehler beruhe. Zum lombardischen Uradel hätten die Brentanos keineswegs gehört, so gut wie nichts sei in dieser Hinsicht tatsächlich nachweisbar.

Alle entsprechenden Familiennachrichten würden auf Anträgen beruhen, mit denen einige Angehörige der Dynastie um und nach 1700 in der kaiserlichen Kanzlei zu Wien um die Bestätigung ihres Adels nachgesucht hätten. Dort sei man jedoch überhaupt nicht in der Lage gewesen, dergleichen „hochjubilierte" Sagen zu überprüfen, und so habe man schließlich alles anerkannt, versehen mit den Unterschriften Kaiser Leopolds I. oder der Kaiserin Maria Theresia. Wer aber würde wohl die Apostolischen Majestäten ernsthaft des Irrtums bezichtigen wollen?

Gegen diesen Versuch einer Entmythologisierung erheben quellenkundige Vertreter der Familie stichhaltige Einwände, wobei sie sich durchaus auf seriöse Unterlagen berufen können. Neben mehreren Werken, die vor allem aus dem 17. Jahrhundert stammen, dürfen sie als Argument das alte Wappen anführen, das neben dem ghibellinischen Reichsadler die bekannte Brente (Bütte) sowie den Löwen und die Schlange der Viscontis zeigt.

Wir können und wollen den Streit nicht entscheiden, der wohl mehr, als es alle Beteiligten wahrhaben möchten, auf Interpretationsproblemen beruht, etwa auf der Frage, ob die Bezeichnung „Nobile", mit der die Brentanos ausgestattet waren, in der Zeit um 1300 am Comer See bereits die gleiche Bedeutung hatte wie im 18. Jahrhundert. Vielmehr halten wir es für reizvoll und in einem höheren Sinne beinahe für kennzeichnend, daß die Anfänge der Familie Brentano im nicht mehr recht eindeutig aufzuhellenden Dämmerlicht zu suchen sind, das die Grenzen zwischen Historie und Mythos, zwischen Geschichte und Dichtung fließend macht. Clemens Brentano, der poetische Nachfahre der „Nobili" vom Comer See, hat bekanntlich zusammen mit seinem Gefährten Achim von Arnim in der Liedersammlung „Des Knaben Wunderhorn" manchen Text eingeschwärzt, der in Wahrheit von den Herausgebern stammte. Auch die frühesten und oft nur zufällig überlieferten Nachrichten aus der Geschichte der Brentano-Dynastie erscheinen wie vieldeutige Bruchstücke, die sich eher zum romantischen Wunderhorn als zur akribischen Ahnentafel eignen!

Ob die Brentanos mit dem zerstörten Kastell Brenta in der Nähe des Lago Maggiore mehr zu tun hatten, als eine vielleicht nur zufällige Ähnlichkeit der Namen vermuten lassen mag, wird unerforschlich bleiben. Um 1200 und in den Jahrhunderten danach lebten sie als „Singolari" (freie Grundeigentümer) in den Weilern Tremezzo und Bonzanigo am Westufer des Comer Sees. Sie ernährten sich, wohl ziemlich bescheiden, vom Kleinhandel und von den Erzeugnissen ihrer Felder: von Getreide und Kastanien, Fisch und Hausgeflügel, Butter, Oliven und Wein. Sie wohnten in Gebäuden, die aus Natursteinen gefügt und mit steinernen Platten gedeckt waren. Sie sprachen den lombardischen Dialekt ihrer Heimat, nicht das bereits klassische Italienisch der Gebildeten. Sie durften kaum als wohlhabend, keinesfalls als reich gelten und waren doch schon in dieser frühen Zeit selbst- und sippenbewußt. Dazu trug die weite Verbreitung der Familie und ihre Verzweigung in mehrere Linien bei. Oft geschah es, daß in der gleichen Gemeinde zwei Elternpaare der Brentanos mit dem gleichen Namen lebten und ihren Kindern wiederum die gleichen Vornamen gaben. So wurden einzelne Angehörige mit Bezeichnungen versehen, die individuelle Besonderheiten benannten, etwa „der Bucklige", „der Einäugige", „der Hinkende" oder „der Bäcker".

Bereits zur Zeit der spanischen Herrschaft über die Lombardei war die Familie derartig in zahlreiche Linien, Äste und Zweige aufgespalten, daß sich sogar ihre Mitglieder im genealogischen Dickicht zu verirren begannen. So schritt man zur Einführung von Sammelnamen für die verschiedenen Linien, die oft vom Stammvater hergeleitet waren: etwa „ser Franzo" oder „Gnosso" oder „Collo Storto" (Schiefhals) oder „del medico" (Arzt). Besonders wohltönend sind die Bezeichnungen, die nichts anderes als die lokale Lage des Stammhauses andeuten sollten, beispielsweise „Cimarolo" (auf der Höhe), „Monticello" (auf dem Hügel) und „di Fondo" (am Grunde).

Das Verwandtschafts-Gestrüpp wurde noch verworrener durch die auffallend vielen Heiraten innerhalb der Brentano-Dynastie, was mehrfach den Einspruch der Geistlichkeit hervorrief. Der Familienforscher Alfred Engelmann hat aufgelistet, daß bis zum Jahre 1499 fast ein Viertel aller geschlossenen Ehen „Brentano-Brentano-Heiraten" waren. Zwischen 1500 und 1599 stieg die Hochzeitsfreudigkeit innerhalb der Sippe auf mehr als 37 Prozent, und im 17. Jahrhundert haben 39 Prozent der

Brentanos ihre Frauen aus der weiteren und manchmal auch engeren Verwandtschaft heimgeführt, so daß 243 von 602 bekannten Heiraten in diesem Zeitraum innerfamiliäre Eheschließungen waren!

Trotz dieser nach unserem Verständnis einigermaßen befremdlichen Statistik bescheinigt der Genealoge immerhin, „daß die Bevölkerung des Comer Sees und damit auch die Brentano-Sippe sich auszeichnet durch eine gewisse Feinheit des Körperbaus, der Gesichtszüge und der Sinne, durch schnelle Auffassungsgabe (auch aus den Briefen und der Kontenführung ersichtlich) und ein – man möchte sagen – nobles Benehmen. Auch all dies hat sicher den Brentanos den Zugang zu den deutschen Adelskreisen erleichtert."

Die reiche Nachkommenschaft, die aus den zahllosen Ehebündnissen hervorging und die stets neue Erbteilungen erforderlich machte, aber ebenso die Folgen der Bürgerkriege, der Pestseuchen und des spanischen Besatzungsregimes stellten die Brentanos im 17. Jahrhundert vor schwierige Existenzfragen, die in der näheren und weiteren Umgebung des Comer Sees nicht mehr zu lösen waren. Auch verliefen die bedeutenden Handelsstraßen längst nicht mehr durch diese Region, und gerade vom Güterverkehr und von den an ihn gebundenen Geschäftsbeziehungen hatten sich zahlreiche Angehörige der Familie seit Generationen vornehmlich ernährt. Was lag näher, als das Heil im Ausland und in Existenzgründungen jenseits der Alpen zu suchen? Die Stämme der verzweigten Dynastie begannen sich über Europa auszubreiten. Bald gab es Brentanos aus den verschiedenen Linien in den eidgenössischen Kantonen, in der Freien Reichsstadt Nürnberg und in Sachsen, in Heidelberg und Bruchsal, in Straßburg und am Bodensee.

Doch nicht nur Handel und Wandel machten sie zu ihrem Lebensberuf, obwohl sie mit dieser Sphäre von Hause aus am engsten verbunden blieben. Einige Brentanos vertauschten das Kontorbuch mit dem Degen und traten in des Kaisers Dienste.

Als in den frühen Morgenstunden des 12. September 1683 die Reichstruppen unter dem Oberbefehl des Polenkönigs Johann Sobieski vom Wiener Kahlenberg her in die Tiefe stürmten, um die Stadt von den türkischen Belagerern zu befreien, focht mitten im Getümmel der einundzwanzigjährige Kornett Carlo Andrea Brentano di Cimaroli aus Bonzanigo, der schließlich, protegiert vom Prinzen Eugen, zum Kriegskommissar von Ungarn und Obersten Kriegskommissar der Lombardei aufstieg. Auch zwei andere Angehörige der Linie Cimaroli wurden fähige Truppenführer: der eine als General Maria Theresias im Siebenjährigen Krieg, der andere als General Josephs II. im letzten Türkenkrieg. Er starb,

Abb. 3: Anton Joseph Freiherr von Brentano di Cimaroli (1741–1793), Kaiserlicher General.
Zeitgenössisches Ölgemälde

während des ersten antifranzösischen Koalitionskrieges, am 20. Januar 1793 im Haus seines Verwandten Peter Anton Brentano hier in der Frankfurter Großen Sandgasse. Bettine hat in „Goethes Briefwechsel mit einem Kinde“ die Sterbeszene beschrieben, bei der sich Angehörige zweier Linien der Dynastie, der Cimaroli und der Tremezzo, die Hände reichten.

Peter Anton war der Enkel jenes Domenico Brentano, der 1651 noch in Tremezzo das Licht der Welt erblickt hatte. Von seinem Vater Stefano hatte dieser Domenico einst 2816 Gulden geerbt. Als er starb, hinterließ er ein Privatvermögen von 116 000 Gulden, dazu Häuser und Güter in der heimischen Tremezzina, besonders aber die Frankfurter Handelsfirma, die zunächst in den Gewölben, Kammern und Kellern des „Nürnberger Hofs“ ein verwinkeltes Domizil erhielt. Zwischen 1676 und 1680 hielt er sich zum ersten Male hier in Frankfurt auf, 1698 verlegte er sein kaufmännisches Unternehmen endgültig hierher. Domenico war es, der den Brentanos den Weg vom Comer See an den Main bahnte.

Er ließ sich auf ein schweres Geschäft ein, denn in den Niederungen des täglichen Handels mit Zitronen und Muskatnüssen, Manna und Safran, Tabak, Perlen und Korallen tobte der Konkurrenzkampf. Auch wurden die italienischen Handelsleute in der alten Reichsstadt als unerwünschte Rivalen angesehen. Sie mußten hohe Schutzgelder an das

Inquisitionsamt entrichten, fast wie die Juden. Grundsätzlich durften nicht mehr als sieben italienische Firmen in den Mauern der Stadt bestehen. 1692 zeigten die alteingesessenen Frankfurter Kaufleute ihre italienischen Konkurrenten beim Rat förmlich an: „Sie haben ihre Handlungen fast mit nichts angefangen, lassen sich aber anjetzo nicht mit großen Summen Geldts aufkaufen, schicken ihren meisten Reichtum zu den Ihrigen nach Italien, bauen allda große Paläste und kaufen sich Landgüter."

Solche Klagen konnten den Aufstieg von Domenico Brentanos Handelshaus freilich nicht aufhalten, dessen Organisation selbst von geschäftlichen Nebenbuhlern mehrfach nachgeahmt wurde. Filialen in Mainz, Bingen und Rüdesheim legten ein beredtes Zeugnis ab vom unternehmerischen Geist des Chefs, seiner Söhne und Associés.

Abb. 4: Gasse „Hinter dem Lämmchen" mit Blick in den Nürnberger Hof (südliches Ende), den ursprünglichen Sitz der Familie Brentano in Frankfurt a. M. *Tusch- und Federzeichnung von Adolf Weber o. J.*

Dabei ging Domenico immer noch fast alljährlich für einige Monate zurück an den Comer See, um Ehefrau, Kinder und Verwandte wiederzusehen; zur Messezeit war er aber wieder in Frankfurt. Die letzten Jahre seines erfolgreichen Lebens verbrachte er wieder ganz in Tremezzo, die weiteren Geschicke seiner deutschen Unternehmungen den Söhnen überlassend. Er hatte noch die Genugtuung, daß ihm die Frankfurter nach einer kaiserlichen Intervention die Stadtrechte einräumen mußten. Er starb am 15. April 1723 im heimischen Tremezzo, wo er in der Kirche an der Seite seiner Frau bestattet wurde. Sein Sohn Domenico Martino, der Vater Peter Antons, wurde dann schon in einem deutschen Gotteshaus beigesetzt: am Josephsaltar in der Karmeliterkirche zu Frankfurt.

Immerhin schloß sich ein Kreis, als Domenico Brentano die letzte Ruhe in der Erde fand, von der er einst ausgegangen war. Die Kreise, die er nördlich der Alpen gezogen hatte, setzten Kinder, Enkel und Urenkel fort, und sie gingen dabei weit über die Grenzen hinaus, in denen das Frankfurter Handelshaus „Domenico Brentano e figli" sein Genügen fand. Oft werden Wege, wie sie die Familie vom Comer See an den Main einschlug, erst nach Generationen als sinnvolle Kreise erkennbar – trotz aller Umwege und Fluchtwege, die mancher Nachgeborene später gegangen sein mag. In einigen Fällen sollten es Pfade in ganz andere und neue Sphären der menschlichen Produktivität sein, von denen sich der rechtschaffene Handelsherr Domenico in seinem Kontor nichts träumen ließ.

Den Lebensberuf und mit ihm die wirtschaftliche Existenz hatte er für sich und die Nachkommen am Main gegründet, aber er starb in der vertrauten Lombardei, die 1707 habsburgisch geworden war. Oberster weltlicher Herr der Brentanos war der Kaiser zu Wien – ganz gleich, ob sie am Comer See privatisierten oder am Main ihren Geschäften nachgingen. Und wie das Regiment der österreichischen Habsburger von Joseph I. bis zum Tode Maria Theresias für die Lombardei eine Blütezeit werden sollte, so gedieh unter ihrem milden Szepter auch die Sippe der Kaufleute aus Tremezzo. Italiener waren sie durch ihr Herkommen, Deutsche durch den Ort ihrer beruflichen Ambitionen und bald auch durch ihre kulturellen Bestrebungen. Als Bewohner des oft verlästerten alten Reiches konnten sie südlich und nördlich der Alpen gute Europäer sein mit einem Traditionsbewußtsein, das in langen Jahrhunderten gewachsen und gereift war.

Als der deutsche Professor Lujo Brentano, mit dem wir unsere Betrachtung begonnen haben, zu Beginn des 20. Jahrhunderts am Ufer des Comer Sees stand, hat er in der klaren Luft einer weiten Rückschau davon einen Hauch verspürt.

Peter Anton Brentano (1735–1797)

Italienischer Kaufmann und Bürger der Freien Reichsstadt Frankfurt

Rainer Koch

Kam in der Mitte des 18. Jahrhunderts ein Kaufmannszug aus Oberitalien für den lombardischen Kaufmann Peter Anton Brentano in Frankfurt an, so nahm er von Sachsenhausen her den Weg über die alte Brücke und passierte unter dem erschreckenden Schädel eines der Hingerichteten des Fettmilch-Aufstandes die nur knapp drei Meter breite Durchfahrt des Frankfurter Brückenturmes. Sodann fuhr er hinein in die Fahrgasse, vorbei an der Eisenwaage und dem Garküchenplatz östlich von St.Bartholomäus. Nach weiteren gut 200 m bog er bei der Johanniter-Kirche nach links in die Schnurgasse, folgte ihr nach Westen, linker Hand vorbei an der Mausgasse und Rattengasse, an der Kruggasse und dem Affengässchen bis sich zwischen Schmiedhof und Eichlerhof, wiederum scharf nach links führend, die Nürnbergerhofgasse öffnete. Eben dort führte der Weg hinein durch einen gotischen Torbogen, dann, unter einem überbauten weiteren Tor hindurch, in das Areal des Nürnberger Hofes.[1]

Von den beiden Häusern an der Schnurgasse im Quartier K erstreckten sich im Komplex des Nürnberger Hofes nach Süden, jetzt zum Quartier L zählend, weitere 10 einander gegenüberliegende Häuser, deren Reihe nochmals durch ein überbautes Tor unterbrochen war. Ein vierter Torbogen, der sich zwischen den Häusern Klein Nürnberg und Mohrenkopf zur Gasse Hinter dem Lämmchen spannte, schloß den Nürnberger Hof nach Süden hin ab.

Eigentümer der gesamten Baukomplexes war im 18. Jahrhundert die Ganerbschaft des Nürnberger Hofes, in der noch immer die Glauburg und Stalburg das wichtigste Wort sprachen.

---

1 Jung, Rudolf; Hülsen, Julius, Die Baudenkmäler in Frankfurt am Main, Bd.3: Privatbauten, Frankfurt a.M. 1914, S.365 ff.

Die der gesamten Liegenschaft den Namen gebende Vermietung der Gebäude an Nürnberger Kaufleute zu den Meßzeiten war natürlich seit Jahrhunderten ein glänzendes Geschäft, stellten die Nürnberger doch seit alters her das größte Geleit zu den Frankfurter Messen. Zum anderen war eine dauerhafte Vermietung an lombardische Kaufleute überaus einträglich. So saßen die Guaitas gleich am Eingang zur Schnurgasse in den ehemaligen Anwesen der Schmiedezunft und eben die Familie Brentano in den Häusern Litera 128 des Nürnberger Hofes. Das Brentanosche Anwesen, gleichfalls ein Glauburgisches Eigentum, wurde wegen seines prächtigen Torgewölbes und seiner Wappensteine der von Glauburg, der Weiss von Limpurg und anderer Patriziergeschlechter der Ganerbschaft Alten Limpurg, die am Zwerchhaus über dem Tor montiert waren, als eines der bedeutendsten gotischen Häuser der Stadt überhaupt angesehen. Das Haus ihm gegenüber gelegen, klein und weniger ansehnlich, war gleichfalls von Brentano gemietet. Das Torgewölbe ist im übrigen noch heute am Durchgang von der Braubachstraße zum Steinernen Haus zu sehen. Das Kaufhaus der Brentanos befand sich also am südlichen Ende des Nürnberger Hofes, neben dem Haus „Klein Nürnberg", also dicht am Ausgang zur Gasse „Hinter dem Lämmchen".

Als Carl Theodor Reiffenstein 1879 den Gebäudekomplex des Nürnberger Hofes beschrieb, folgte er der Auffassung Lersners und Battonns, daß aus dem ursprünglich Melemschen, dann Glauburger Besitz vom Schmiedhof an der Schnurgasse bis zur Gasse „Hinter dem Lämmchen" eine in sich geschlossene Anlage mit Kaufläden und einem Gasthaus entstanden war, eine Welt im Kleinen mit einem „ganz eigentümlichen Klang der Wohlhäbigkeit und Ruhe".[2]

Die Brentano stammen aus einer überaus fruchtbaren, bergigen Gegend am Westufer des Comer See. Als Nobiles, als über freies Grundeigentum verfügende Singolari, zählten sie sich seit dem 13. Jahrhundert zur ghibellinischen Partei, die auf Kaiser und Reich setzte und gegen die Guelfen stand, die die Interessen der lombardischen Städte mit den Machtansprüchen des Papsttums verbanden. Vom Bann belegt, der Herrschaft der Mailänder Visconti unterworfen, tauchte erst im 15. Jahrhundert ein Familienwappen auf: Eine goldene „brenta", eine Tragbütte der Weinbauern bezeichnend, auf blauem Grund, mit Löwen und der Schlange der Visconti, im Haupt des Schildes den doppelköpfigen Reichsadler.

2 Zit. n. Lohne, Hans, Frankfurt um 1850. Nach Aquarellen und Beschreibungen von Carl Theodor Reiffenstein und dem malerischen Plan von Friedrich Wilhelm Delkeskamp, Frankfurt a. M. 1967, S.106.

Abb. 5: Peter Anton (Pietro Antonio) Brentano.
Aquarell eines unbekannten Künstlers um 1775

Spätestens seit dem 17. Jahrhundert begannen vor allem vier nach ihren Häusern und Sippen bezeichnete Zweige der Brentano sich entlang der großen Handelswege in den Territorien des Heiligen Römischen Reiches niederzulassen: die Toccia, die Cimaroli, die Gnosso und die Tremezzo. Am Bodensee, in Straßburg, in Nürnberg, in Bruchsal, in Heidelberg, in Sachsen gründeten sie ihre Handlungen. Einige Brentano traten in den Dienst der kaiserlichen Waffen. Carlo Andrea Brentano di Cimaroli etwa gehörte zu den Verteidigern Wiens gegen die Türken. 1683, wurde er, protegiert von Prinz Eugen, zum Kriegskommisar von Ungarn und der Lombardei ernannt und Kaiser Leopold I. erhob ihn unter Anerkennung des bis heute umstrittenen Brentanoschen Uradels in den ungarischen Adelsstand.

Zwei Generationen später, Zeitgenosse unseres Peter Anton, war Joseph Anton Freiherr von Brentano di Cimaroli Kaiserlicher Feldmarschall unter Maria Theresia im Siebenjährigen Krieg. Sein Neffe Anton Joseph Freiherr von Brentano die Cimaroli gehörte zu den wichtigsten österreichischen Generälen beim Sieg über die Türken 1788 und war schließlich, im ersten Koalitionskrieg gegen das revolutionäre Frankreich nach der Kanonade von Valmy der heldenhafte Verteidiger des nahezu unbefestigten Trier gegen die Sansculotten. Vom Prinzen von Coburg zum Feldmarschall-Leutnant vorgeschlagen, brach seine Kriegsverletzung aus dem Türkenfeldzug erneut auf, schwer erkrankt brachte man ihn in das Haus Peter Antons nach Frankfurt am Main. In „Goethes Briefwechsel mit einem Kinde" sollte sich Peter Antons Tochter Elisabeth, genannt Bettina, an den erst 52jährigen, sterbenden General erinnern: „da lag der General Brentano in unserem Haus an schweren Wunden; die Mutter pflegte ihn, und er hatte sie so lieb, daß sie ihn nicht verlassen durfte. Sie spielte Schach mit ihm, er sagte: Matt! Und sank zurück ins Bett; sie ließ mich holen, weil er nach den Kindern verlangt hatte – ich trat mit ihr ans Bett – da lag er blaß und still; die Mutter rief ihm: Mein General! Da öffnete er die Augen, reichte ihr lächelnd die Hand und sagte: Meine Königin! – Und so war er gestorben – Ich sehe die Mutter noch wie im Traum, daß sie vor dem Bett steht, die Hand dieses erblaßten Helden festhält und ihre Tränen leise aus den großen schwarzen Augen über ihr stilles Antlitz rollen."[3]

Doch zurück zu den Brentanos am Comer See. 1651 wurde in Tremezzo Stephano Domenico Brentano geboren, dem es als Chef einer Handelskompanie gelang im Nürnberger Hof in Frankfurt am Main Fuß zu fassen. Im Nürnbergerhof und im Haus Groß Hohenfels an der Neuen Kräme, dem sogenannten Schweitzerhof, waren seit den 1670er Jahren jene Läden untergebracht, in denen die Italiener zunächst außerhalb der Wochenmärkte ihre Landesprodukte, dann aber mehr und mehr Spezereiwaren, vor allem Gewürze, anboten. Dies gilt nicht nur für die Brentanos, sondern auch für die Guaitas, die ebenfalls vom Comer See stammten.

In einer Nahrungsschutz-Beschwerde einheimischer Spezereihändler von 1692 heißt es, die Brentanos und die Guaitas seien „anfangs Citronen- und Pommeranzengänger gewesen, so ihre Citronen und Pommeranzen unter dem Arm in der Stadt herumgetragen ... Sie haben ihre Handlungen mit fast nichts angefangen, lassen sich aber anjetzo nicht mit großen Summen Geldts aufkaufen, schicken ihren meisten Reichtum zu den Ihrigen in Italien, bauen allda große Paläste und kaufen sich Landgüter".[4]

---

3 Bettina von Arnim, Goethes Briefwechsel mit einem Kinde, hrsg.von O. Heuschele, Stuttgart 1947,S. 78.

4 Zit.n. Dietz, Alexander, Frankfurter Handelsgeschichte, Bd.4, 1.Teil, Frankfurt a. M. 1925, S. 242.

Als Stephano Domenico Brentano 1723 in Tremezzo verstarb, hinterließ er neben bedeutenden Liegenschaften am Comer See ein Barvermögen von 116 000 fl. Sein Sohn Domenico Martino firmierte bereits als Gutsbesitzer in Tremezzo und als Inhaber eines Handelshauses in Frankfurt am Main, in Mainz, Bingen und Amsterdam.[5]

Bereits 1676 hatte Stephano Domenico Brentano den Beieid als Beisasse der Reichsstadt Frankfurt abgelegt, als christlicher Schutzverwandter der lutheranischen Bürger. Die Beisassen, vor allem Katholiken und Reformierte, hatten bekanntlich in keiner Weise an den politischen Rechten und den Ehrenrechten der Frankfurter Bürger Teil, sie waren gänzlich der Herrschaft des Rates unterworfen, sie waren auf die städtischen Verordnungen und Statuten, den Wach- und Militärdienst der 14 Quartiere, auf Nachbarschaftshilfe bei Feuer und gemeiner Gefahr verpflichtet. Als ständig in der Stadt Ansässige genossen die Beisassen aber städtischen Schutz und Gerichtsstand, vor allem aber stand ihnen, wenn auch erheblich eingeschränkt, das Recht zu, eine geschützte Nahrung zu treiben. Der Beisassenschutz wurde bei entsprechendem Vermögensnachweis – in der Regel 500 fl. – auf dem Gnadenweg vom Senat verliehen. Zuvor allerdings waren der jüngere Bürgermeister und die Zünfte und Einungen wegen eventueller Eingriffe in ihre Nahrung zu fragen und um Zustimmung zu ersuchen. Das Beisassen-Recht war an die Person gebunden, also – anders als das Bürgerrecht – nicht vom Vater auf den Sohn als Anwartschaftsrecht vererbbar. Obgleich es Verwaltungspraxis war, den Söhnen der Beisassen bei beruflicher Qualifikation das Schutzrecht erneut zu verleihen, behielt sich die stadtbürgerliche Gemeinschaft im Prinzip doch die Möglichkeit offen, bei Nahrungsschutzproblemen stets die Zahl der Schutzverwandten in der Stadt einschneidend korrigieren zu können.[6]

1698 verlegte unser Stephano Domenico den Firmensitz von Tremezzo nach Frankfurt, wohl wissend um die Chance, die ihm und seinem teilhabenden Bruder Paulo die beiden jährlichen Messen boten. In der Tat beliefen sich die Aktiva des Unternehmens im Jahr 1718 auf 172 000 fl., 1749 auf mehr als 340 000 fl. Die vertraglichen Grundlagen der Handelsgesellschaft, die die Brüder Brentano mit fünf weiteren italienischen

5 Brentano di Tremezzo, Peter Anton von, Stammreihen der Brentano mit Abriß der Familiengeschichte, Bad Reichenhall 1933.

6 Zum Beisassenrecht: Koch, Rainer, Grundlagen bürgerlicher Herrschaft. Verfassungs- und sozialgeschichtliche Studien zur bürgerlichen Gesellschaft in Frankfurt am Main (1612–1866), Wiesbaden 1983, S. 86 ff.

Teilhabern schlossen, sind seit 1703 überliefert. Die Verzinsung des Einlagekapitals, die Gewährung der alljährlichen Reise nach Italien, die Pflicht zu Messezeiten in Frankfurt zu sein und die strikte Geschäfts- und Disziplinarordnung mit den Brentanos als bevollmächtigten Prinzipalen war festgelegt. In der Regel galten die Verträge drei bis vier Jahre und wurden nach Inventur und Bilanzierung erneut abgeschlossen. Als Ende 1798 ein innerfamiliärer Nachlaßstreit zwischen den Nachkommen des Stephano Brentano und des Domenico Brentano vor dem Reichskammergericht abgeschlossen wurde, hieß es in einer Denkschrift des die Akten sichtenden Revisors: „Dieser Vertrag, desgleichen die beiden darauf folgenden, wodurch diese Gesellschaft in den Jahren 1708 und 1712 erneuert wurde, sind sowohl wegen der trefflichen Grundsätze, auf welchen sie beruheten, als wegen ihrer Übereinstimmung unter sich lesenswürdig. Geschicklichkeit, Tätigkeit wurden geschätzt und belohnt, Müßiggang und Trägheit verachtet. Glückliches Verhältnis, wo Fleiß und Wirksamkeit höher als Reichtum geachtet werden und der Maasstab der Belohnung sind. Die nach gänzlicher Erlöschung dieses Handelskörpers im Jahre 1718 unter der Firma Domenico Brentano und Söhne entstandene Handelsgesellschaft fand die Contracte ihrer Vorgängerin so vortrefflich, daß sie dieselben zum Muster bei der Verfertigung der ihrigen brauchte“.[7]

Diese neue Handelsgesellschaft mit ihren Niederlassungen Frankfurt, Mainz, Rüdesheim, Bingen und Amsterdam firmierte nun unter dem Namen „Domenico Brentano e figli“ und der 1686 zweitgeborene Sohn Stephano Domenicos, Domenico Martino, wurde zum Frankfurter Residenten bestimmt.

Bis zum Ende des 17. Jahrhunderts, so heißt es im Dietzschen Standardwerk zur Frankfurter Handelsgeschichte, seien infolge des festen Zusammenhaltes der Familie, verteilt über alle wichtigeren Handelsplätze, die Italiener aus Hausierern und Krämern „zu den gefährlichsten Konkurrenten der deutschen Spezerei- und Tabakhändler empor(gewachsen) und waren bei der Bürgerschaft verhaßter wie die Juden; sie riefen eine ähnliche Krisis wie hundert Jahre früher die belgischen Kaufleute hervor und wurden in allen Städten, wo sie sich zuerst niederließen, wie Frankfurt, Basel, Straßburg, Ulm, Nürnberg als eine

7 Beurkundete Darstellung des am Höchstpreißlichen Kaiserl. Reichs-Cammergerichts anhängige Rechtsstreits in Sachen Stephano Brentano, jetzt dessen Söhne und der Söhne des Domenico Brentano Appellanten entgegen Domenico Antonio Brentano Appellanten, Wien 1798, S.1.

große wirtschaftliche und religiöse Gefahr betrachtet, welcher die Obrigkeiten durch eine Reihe von Maßnahmen zu begegnen suchten." [8] In diesem Sinn begrenzte der Rat die Zahl der italienischen Handlungs-Herren in Frankfurt auf sieben und mit Verordnung vom 23. Juni 1716 legte er ferner fest, daß hiesige Gewürzkrämer, „gute Achtung und Aufsehens" haben sollten, daß fremde Krämer, sowohl als auch Italiener und Juden, hiesige oder ausländische, in- und außerhalb der Messen keine gestoßenen Gewürze, weder öffentlich noch heimlich feilhaben und verkaufen mögen".[9]

Der Gewürzhandel war, entsprechend dem ungeheuren Wert der Waren – Pfeffer wurde bekanntlich mit Gold aufgewogen – streng reglementiert. In Nürnberg hatte sich wohl zuerst die Safran- und Gewürzschau entwickelt; die angesehensten Handelsleute prüften Qualität und Reinheit der Ware, achteten darauf, daß Pfeffer, Safran oder Zucker nicht durch Staub oder Mehl verlängert worden waren, daß der Anteil der Knospenstengel bei den Nelken nicht zu groß war und daß Pfeffer; Nelken oder Muskat tatsächlich erst am Ort des Verkaufs unter Aufsicht in der Mühle zerstoßen worden war. Auf Verfälschung des Safrans etwa stand in Nürnberg die Todesstrafe.[10] Seit 1443 gab es eine entsprechende Gewürzschau in Frankfurt und wie in Nürnberg zwei Jahre zuvor ordnete man an, daß nur solche Gewürze auf den Messen und bei den Spezereihändlern verkauft werden durften, die zuvor in städtischen Mühlen begutachtet und gewogen worden waren. Der Sicherheit, die die Gewürzordnungen boten, stand gegenüber, daß mißliebige Konkurrenz leicht niederzuhalten war. Mit Unterstützung des Kurfürsten von Mainz intervenierten deshalb die italienischen Kaufleute gegen die Frankfurter Anordnung beim Kaiser in Wien und erreichten ein reichshof-rätliches Reskript zum Schutz des italienischen Handels in- und außerhalb der Meßzeiten. Im Juni 1745 schließlich sollte Kaiser Karl VI. wegen der andauernden Spannungen zwischen den italienischen Kaufleuten und Bürgern und Rat der Stadt Frankfurt durch kaiserlichen Extrakt erneut die italienische Kaufmannschaft in Frankfurt a. M. in seinen Schutz nehmen.[11]

---

8 Dietz, Frankfurter Handelsgeschichte, Bd. 4, S. 240 f.

9 Beyerbach, Johann Conradin, Sammlung der Verordnungen der Reichsstadt Frankfurt, 1. Teil, Frankfurt a. M. 1798, S. 770.

10 Koch, Rainer (Hrsg.), Brücke zwischen den Völkern – Zur Geschichte der Frankfurter Messe, Bd. 3, Frankfurt a. M. 1991, S. 176 ff.

11 Kurtzer Geschichts- Verlauff samt obwaltenden rechtlichen Gründen in der beim Höchstpreißlichen Reichs-Hof-Rath Rechts- hängigen Sache, Brentano Domenico Martino) entgegen Bürgermeister und Rath der Stadt Frankfurt, Wien 1755, S. 1.

Seit 1719 war Stephano Domenicos Sohn mit Namen Domenico Martino – die zweite Generation der Brentanos aus Tremezzo in Frankfurt also – mit Maria Elisabetha Brentano – Riati verheiratet. Sie allerdings zog es vor ihren Wohnsitz nicht nach Frankfurt zu verlegen, sie blieb in Tremezzo, das nach wie vor als Lebensmittelpunkt der Familie galt, als Ort, wo man außerhalb der Meßzeiten einige Monate des Jahres gemeinsam verbrachte. Eben dort wurde auch Domenico Martinos Sohn Peter Anton am 19.September 1735 als zweitjüngstes von elf Kindern geboren. Seine Mutter, gerade erst 36 Jahre alt verstarb ein knappes Jahr nach seiner Geburt.[12] Die Peter Anton später immer wieder vorgeworfene Distanz zu Menschen seiner nächsten Umgebung, ja eine gewisse Kälte und Härte, mag in dem traurigen Schicksal des Halbwaisen begründet sein.

Wie sehr die Brentanos sich aber inzwischen mit Frankfurt verbunden hatten, wird daraus ersichtlich, daß Peter Antons Vater Domenico Martino 1755 einen Platz neben dem Josephsaltar in der Leonhardskirche zu seiner Grablege bestimmte, obgleich seine Frau in der Kirche S.Lorenzo in Tremezzo beigesetzt worden war. Indes gilt es festzuhalten, daß Domenico Martino nicht das Bürgerrecht der freien Stadt Frankfurt erlangte. Ganz im Gegenteil: noch in seinem Sterbejahr mußte er gegen den Rat einen Prozeß vor dem Reichshofrat um die weitere Gewährung seines Beisassen-Status führen.[13] Der Rat argumentierte nicht nur religionspolitisch, sondern verwies erneut darauf, daß italienische Kaufleute keineswegs nur in Frankfurt ihre Niederlassungen hätten und daß sie das hier erworbene Geld schließlich in ihren Häusern und Grundstücken in Italien anlegen würden.[14] In der Tat verdankten die Palazzi Brentano in Mailand und Genua ihre Entstehung ebenso den enormen Handelsgewinnen, wie die Villa Sola-Buso in Tremezzo.[15]

Insgesamt kann man sagen, daß bis weit in das 18. Jahrhundert hinein die Lombarden in den lutheranischen Reichsstädten keineswegs gerne gesehen waren. Man sah in ihnen die schärfsten wirtschaftlichen Konkurrenten und betrachtete die vom Bürgerrecht ausgeschlossenen Katholiken als bedrohliche, durch Kirche, Kaiser und katholische Fürsten begünstigte religiöse Minderheit. Die Verordnungen gegen die italienischen Kaufleute wegen Bedrohung und Gefährdung des Nahrungsschut-

---

12 Brentano, Peter Anton von, Schattenzug der Ahnen der Dichtergeschwister Clemens und Bettina Brentano, Regensburg 1940, S. 53.

13 Kurtzer Geschichts-Verlauff, S.1 ff.

14 Ebd., s. a.: Dietz, Frankfurter Handelsgeschichte, Bd.4, S. 241.

15 Brentano, Schattenzug, S. 50.

zes oder des Schutzes der Handlung geschworener Bürger lassen in der frühen Neuzeit in der Tat auf ein gespannteres Verhältnis als zu den Juden schließen.[16]

Peter Anton verbrachte seine Kindheit und seine Jugend am Comer See. Als er mit 18 Jahren nach lombardischem Recht die Handlungsfähigkeit erreicht hatte, holte ihn, man schrieb das Jahr 1751, sein Vater nach Frankfurt, in den Nürnberger Hof.

1753 hatte Domenico Martino, der Vater Peters, seinen Geschäftsanteil aus dem Gesamtunternehmen herausgezogen und sich selbständig gemacht, die alte Firma lag nun in der Regie seines weniger glücklichen Bruders Steffano, der sich auf zweifelhafte und alsbald gerichtlich verfolgte Geschäfte mit jüdischen Lotterie-Händlern eingelassen hatte.[17]

Das Brentanosche Kaufhaus, in dem beide Unternehmungen noch untergebracht waren, hatte im Erdgeschoß eine gewölbte Halle auf zwei Pfeilern mit sechs Kreuzgewölben, dieser die gesamte Grundfläche umfassende Raum diente als Warenlager. In die Decke eingelassene Haken galten der Befestigung der Waage. Zu den von den Familien bewohnten oberen Geschosse führte die Treppe an der nordöstlichen Ecke des Hauses in einem sechseckigen Türmchen von dessen obersten Geschoß aus man einen vortrefflichen Blick über die Frankfurter Altstadt genoß. Eben dieser Blick sei eine Art Entschädigung für die Enge der dunklen und winkligen Häuser gewesen, meinte später Reiffenstein.[18]

Nach dem Tod seines Vaters führte Peter Anton mit seinen älteren Brüdern Andreas und Domenico Martino das Unternehmen mit den Filialen in Mainz und Amsterdam weiter, bis er schließlich 1771 sich von ihnen trennte und als alleiniger Handelsherr der Frankfurter Niederlassung der weitverzweigten Brentanos residierte. Inzwischen war Peter Anton als einer der ersten Katholiken der lutheranischen Stadt in das Bürgerrecht aufgestiegen, hatte 1762 neben den Verfahrenskosten die ansehnliche Summe von 1 000 fl. dafür an den Rat entrichtet und hatte den Bürgereid geleistet.

---

16 Dietz, Frankfurter Handelsgeschichte, S. 240 ff.

17 Documentierte Facti Species und gründliche Fürstellung derer des Franckfurtischen Handelsmanns Stephano Brentano, von einer Rott Lotterie- Juden ausgeübten und durch die Fortsetzung der rechtlich erkannten und angefangenen Untersuchung annoch klärend zu Tag kommen werdender sträflichen Betrügereyen und Verbrechen, Frankfurt a. M. 1765.

18 Vgl.: Lohne, Frankfurt um 1850, S. 108.

Peter Antons Geschäftstätigkeit lehnte sich eng an den Brentano-Residenten in Amsterdam und an die Ostindische und die Westindische Kompanie an. Dies war für einen vor allem an Luxusprodukten orientierten Kaufmann eine durchaus richtige Entscheidung. Bis in das letzte Drittel des 18. Jahrhunderts hinein lag vor allem im Gewürzhandel die große Chance. Allein das Amsterdamer Kontor schlug zwischen 1746 und 1753 im Frankfurt-Handel Waren im Gesamtwert von mehr als eine Million Gulden um.[19]

Der Handel mit Gewürzen, Spezereien und anderen Luxusgütern war bis in das 16. Jahrhundert hinein eine Domäne der italienischen Seerepubliken gewesen. Genua hatte die Verbindung in das westliche Mittelmeer und nach Nordafrika hergestellt, Venedig den Kontakt zu den asiatischen Herkunftsregionen und zur Seidenstraße. Von dort ging es über die Lombardei zu den Käufern in Mittel- und Nordeuropa. Pfeffer, Muskatnüsse, Anis, Safran, Ingwer, Lorbeer, Nelken, Kümmel, aber auch Südfrüchte wie Orangen, Zitronen oder Weihrauch, Moschus und Rosenöl waren die begehrtesten Artikel.

Mit der Entdeckung des transatlantischen Seewegs zerbrach das traditionale europäische Handelsviereck, das den Mittelmeerraum mit Flandern und England, den Nord- und Ostseeraum quer durch Rußland mit Konstantinopel verbunden hatte. Jetzt verlagerte sich der bedeutendste Handelsstrom nach Lissabon, nach Antwerpen und nach Amsterdam. Es blieb aber bei Frankfurt als Zentrum des mitteleuropäischen Warenhandels. Die Entscheidung der Brentanos, den Comer See zu verlassen und damit die transalpine Handelsroute, war also nicht nur Folge der drückenden spanischen Statthalterschaft über die Lombardei 1535 bis 1714, sondern unmittelbare Konsequenz aus der Verlagerung des Welthandels vom Mittelmeer auf den Atlantik. Eine erstaunlich weitsichtige Entscheidung einer Familie, die, wie die Guaitas doch ursprünglich mit den Erzeugnissen aus der Gegend des Comer Sees und mit Südfrüchten und Spezereien gehandelt hatten.

Um es nochmals zu betonen: Von ihrer Herkunft her waren die Brentanos eben keine Großkaufleute gewesen, sondern brachten seit dem dreißigjährigen Krieg Orangen, Zitronen, Pomeranzen, Feigen und Oliven über die Graubündener Pässe auf die deutschen Märkte. Sie wirkten zunächst als geduldete Hocken, hießen Pomeranzengänger oder Citronenkrämer oder vertrieben Galanteriewaren und hatten als Katholi-

19 Dietz, Frankfurter Handelsgeschichte, Bd. 4, S. 248.

ken im Schutz des Erzbischofs von Mainz ihre ersten Stützpunkte angelegt, von denen aus sie die lutheranischen Reichsstädte andienten.

Natürlich profitierte man im Nürnberger Hof auch vom Frankfurter Weinhandel der ja vor allem das Elsaß und die Rheinpfalz mit dem vormaligen Hanseraum verknüpfte, scheute aber auch nicht das Geschäft im Kleinen mit Kohlen, mit Lichtern, mit Schinken, Käse, mit Würsten und Hering, mit Schwefel, Hirschhorn, Bleiweiß und Alaun.[20]

Abb. 6: Haus „Zum Goldenen Kopf" in der Großen Sandgasse zu Frankfurt a. M. *Kolorierter Holzstich*

20 Günzel, Die Brentanos, S. 59; Koch, Rainer (Hrsg.), Brücke zwischen den Völkern. Zur Geschichte der Frankfurter Messe, Bd. 3, Frankfurt a. M. 1991, passim; Lerner, Franz, Die Frankfurter Pfeffersäcke, Frankfurt a. M. 1969, S. 24.

Die Waren, die Peter Anton aus Amsterdam und London, aus Genua und Venedig, aus Marseille und vom Elsaß her bezog, wurden von einer Vielzahl kleiner, vor allem italienischer Händler vertrieben. Im Auftrag des Brentano, der ein ebenso striktes wie erfolgreiches Regiment führte, reisten sie zu den deutschen und europäischen Märkten und Messen.

Am 30.September 1776 war Peter Anton bereits so vermögend, daß er von Friedrich Wilhelm Wichelhausen für den außerordentlichen Preis von 27 000 fl. das Haus zum Goldenen Kopf in der großen Sandgasse erwerben konnte. In der Mitte des 15. Jahrhunderts hatte einer der mächtigsten Frankfurter Patrizier aus der Ganerbschaft Alten-Limpurg, nämlich Steffan von Cronstett, jenes Anwesen errichtet, durch dessen Tore man zudem nach Norden in das Rothelöwengässchen und nach Westen in das Rittergässchen gelangen konnte.[21] Es war ein ausgedehntes Anwesen, das Peter Anton jene patrizischen Lebensverhältnisse ermöglichte, die dann aus bescheidenerer Perspektive Anlaß zu immer wiederholter Kritik boten.

Seine privaten Verhältnisse hatten sich bereits 13 Jahre zuvor geordnet. Im Januar 1763 nämlich hatte Peter Anton die 18jährige Maria Josepha Walpurga Brentano-Gnosso geheiratet, die bereits in Frankfurt geborene Tochter eines Teilhabers des väterlichen Unternehmens. Von den sechs Kindern aus dieser Ehe verstarb ein Mädchen bereits im Alter von drei Jahren. Der 1765 zweitgeborene Sohn Franz Dominicus sollte in der Nachfolge seines Vaters bis zum Reichsdeputationshauptschluß kurtrierischer Rat und Resident in Frankfurt werden. Nach der Verabschiedung der Constitutions-Ergänzungsacte 1816 wurde er in den Senat der freien Stadt gewählt, war von 1827 bis zu seinem Tod 1844 Schöffe, also Mitglied der ersten Bank des Rates. Die im Biedermeier berühmten Kunstabende bei Senator Franz Brentano erhielten einen eigenen Rang in der Kulturgeschichte der freien Stadt Frankfurt.

Als im September 1770 Peter Antons Frau im Kindbett verstarb, verdankte er dem Dechant des Leonhardstiftes Damian Friedrich Dumeiz de Huville, einem Wallonen aus Malmedy, die Bekanntschaft mit der Mainzer und Koblenzer Familie La Roche. Während seines Theologiestudiums in Mainz hatte sich Dumeiz mit Georg Michael Anton von La Roche befreundet, dem „natürlichen", d. h. illegitimen Sohn des Reichsgrafen und Mainzer Großhofmeisters Anton Heinrich Friedrich von Stadion, einem Voltaire und der französischen Aufklärung eng verbundenen

21 Lersner, Chronica, Bd. II, 1. Abtlg., S. 215.

Mann.[22] Seine Enkelin Bettina sollte ihn in ihrem Buch „Die Günderrode" überaus liebenswürdig beschreiben.[23] La Roche, der wohl den Namen seiner aus Metz stammenden Mutter trug, wurde vom Grafen Stadion persönlich erzogen,[24] war schließlich als sein Kammerherr etabliert, erledigte Graf Stadions Post und war, wie Goethe sich erinnerte, auch als unermüdlicher Schreiber von Liebesbriefen im Auftrag seines Herren engagiert.[25] Als kurfürstlicher Gesandtschaftssekretär stand er sodann in Mainzer Diensten und verwaltete Graf Stadions Besitzungen in Schwaben und in Böhmen.

Nach dem Sturz Stadions in Mainz folgte er ihm auf dessen bei Biberach gelegenes oberschwäbisches Schloß Warthausen Hier verfaßte La Roche seine „Briefe über das Mönchswesen", über die Goethe urteilte: „Ein unversöhnlicher Haß gegen das Pfaffentum hatte sich bei diesem Mann, der zwei geistlichen Kurfürsten diente, festgesetzt, wahrscheinlich entsprungen aus der Betrachtung, des rohen, geschmacklosen, geistverderblichen Fratzenwesens, welches die Mönche in Deutschland an manchen Orten zu treiben pflegten und dadurch eine jede Art von Bildung hinderten und zerstörten. Seine „Briefe über das Mönchswesen" machten großes Aufsehen; sie wurden von allen Protestanten und von vielen Katholiken mit großem Beifall aufgenommen".[26]

1770 trat La Roche als Minister in den Dienst des Kurfürsten Clemens Wenzeslaus von Trier und verlegte seinen Wohnsitz nach Ehrenbreitstein. 1775 wurde seine Nobilitierung von Kaiser Joseph II. bestätigt, drei Jahre später avancierte er zum Staatskanzler von Kurtrier.

Noch in kurmainzer Diensten, hatte er Ende Dezember 1753 Sophie Gutermann von Gutershofen geheiratet, die 23jährige Tochter des Stadtphysikus von Augsburg der – unbeschadet seiner evangelischen Konfession – Leibarzt des Fürstabtes von Kempten war. Sophie war bereits zweimal verlobt gewesen, zunächst mit dem italienischen Arzt Bianconi, dem zu Liebe sie die italienische Sprache erlernte. Dann, als ihr Vater die Verbindung untersagte und sie zu den Großeltern nach Biberach schickte, mit dem Sohn des dortigen Pastors, der niemand anderes war, als Christoph Martin Wieland. Nur wenige Tage vor ihrer

22 Bach, Adolf, Aus Goethes rheinischem Lebensraum, Neuss 1968, S. 1–62.
23 Arnim, Bettina von, Sämtliche Werke, Berlin 1920, Bd. 2, S. 230.
24 Bach, Aus Goethes rheinischem Lebensraum, S. 30 ff.
25 Goethe, Johann Wolfgang von, Dichtung und Wahrheit, hrsg. Von W.Stammler, München 1952, S. 446 f.
26 Ebd., S. 447.

Abb. 7: Maximiliane Brentano, geb. von La Roche. *Aquarell eines unbekannten Künstlers um 1775*

Vermählung mit La Roche hatte sie die Verlobung mit dem jungen Dichter gelöst und gab den Sicherheiten standesgemäßer Konvention den Vorzug.[27] In Mainz gebar sie La Roche acht Kinder, von denen fünf heranwuchsen, das älteste, Maximiliane Euphrosine, im Mai 1756 geboren, sollte die Ehefrau von Peter Anton Brentano werden.

1771, drei Jahre vor Goethes „Werther", erschien Sophie von La Roches Roman „Geschichte des Fräuleins von Sternheim", ein Spiegel der Zeitempfindungen, herausgegeben von ihrem Freund Wieland. Mit einem Schlag war sie, die Verehrerin eines Gesellschaftsmodells aufgeklärter fürstlicher Herrschaft, in der literarischen Welt berühmt. Goethe rezensierte: „man wird nun hoffentlich bald aufhören, von diesem Buche zu reden, und fortfahren, es zu lesen und zu lieben ... alle irren sich, wenn sie glauben, sie beurteilen ein Buch – es ist eine Menschenseele".[28] Hinzukam, gleichsam das Ideal der Aufklärung praktizierend, daß sie, die Protestantin, den Katholiken La Roche geheiratet hatte.

27 Günzel, Die Brentanos, S. 35 f.
28 Zit. n. Günzel, Die Brentanos, S. 43; Deutsche Literaturdenkmale, Bd. 7, 8, S. 85 f.

Abb. 8: Familienbild: Georg Michael von La Roche, Maria Sophie von La Roche, Maximiliane von La Roche.
Ölgemälde von Anton Wilhelm Tischbein um 1773/74

Im April 1772 wurde Goethe durch Vermittlung seines Darmstädter Freundes Johann Heinrich Merck mit Sophie von La Roche bekannt. Ein halbes Jahr später, im September 1772, wanderte er, von Wetzlar kommend, das Lahntal herab, nahm ab Ems einen Kahn, der ihn zum Rhein, nach Ehrenbreitstein führte, wo das Haus der La Roche im Ortsteil Thal, ganz in der Nähe der Philippsburg, der Residenz des Kurfürsten, lag. Von Merck angekündigt, wurde er am neuen Lebensmittelpunkt der La Roche mit größter Freundlichkeit empfangen. Der Vergnügen des literarischen Salons war das eine, das charmante Wesen der Dame des Hauses, der Liebreiz der Töchter, zumal Maximilianes, das andere. „Mit der Mutter", so erinnerte sich Goethe, „verband mich ein belletristisches und sentimentales Streben, mit dem Vater ein heiterer Weltsinn und mit den Töchtern meine Jugend." „Sie war die wunderbarste Frau", so sein Urteil über Sophie von La Roche, „und ich wüßte ihr keine andere zu vergleichen ... Ein nettes Flügelhäubchen stand dem kleinen Kopfe und dem feinen Gesichte gar wohl, und die braune oder graue Kleidung gab ihrer Gegenwart Ruhe und Würde."[29]

In dieser überaus angenehmen Umgebung hätten sich auf das schnellste Wahlverwandtschaften gebildet und ihm seien die Töchter zugefallen „von denen die älteste" – also Maximiliane – „mich gar bald besonders anzog. Es ist eine sehr angenehme Empfindung, wenn sich eine neue Leidenschaft in uns zu regen anfängt, ehe die alte" – gemeint war seine Liebe zu Charlotte Buff – „ganz verklungen ist."[30]

Die 16jährige Maximiliane, die Maxe also, hatte es dem damals 23jährigen Juristen angetan. Liebenswürdig sei sie gewesen, „eher klein als groß von Gestalt, niedlich gebaut; eine freie anmutige Bildung, die schwärzesten Augen und eine Gesichtsfarbe, die nicht reiner und blühender gedacht werden konnte" – so sollte er sich erinnern.[31]

Im August des darauffolgenden Jahres kam Sophie von La Roche nach Frankfurt, in Begleitung der inzwischen 17jährigen Maximiliane, man bereitete die von Dumeiz arrangierte Hochzeit mit Peter Anton Brentano vor. Goethe war schmerzlich enttäuscht und noch kurz vor der Hochzeit schrieb er ihrer Mutter Sophie, daß er von Maxe nicht lassen könne, so lange er lebe, und sie immer werde lieben dürfen.[32] Am 9. Januar 1774 fand Maximilianes Trauung mit dem 21 Jahre älteren Witwer und Vater von fünf Kindern aus erster Ehe statt, am 15. Januar zog sie, begleitet von ihrer Mutter, in den Nürnberger Hof ein. Es berühre ihn seltsam, notierte Merck, seine alte Freundin Madame La Roche nun „zwischen Heringstonnen und Käse" aufsuchen zu müssen.[33]

„Die liebe Max de la Roche heuratet – hierher einen angesehenen Handelsmann. Schön! Gar schön" – schrieb Goethe an Johann Georg Christian Kestner nach Wetzlar[34], und an Betty Jacobi: „Max La Roche heiratet hierher. Ihr künftiger scheint ein Mann zu sein, mit dem zu leben ist und also heysa." Johann Wolfgang ließ nicht locker. Noch im Winter war Maximiliane nach Frankfurt gekommen und Goethe versuchte ihr das Einleben zu erleichtern, suchte Bekanntschaft mit Dumeiz, ging tagtäglich

29 Goethe, Dichtung und Wahrheit, S. 445 ff.
30 Ebd., S. 448.
31 Ebd., S. 447.
32 Brentano, Schattenzug, S. 87.
33 Zit.n. Boyle, Nicholas, Goethe. Der Dichter in seiner Zeit, Bd.1: 1749–1790, München, S. 183; s.a.: Conrady, Karl Otto, Goethe. Leben und Werk, 2 Bde. Königstein 1982, Ndr. Frankfurt a. M. 1988, Bd. 1, S. 193.
34 Hoyer, Walter, Goethes Leben dokumentarisch, Leipzig, S. 301 f.

im Brentanoschen Haus ein und aus, spielte mit den Brentanoschen Kindern, begleitete Maxes Klavierspiel auf dem Violoncello[35] und lief mit Maxe Schlittschuh. „Wir lebten in einem kindlichen Vertrauen zusammen fort, und ob sich gleich nichts Leidenschaftliches in unsern Umgang mischte, so war es doch peinigend genug, weil sie sich auch in ihre neue Umgebung nicht zu finden wußte, und obwohl mit Glücksgütern gesegnet, aus dem heiteren Thal – Ehrenbreitstein und einer fröhlichen Jugend in ein düster gelegenes Handelshaus versetzt, sich schon als Mutter von einigen Stiefkindern benehmen sollte."[36]

Als im Mai 1774 Verwandte Peter Antons, nämlich Johann Maria Allesina von Schweitzer und dessen Frau Franzisca Brentano di Gnosso auf ihrem Landgut in Sindlingen goldene Hochzeit feierten, war auch Goethe unter den Gästen. „In Sindlingen", so schrieb er an Sophie von La Roche, „auf der goldenen Hochzeit, da ich den Geburtstag Ihrer lieben Max herbeitanzte, habe ich Ihrer viel gedacht. O Mama! Es waren viel Lichter da und Schweitzers Wilhelmine kriegte mich am Arm und fragte: Warum zundt man so viel Lichter an? Das war eine Frage, einen ganzen Sternenhimmel zu beschämen, geschweige eine Illumination. Ich habe mich nach Ihnen umgesehen, hab Ihrer Max den Arm gegeben wenig Augenblicke."[37]

Es ist durchaus erklärlich, daß Peter Anton Brentano schließlich schroff und ungehalten reagierte. Er verwies den allzu sehr drängenden Johann Wolfgang des Hauses. „Glauben Sie mir, daß das Opfer, das ich Ihrer Max mache, sie nicht mehr zu sehen, werter ist als die Assiduität des feurigsten Liebhabers ... Ich will gar nicht anrechnen, was es mich gekostet hat ...", beklagte er sich noch im Juni 1774 bei Maxes Mutter Sophie.[38] Die von ihm geliebte Maxe aber verlieh Lotte, der Heldin im „Werther", ihre schwarzen Augen, Albert wurde zur Inkarnation der Eifersucht Brentanos. Der „chère Maman La Roche" übersandte er eines der ersten gedruckten Exemplare.

Von nun an war bei Goethes – bei Mutter und Schwester, bald auch in der literarischen Welt – der Stab über Peter Anton Brentano gebrochen. Das negative Bild eines kalten, berechnenden und nur auf seinen Vorteil hin orientierten, titelsüchtigen Kaufmanns wird aus eben dieser Tradi-

35 Bothe, Friedrich, Goethe und seine Vaterstadt Frankfurt, Frankfurt a. M., S. 184.
36 Goethe, Dichtung und Wahrheit, S. 467.
37 Zit. n. Peter Anton von Brentano, Goethe und die Familie Brentano, Mskr. 1942, S. 5.
38 Hoyer, Goethes Leben, S. 309.

Abb. 9: Brentanohaus in Winkel/Rheingau.
Gartenansicht

konnte, kann man ermessen, welcher Unterschied im Lebenszuschnitt zwischen den Brentanos und den Goethes bestand. Die traditionale reichsstädtische Ablehnung eines erfolgreichen katholischen Kaufmanns, dazu noch italienischer Herkunft, hat Frau Ajas Feder ebenso geführt, wie der Zorn der Mutter, deren Johann Wolfgang eben nicht bei Maximiliane von La Roche mit Erfolg geworben hatte.

Zu Beginn der 80er Jahre erwarb Peter Anton von Familie Ackermann ein spätbarockes Haus in Winkel im Rheingau, an der Landstraße nach Geisenheim gelegen. Das Haus ging später in die Erbmasse seines Sohnes Franz und dessen Halbschwester Bettina. Sie sollte daraus jenen vielfach beschriebenen Tempel der Romantik machen, der ja ein bevorzugter Aufenthaltsort Goethes war.[45] Noch heute befindet sich das Winkeler Anwesen nebst Weingut im Besitz der Familie Brentano di Tremezzo.

45 Bach, Aus Goethes rheinischem Lebensraum, S. 418 ff.

Seit 1785 zog sich Peter Anton mehr und mehr aus dem Geschäftsleben zurück, das er endgültig 1792 in die Hände seines Sohnes aus erster Ehe Franz legte, der 1798 in Wien Johanna Antonia Edle von Birkenstock heiraten sollte. Inzwischen Generaleinnehmer der Kasse des kurrheinischen Kreises, verlegte Peter Anton seinen Aufenthalt jetzt mehr und mehr nach Ehrenbreitstein, hielt sich am Hof des Kurfürsten von Trier auf. Noch einmal, während der Belagerung von Mainz, sollte Goethe Maximiliane wiedersehen. Dem „Briefwechsel mit einem Kinde" zufolge schrieb Bettina 1807 an Goethe: „Der Mutter erinnere ich mich noch, ihrer großen Schönheit, sie war so fein und doch so erhaben, und glich nicht den gewöhnlichen Gesichtern. Du sagtest von ihr, sie sei für die Engel geschaffen, die sollten mit ihr spielen. Deine Mutter hat mir erzählt, wie Du sie zum letzten Mal gesehen, daß Du die Hände zusammenschlugst über ihre Schönheit, das war ein Jahr vor ihrem Tod ... Damals hast Du sie zum letzten Mal gesehen, und Du sagtest voraus, daß Du sie nicht wiedersehen würdest. Deine Mutter hat mir erzählt, wie Du tief bewegt über sie warst."[46]

Am 19. November 1793, nicht älter als 37 Jahre, ein halbes Jahr nach der Geburt ihrer Tochter Susanne und nur zweieinhalb Monate nach deren Tod, verstarb Maximiliane. „Du wirst schon gehört haben, daß die Max Brentano so geschwind aus der Welt gegangen ist – das war ein harter Schlag – vor Brentano und seine 12 Kinder – auch Mama laroche ist zu beklagen", schrieb die „treue Mutter Goethe" ihrem Sohn nach Weimar, fügte jedoch im nächsten, unmittelbar anschließenden Satz hinzu: „Der Centner vom besten Reis 109 mü kostet $11^1/2$ thaler".[47]

Nichts spricht dafür, daß das Glück der Ehe Peter Antons mit Maximiliane in irgendeiner Weise getrübt war. Von keinem der Ehepartner liegt auch nur eine Äußerung vor, die in diesem Sinn zu deuten wäre. Ihr Sohn Clemens, später ja einer der bedeutendsten Dichter der deutschen Romantik, war beim Tod der Mutter gerade 15 Jahre alt. Seine Schwester Bettina, die 1811 Achim von Arnim heiratete, wurde bekanntlich eine der bedeutendsten literarischen und politischen Frauengestalten des Vormärz. Enthusiastisch verehrte sie den ihr seit 1807 bekannten Goethe, kannte aus dem Offenbacher Haus von Sophie La Roche den Briefwechsel, wohl nicht ahnend, welch tiefe Abneigung zwischen ihrem

46 Bettina von Arnim, Goethes Briefwechsel mit einem Kinde, S. 78.
47 Beutler, Briefe, S. 645.

Vater und Johann Wolfgang, ja der gesamten Familie Goethe, bestanden hatte. Beim Tod ihrer Mutter war sie erst 8 Jahre alt. Mit ihren Schwestern Kunigunde, Ludovica und Magdalena kam sie als Halbwaise in das Ursulinen-Kloster in Fritzlar, einem kleinen Internat. Beide, Clemens und Bettina, bewahrten ihre Mutter als überaus liebevoll und gütig in Erinnerung, den Vater, der nur gebrochen Deutsch sprach, als eher verschlossen und hart.

Clemens beurteilte ihn kritisch: „Klug in Spekulation und bürgerlichen Verhältnissen; auch seine Religion war Spekulation auf den Himmel; Verhältnisse mit der Menschheit hatte er wenige.“[48] Clemens war für das Handelskontor untauglich, nach abgebrochenen Versuchen des Bergbaustudiums, schickte ihn der Vater 1796 zu einem Geschäftsfreund nach Langensalza. Ein Jahr später nach dem Tod des Vaters, kehrte Clemens zurück, versuchte die verschiedensten Studiengänge, bis er als Poet außerhalb der Schranken bürgerlicher Existenz sein Leben einrichtete. „Mein Vater“, so erinnerte er sich „war wohl die Hauptursache warum ich den Handel verließ, in Frankfurt seinem Pulte, seinen mürrischen Launen gegenüber, alle seine Murren, sein Schmälen, sein Mißvergnügen ohne Ursache, über meinem Kopf herüber und hinüber, an das Kopierbuch angenagelt zu sein, ein charmantes Leben. Unser ganzes Haus war ein traurigerer Aufenthalt für mich als ein Kerker“.[49]

Bettinas Erinnerungen unterscheiden sich erheblich: „Der Vater“ so berichtet sie über ihre Kindheit, „hatte das Kind sehr lieb, vielleicht lieber als die andern Geschwister, seinem Schmeicheln konnte er nicht widerstehen. Wollte die Mutter etwas vom Vater verlangen, da schickte sie das Kind, und es solle bitten, das der Vater Ja sage, dann hat er nie es abgeschlagen. Nachmittags, wenn der Vater schlief, wo keiner Lärm wagte oder Störung zu machen, das Kind aber lief ins Zimmer und wälzte sich übermütig hin und her, wickelte sich zu ihm in den weiten Schlafrock und schlief ermüdet auf seiner Brust ein. Er lehnte es sanft beiseite und überließ ihm den Platz; er ward nicht müde der Geduld.“[50]

Der Tod der Mutter erschüttert die Familie zutiefst. Noch einmal Bettina: „Der nächste Frühling vom Tod an der Hand geführt, kommt und geleitet ihm die schönste Mutter ins Grab ... Der Vater kanns nicht ertragen, wohin er sich wendet muß er die Hände ringen, alles scheuet

48 Zit.n. Kühn, Dieter (Hrsg.), Bettine von Arnim. Aus meinem Leben, Frankfurt a. M. 1982, S. 31.
49 Ebd., S. 32.
50 Ebd., S. 10.

seinen Schmerz. – Die Geschwister fliehen vor ihm, wenn er eintrit, das Kind bleibt, es hält ihn bei der Hand fest, und er läßt sich von ihm führen. Im dunklen Zimmer, wo er laut jammert vor dem Bilde der Mutter, da hängt es sich an seinen Hals, er soll nicht so laut, so jammervoll klagen! – Gesegnetes Haupt, das an seiner seufzenden Brust lag, und von seinen Tränen überströmt ihm Linderung gab. – Werde doch auch so gut wie Deine Mutter, sagte in gebrochnem Deutsch der italienische Vater".[51]

1793 hatten sich zugleich die politischen Ereignisse überstürzt: Am 21. Januar war König Ludwig XVI. von Frankreich als Bürger Capet durch die Guillotine hingerichtet worden, im Juli hatten die Jakobiner unter Robes- pierre die Macht an sich gerissen, die Diktatur des Wohlfahrtsausschusses eingerichtet; in Paris, in den Départements herrschte blanker Terror. Zugleich wurde der kämpferische Atheismus eines Hébert zur Leitschnur politischen Handelns, wurde Notre-Dame zum „Tempel der Vernunft" geweiht.

In Koblenz, am Hof des Trierer Kurfürsten, trat Peter Anton in persönlichen Kontakt mit den bedeutendsten Persönlichkeiten der französischen Emigration, unter ihnen die französischen Prinzen, Söhne des Dauphin Louis und Enkel Ludwigs XV. Louis Stanislaus Xavier, der spätere Ludwig XVIII. und Charles Philippe, Graf von Artois, ab 1824 Karl X., der mit dem Prinzen Condé die royalistische Partei organisierte.

Bereits im Jahr zuvor, 1792 also, hatte Peter Anton die französische Emigration mit erheblichen Beträgen unterstützt und sich bei der Krönung Kaiser Franz II. am 14. Juli noch auf der sicheren Seite gefühlt. Nach der Kanonade von Valmy aber, nach dem Vorrücken General Custines nach Mainz, floh Peter Anton überhastet nach Ehrenbreitstein.

Am 25.Oktober 1792, Frankfurt war bereits von den Franzosen besetzt, belegte Custine die Stadt mit der ungeheuren Brandschatzung von zwei Millionen Gulden: „Nicht das Volk eurer Stadt beleidigt die Nation der Franken durch Aufnahme unserer Ausgewanderten" – so hieß es in Custines Aufruf an die „Räte des Volkes" in Frankfurt – „Nicht das Volk eurer Stadt entzog der Republik ihre Gelder, um sie in die Kisten der Prinzen zu werfen" – und Brentano war gewiß gut beraten, als einer der großen Geldgeber der französischen Prinzen die Stadt verlassen zu haben. „Ich wollte, wir hätten nie die Franzosen gekannt", schrieb er am

51 Ebd., S. 12 f.

Abb. 11: Petrihäuschen in Alt-Rödelheim vor dem Zweiten Weltkrieg. Bettine von Arnim, geborene Brentano, zeichnete 1824 „Garten, Wasserfall und Petrihäuschen" und fertigte danach ein Ölbild an, das Grundlage der Wiederherstellung durch den „Förderverein Petri-Haus" ist. Im Oktober 1999 war Richtfest.

Dort wurden zwei Töchter Bettine von Arnims, Maximiliane und Armgart, von 1829–1834 erzogen, und Mutter und Onkel – also wieder die beiden „Dichtergeschwister" – machten in Rödelheim des öfteren Station und brachten immer wieder bedeutende Freunde mit. Besuche von Goethe, Achim von Arnim, Ludwig Emil Grimm und Hermann Fürst Pückler auf dem repräsentativen Anwesen Georg Brentanos in Rödelheim sind belegt, und die enge Freundschaft Brentanos mit Schinkel in Berlin führte offensichtlich dazu, daß das erhaltene Petrihaus nach einer damals von Schinkel ins Leben gerufenen Mode im Stile klassizistischer Schweizerhäuser umgebaut wurde. Die detaillierten Forschungen zum Rödelheimer Brentano-Besitz stehen noch aus, aber eines ist klar: Die Bedeutung solcher Stätten resultiert aus der engen Beziehung von einzelnen Mitgliedern der Brentano-Familie zur Kunst- und Literaturszene der Goethezeit und des Biedermeier, zur Hoch- und Spät-„Romantik". Grund genug also, sich mit den literarischen Werken dieser Gruppe, insbesondere mit Clemens und Bettine Brentano und ihren dichterischen Werken zu befassen und damit das Kernstück der Brentano-Dynastie herauszuheben.

Abb. 12: Das im Jahr 1897 abgerissene Brentano-Haus in Rödelheim im heutigen Brentanopark. Georg Brentano hatte das Haus 1808 von einem Herrn Dettmar Friedrich Wilhelm Basse preisgünstig erworben. Hier fanden viele hochkarätige Geselligkeiten statt.

Clemens Brentano gehörte bereits als junger Mann zu den Außenseitern der Familie, die den Gewinn der Firma nicht vermehrten, sondern eher verminderten, der Brentano-Familie jedoch in der deutschen Literatur zu hohen Kursen verhalf – um einmal in der Fachsprache eines Franz oder Georg Brentano zu bleiben. „Ich verzinse mit anderen Intressen als ihr", hatte Clemens schon 1799 – er war gerade 21 Jahre alt – in einem Brief (an die Schwester Sophie) verkündet und sich konsequent allen wohlgemeinten Versuchen widersetzt, eine bürgerlich gesicherte Existenz aufzubauen. „Zum Kaufmann taugst du nicht", ist denn auch die Antwort von Franz, seinem Halbbruder und Vormund, als Clemens gegen seine Neigungen und Fähigkeiten – in einem Ausbruch von Mitgefühl und Verantwortungsbewußtsein – seinen Brüdern angeboten hatte, in der Handlung in Frankfurt zu helfen, nachdem der Vater gestorben war. Nein, als Lehrling im Frankfurter Kontor und bei einem Geschäftsfreund in Langensalza hatte er ebenso versagt wie bei seinen Versuchen, ein Studium der Bergwissenschaft oder Medizin zu absolvieren. Er war

Abb. 13: Laube im Brentanopark in Rödelheim.
Zeitgenössisches Aquarell. Über dem Eingang die Inschrift: „Der Lieben Max“

erleichtert und froh, als er mit 25 Jahren mündig geworden war und Überblick über den ihm zustehenden Erbteil gewonnen hatte – sollte es sich doch herausstellen, daß er allein von den Zinsen seines beträchtlichen Vermögens ein bescheidenes Leben führen konnte. Auf Einnahmen aus seinen literarischen Projekten war er nicht angewiesen; Wohnung und Lebensunterhalt samt Diener waren vergleichsweise billig damals, und lediglich die Reisen und teuren Bücheranschaffungen zehrten an seinem Etat. Nur dreimal mußte er in seinem Leben bangen, daß die Substanz seines Kapitals angegriffen werden könnte: Zum erstenmal, als er sich entschloß zu heiraten. Das war 1803, als die Familie versuchte, den jungen, noch unmündigen Studenten von der Heirat mit der sieben Jahre älteren Schriftstellerin abzuhalten, ohne ihm zunächst Einblick in die in seinem Namen geführten Konten zu gewähren. Sophie Mereau war geschieden und Mutter eines Kindes. Erst als sich herausstellte, daß sie auch von Clemens ein Kind erwartete, willigten die Brüder in diese

Verbindung ein, zu der allein die Großmutter Sophie von La Roche von Herzen zugestimmt hatte. Sophie Mereau legte jedoch Wert auf Unabhängigkeit und wollte in dieser Beziehung weiterhin ihr Geld mit Publikationen verdienen. Bis zu ihrem tragischen Tod bei der Geburt eines Kindes 1806 hören wir nichts über finanzielle Engpässe: Clemens dichtet, reist und erweitert seine Sammlung an Büchern und Bildern; Sophie Mereau verdient durch Übersetzungen, kleinere literarische Arbeiten und Herausgabe von Almanachen zusätzlich Geld. Eine Notwendigkeit, seinen Lebensunterhalt durch Publikationen zu finanzieren, gab es für den jungen Literaten während der drei Jahre dieser Ehe nicht. Er zeichnete seine Rechnungen nur ab – ganz modern: zur Verrechnung im Handelshaus Brentano, wo man seine Konten bis ein Jahr vor seinem Tode, bis 1841, führte.

Zum zweiten Mal bestimmten finanzielle Sorgen das Verhalten von Clemens, als er gemeinsam mit einigen Geschwistern einen Teil seines Vermögens in ein böhmisches Gut mit dem Namen Bukowan investiert hatte. Die Renditen von Bukowan blieben aus, das Gut war schwer zu verwalten und zu veräußern, und Clemens versuchte, seinen Lebensunterhalt dann in einer Art panischer Reaktion durch Publikation von Erzählungen zu sichern, dachte auch daran, unter Anleitung von Schinkel Architektur zu studieren. Mit dem Verkauf des Gutes verschwanden diese Sorgen wieder, und die Lust, sich in die Berechnungen der Architekturstudenten einzuarbeiten, war rasch verflogen. Die Notwendigkeit, seine Dichtung zu „vermarkten" oder einer bezahlten, geregelten Tätigkeit nachzugehen, gab es für ihn nicht. Er brauchte seinen Lebensstil nicht zu ändern, zumal er sich oft als Gast bei Freunden einzuquartieren pflegte und von Haus aus dann eben doch ein pedantisch genauer Rechner war. Über seine Verhältnisse lebte er nicht, aber diese waren und blieben gut. Ein Jahr vor seinem Tode, 1841, beunruhigte ihn die Auflösung der Frankfurter Firma. Besorgt und nahezu hilflos schreibt er an den Bruder Georg – der Stiefbruder Franz war mittlerweile gestorben –, er möge ihm weiterhin bei der Verwaltung seines Vermögens, das bis dahin in der Firma verwaltet und verzinst worden war, helfen.

Wenig später schreibt er sein Testament, aus dem ersichtlich ist, daß er sein Konto sozusagen mit Gewinn abschließen kann: Nicht nur die Erlöse aus den in der zweiten Lebensphase veröffentlichten religiösen Schriften übereignet er wohltätigen Stiftungen, sondern auch ein Drittel seines Grundkapitals; ein weiteres Drittel kommt Bettine zugute, und der Universalerbe für den Rest der Erbschaft wird der Aschaffenburger Bruder Christian.

Abb. 14: Clemens Brentano. *1803 entstandene Gipsbüste des Bildhauers Friedrich Tieck (Bruder des Dichters Ludwig Tieck)*

Soweit zu den Rahmenbedingungen seiner Existenz, die sich allerdings erheblich von denen der meisten Dichterkollegen unterscheiden – man denke an den Freund und Schwager Achim von Arnim, der sich ganz der Verwaltung hochverschuldeter Güter mit kargem Boden in der Mark Brandenburg widmen mußte, oder an Friedrich Schlegel, der keine Anstellung an der Universität fand und immer auf der Flucht vor seinen Gläubigern war.

Die dichterischen Werke Clemens Brentanos haben in der Perspektive der Literaturwissenschaftler eine große Bedeutung. Insbesondere seine Lyrik gilt als Meisterleistung der Romantik. Wer in der Nachkriegszeit in der Ära werkimmanenter Interpretationskunst im deutschen Sprachraum studiert hat, wird sich erinnern, daß Emil Staiger das Wesen des Lyrischen an Gedichten Brentanos demonstrierte und Wolfgang Kayser den fließenden klangschönen Rhythmus ebenfalls an Texten Brentanos exemplifizierte.

Dieser germanistischen Wertung, die nur zu Zeiten der 68er Bewegung gefährdet war, weil Brentano sich nie politisch engagiert hatte, entsprach zu keinem Zeitpunkt in der Rezeptionsgeschichte ein hohes Maß an Popularität. Das heißt, auf die Frage nach einem romantischen Gedicht werden viele Deutsche Lieder von Joseph von Eichendorff und Heinrich Heine nennen und oft auch aus der Erinnerung rezitieren oder singen können, aber es werden sich wenige finden, die auch nur einen Gedichttitel von Brentano kennen. Die Loreley, natürlich, die kennt fast jeder: aber es ist die von Heinrich Heine. „In einem kühlen Grunde" und „Da droben auf jenem Berge", das sind Beispiele für populäre Lyrik, die assoziiert wird mit Eichendorff und Heine oder anonymen Volksliedern, aber nicht Brentano zugeordnet wird.

Ich nenne gerade diese Beispiele, weil sie die *mittelbare* Wirkung von Brentanos Kunst zeigen. Brentano muß als großer Mittler und Vermittler der Literaturgeschichte angesehen werden. Er regte an, erprobte die Stilmittel einer klassisch-romantischen Stimmungslyrik, brachte es zustande, Pseudovolkslieder mit einer künstlichen Patina zu schreiben, die in der Geschichte der Lyrik große Wirkung taten, aber nur zum Teil als seine Texte und seine artistischen Leistungen unmittelbar in die Breite wirkten.

Die Geschichte von der Loreley ist dafür das beste Beispiel. Was Heinrich Heine als „Märchen aus alten Zeiten" besingt, ist eine Erfindung Brentanos. In seinem Roman „Godwi" hatte er 1801 zum erstenmal die Geschichte von der verführerischen Loreley erzählt:

Zu Bacharach am Rheine
Wohnt eine Zauberin,
Sie war so schön und feine
Und riß viel Herzen hin.

Und brachte viel zu schanden
Der Männer rings umher,
Aus ihren Liebesbanden
War keine Rettung mehr.[2]

So beginnt diese Geschichte von einer Frau, die – von ihrem Liebsten betrogen – zur Verführerin wird, die alle Männer „zu schanden" macht, sie mit unwiderstehlicher Gewalt in den Tod reißt.

In Brentanos Fassung wird am Schluß noch die Grundlage seiner Phantasien deutlich, der Fels im windungsreichen engen Rheintal zwi-

2 Clemens Brentano, Gedichte. Herausgegeben von Hartwig Schultz, Stuttgart 1995 (künftig zitiert als: Gedichte), S. 49.

schen Bingen und Koblenz hieß, schon bevor Brentano seine Ballade schrieb, Lorelei oder Lurelei, was nicht mehr als Schieferfelsen bedeutet. Dieser Felsen zeichnete sich nicht nur durch seine gewaltige, schroffe Kontur aus, sondern war auch wegen seines dreifachen Echos berühmt. Daher heißt es bei Brentano am Schluß:

Und immer hat's geklungen
Von dem drei Ritterstein
Lore Lay
Lore Lay
Lore Lay
Als wären es meiner drei.

Eine Anmerkung dazu im Romantext lautet:

„Bei Bacharach steht dieser Felsen, Lore Lay genannt, alle vorbeifahrenden Schiffer rufen ihn an, und freuen sich des vielfachen Echos.“[3]

Die weiteren Motive der Dichtung ergeben sich ebenfalls aus der Topographie: Vom steilen Felssturz stürzt sich Lore Lay in den Rhein, die Ritter steigen ihr nach und kommen um:

Die Ritter mußten sterben
Sie konnten nicht hinab,
Sie mußten all verderben,
Ohn Priester und ohn Grab.

Den vorbeifahrenden Schiffer betört sie:

Der in dem Schifflein stehet,
Der soll mein Liebster sein.

Brentano deutet nur an, wie sie die Männer zuschanden macht und läßt sich dabei von den Erfahrungen der Schiffer und möglicherweise von lokalen Sagen anregen: Denn die Schiffspassage zwischen Bingen und Koblenz war damals gefährlich. Echo und reißende Strömung sind heute verschwunden, weil die Fahrrinne im späteren 19. Jahrhundert durch Sprengungen entschärft wurde und der Tunneldurchbruch für die Eisenbahn am Fuße des Felsens die Echowirkung beseitigt hat.

Das Motiv wurde danach von vielen Dichtern aufgenommen, und das populäre Lied Heines, das dann mit einer effektvollen Vertonung als literarisch-romantisches Signal der Rheinromantik fungierte und die Loreley zur Touristen-Ikone erhob, ist vermutlich von der ersten Ausge-

3 Ebd., S. 52.

staltung in Brentanos Roman über eine Loreley-Dichtung von Otto Heinrich Graf von Loeben zu Heine gelangt.

Was ist das besondere an beiden Loreley-Texten, inwiefern repräsentieren sie etwas typisch Romantisches? Der Roman Brentanos ist ein erstes Zeugnis für die Umsetzung romantischer Ideen in Brentanos Leben und Werk. Brentano war überzeugt, in Jena seine Bestimmung gefunden zu haben. Am 5. Juni 1798 hatte er sich dort als Medizinstudent immatrikuliert. Seinem Bruder Franz, zu dieser Zeit noch sein Vormund, berichtet er am 20. Dezember des gleichen Jahres: „ich will nicht Arzt werden, wie mein Armer Bruder ein Jurist ist, der alle seine Schönheiten alle seine Genüße hat müßen untergehn laßen, in der Sumpfe der Jurisprudenz, weil das Corpus juris muste davon getragen werden, und er damit so alle Hände vollhatte, das er das Wahre mußte fallen laßen“[4]. Dann beschreibt er seine neue Orientierung, beschreibt den frisch gewonnenen Freundeskreis und die Zuneigung zu Sophie Mereau, seiner späteren Frau: „Ich habe soviel schon vorgeschritten, daß ich meinen Umgang mit Studenten gänzlich abgebrochen habe, und nur des Umgangs einiger jungen schon vortheilhaft bekannter Gelehrten, und der Profeßoren, der vortreflichen Dichterinn Profeßor Mereau, die ganz körperlich und geistig das Bild unsrer verstorbenen Mutter ist, insbesondere genieße.“[5] Der Brief dürfte einen sehr zwiespältigen Eindruck bei seinem Vormund hervorgerufen haben, denn Clemens verlangt Geld für die Anschaffung von „ungeheuer theuren medizinischen Werken“ und berichtet im gleichen Atemzug von dem, was ihn trotz aller Beteuerungen am Studieren hindert: „Ich habe dir in meinem lezten Briefe gemeldet, daß ich einen Roman schreibe, laß dir deswegen nicht bange sein, meine Studien leiden nichts darunter, und er wird mir einen doppelten Nuzzen verschaffen, erstens trägt er mir doch circa rtl 100 ein, zweitens wird er mich als Menschen von Geschmak, Gefühl und Menschenkenntniß signalisiren.“[6]

Wer waren diese jungen Gelehrten und Professoren? In der Germanistik spricht man von der „Jenaer Romantik“ oder vom Schlegel-Tieck-Kreis. Nur einen Katzensprung von dem größten, weithin anerkannten deutschen Dichter entfernt, den Besucher aus aller Welt schon wie ein

---

4 Clemens Brentano, Sämtliche Werke und Briefe. Herausgegeben von Jürgen Behrens, Konrad Feilchenfeldt, Wolfgang Frühwald, Christoph Perels und Hartwig Schultz, Frankfurter Brentano-Ausgabe (künftig zitiert als: FBA), Bd. 29, S. 148.

5 FBA 29, S. 149.

6 FBA 29, S. 151 f.

Museumsstück bewunderten, hatten sich die Brüder Schlegel kurz vor der Jahrhundertwende in der Universitätsstadt Jena niedergelassen, dort wo auch Schiller deutsche Geschichte lehrte und Fichte die Studenten faszinierte. August Wilhelm Schlegel war bereits im Sommer 1796 mit seiner Frau Caroline nach Jena übergesiedelt und im Sommersemester 1798, als Brentano eintraf, zum außerordentlichen Professor ernannt worden.

Der Bruder Friedrich Schlegel zog mit seiner Freundin ein Jahr später in das Döderleinsche Haus ein, in dem sein Bruder lebte. Mit der seit Januar 1799 geschiedenen Dorothea Veit, einer Tochter des berühmten Philosophen Moses Mendelssohn, war die „republikanische" Vierergemeinschaft vollständig. Dorothea traf am 6. Oktober 1799 mit ihrem Sohn Philipp in Jena ein. Während die Brüder Schlegel mehr der Philologie, Philosophie, der Ästhetik und Literaturgeschichte zugetan waren und damit die Theoretiker der Jenaer Romantik wurden, war Ludwig Tieck, der ebenfalls seit Oktober 1799 in Jena wohnte und in der Fischergasse logierte, bereits als Dichter umfangreicher Werke hervorgetreten. Romane und Erzählungen hatte er publiziert, darunter 1796 den Roman „Franz Sternbalds Wanderungen", der schon eine neue Phase der deutschen Literatur eingeläutet hatte, als die Brüder Schlegel darangingen, die Forderungen nach der neuen, „progressiven Universalpoesie" zu formulieren, die sie „romantisch" nannten.

Für Brentanos Werdegang ist der universelle und anti-bürgerliche Charakter dieser Poesie bedeutsam, denn es sind alle Lebensbereiche, die „romantisiert" werden sollen. Es herrschte eine fruchtbare geistige Aufbruchsstimmung unter den Literaten, die einen neuen Menschen, eine neue Liebe, eine neue Kunst hervorbringen wollten. Nicht nur die hohe Literatur sollte aus ihren Gattungszwängen befreit, auch Bildung und Gesellschaft sollten erneuert werden. Goethe war von diesen Impulsen zunächst sehr angetan. „Wilhelm Schlegel ist nun hier", schreibt er, „und es ist zu hoffen daß er einschlägt. So viel ich habe vernehmen können ist er in ästhetischen Haupt- und Grundideen mit uns einig, ein sehr guter Kopf, lebhaft, thätig und gewandt." Differenzen scheint Goethe allenfalls im Bereich der Politik gefürchtet zu haben, denn er fährt fort: „Leider ist freylich schon bemerklich, daß er einige demokratische Tendenz haben mag"[7].

---

7 Weimarer Ausgabe, Abt. IV, Bd. 11, S. 66 f.

Goethe stören die auf eine gesellschaftliche Erneuerung zielenden Ideen der Frühromantiker, die auch aus Clemens Brentanos Brief sprechen, wenn er kritisiert, daß beim Studium des Corpus juris die „Wahrheit" verloren geht. Ein „ganzer" Mensch kann nach den Ideen der „romantischen Clique" nur sein, wer alle Bereiche seines Lebens künstlerisch gestaltet und von den Normen der bürgerlichen Philister befreit: „[...] das Leben und die Gesellschaft poetisch machen", hatte Friedrich Schlegel gefordert, ganz ähnlich wie dies fast zweihundert Jahre später Joseph Beuys postulieren sollte. Die neue Kunst, so formuliert Schlegel, „umfaßt alles, was nur poetisch ist, vom größten [...] Systeme der Kunst, bis zum Seufzer, dem Kuß, den das dichtende Kind aushaucht in kunstlosem Gesang." Die Maximen dieser neuen Universal-Poetik veröffentlichten die Brüder Schlegel in der Zeitschrift „Athenäum" in den Jahren 1798 bis 1800. Unter den Bezeichnungen „Fragmente" und „Ideen" erschienen Serien von Aphorismen, die in erster Linie von Friedrich formuliert wurden; unter der Überschrift „Blütenstaub" lieferte Novalis weitere Beiträge. Die pointiert und oft paradox formulierten Thesen provozieren den etablierten Kunst- und Universitätsbetrieb; der von Erstarrung bedrohte Weimarer Klassizismus (insbesondere im Bereich der bildenden Kunst) wird ebenso angegriffen wie die Berliner Spätaufklärung.

Brentanos Brief an den Bruder Franz enthält auch eine belehrende Passage zu den revolutionären Ansätzen der Frühromantik: „Bei der izzigen allgemeinen Tendenz der Geister, bei der izzigen Zeit der Epochen, der Revolutionen, der Erfindungen, der allgemeinen Vereinigung alles Wißens, giebt es nur Dumme und unglükliche. [...] In der izzigen Welt kann man nur unter zwei Dingen wählen, man kann entweder ein Mensch oder Bürger werden, und man sieht nur was man vermeiden nicht aber waß man umarmen soll. Die Bürger haben die ganze Zeitlichkeit besezzt, und die Menschen haben nichts für sich selbst, als sich selbst. [...] Ein Bürger werde ich wohl nicht werden, denn es ist mir zur Freude zum Besizz nichts aus meiner Erziehung geblieben als mein Herz mein Kopf und die Trümmer meines Charakters. ich werde ein Mensch werden und zwar ein zufriedner Mensch der sich soviel zueignet von dem waß den Bürgern fehlt daß sie ihn durch die Menge ihrer Bedürfniße gezwungen lieben und ehren müßen und ihn nicht entbehren können. [...] ich will alle Anlagen in mir ausbilden."[8] In einem Brief an die

8 FBA 29, S. 147 f.

befreundete Julie Reichenbach – eine von drei Schwestern aus Altenburg, denen er den ersten Band seines Romans widmet,[9] artikuliert er im November 1800 die Aufbruchsstimmung in einer Gedichtstrophe, die variiert auch im Romantext erscheint[10]:

Hinunter mit der alten Welt
Die Neue zu erbauen
Ich hab' der Liebe mich gesellt
Will nicht nach Trümmern schauen[11]

Die neue Liebe und eine neue Auffassung von der Rolle der Frau formuliert Friedrich Schlegel bereits 1799 in seinem Roman „Lucinde". Hauptangriffspunkt ist dabei Schillers Bild der Frau. Dessen Gedicht „Würde der Frauen" kontert August Wilhelm Schlegel mit einem Text, in dem er die Realitat des Frauenlebens gegen die Idealisierungen Schillers stellt:

Ehret die Frauen! Sie stricken die Strümpfe,
Wohlig und warm, zu durchwaten die Sümpfe,
Flicken zerrissene Pantalons aus; [...]

Auch mit der Naturauffassung Schillers konnten die Romantiker wenig anfangen, und Friedrich Schlegel höhnt in einem nachgelassenen Gedicht:

Geschritten in die Welt kam Schiller,
Und da ward's still und immer stiller.
Erstaunt frug die Natur: „Was will er?"
Und dreimal tönte laut der höchste Triller.[12]

Beim Lesen der „Glocke" seien sie „fast von den Stühlen gefallen vor Lachen", berichtete Caroline Schlegel ihrer Tochter Auguste am 21. Oktober 1799[13], und Friedrich formuliert das Distichon:

Ach wie gefällt die Glocke dem Volk und die Würde der Frauen!
Weil im Takte da klingt alles, was sittlich und platt.[14]

9 FBA 16, S. 7.
10 FBA 16, S. 164.
11 FBA 29, S. 288.
12 Kritische Ausgabe, Bd. 5, S. 507.
13 Caroline und Dorothea Schlegel in Briefen, hg. v. Ernst Wieneke, Weimar 1914, S. 139.
14 Kritische Ausgabe, Bd. 5, S. 508.

Diese satirischen Gedichte blieben (aus Rücksicht auf Goethe, der sich die Kritik seines Freundes Schiller verbat) in der Schublade und wurden erst aus dem Nachlaß veröffentlicht.

Clemens gehörte nicht zum Kern dieser Schlegel-Tieck-Gruppe. Die jungen Intellektuellen, unter denen nur Schelling und August Wilhelm eine Professur in Jena hatten, während Friedrich erst promovierte, nahmen Brentano nicht ganz ernst, als „Angebrentano" wurde er verspottet, nachdem er sich in die Professorengattin Sophie Mereau verliebt hatte; als Student reicher Eltern diente er dem stets unter Geldmangel leidenden Friedrich als Geldquelle; zugleich war er für ihn Konkurrent in der Gunst der Mereau.

Rasch brachen auch beim Dichten Konkurrenzen auf, und wenn der junge Adept in einer Satire als Nachahmer Tiecks verspottet wird, so bleibt doch unbestritten, daß er seine beiden Meister in einigen Gattungen rasch übertraf. Denn die Brüder Schlegel waren keine brillanten Poeten, ihre Gemäldebeschreibungen, Freundschaftssonette und Romanzen blieben Durchschnittsware, und auch der Prototyp des neuen Romans, die „Lucinde", war kein Werk, das den Erwartungen an die „neue Schule" auch nur annähernd entsprechen konnte: „Lucinde ist eine unerquickliche Zusammensetzung von zwey Abstrakzionen, Witz und Sinnlichkeit. Die Muttergottes mag es dem Verfasser verzeihen, daß er dieses Buch geschrieben; nimmermehr verzeihen es ihm die Musen."[15] Dieses niederschmetternde Urteil formulierte kein unbekannter Rezensent, sondern Heinrich Heine, dem die Musen gewogen waren. Er legte den Finger auf die Wunde: Friedrich Schlegel konnte pointierte Aphorismen formulieren und Vorlesungen zu literarhistorischen und philosophischen Themen abhalten, er konnte abstrahieren, aber dichten konnte er nicht.

Caroline Schlegel erkannte als erste aus dem Schlegel-Tieck-Kreis die Genialität von Brentanos *Godwi*-Lyrik. Sie hebt die „Romanzen" hervor, womit sie lyrische Stimmungsbilder und balladenartige Einlagen meint (und nicht „Romanzen" mit Assonanzen im Sinne der Metrik). Sie beschreibt das Besondere von Brentanos Stil, die Vermischung von (scheinbar) alten, volksliedartigen Elementen mit Tendenzen der neuen Poesie, die im Schlegelkreis „romantisch" genannt wurden. In der „Godwi"-Lyrik spricht (nach Schillers Terminologie) der „sentimentalische" Dichter der Moderne, der die ursprüngliche Naivität nur nachzuempfinden versteht. Caroline schreibt an August Wilhelm Schlegel am

15 Düsseldorfer Ausgabe, Bd. 8,1, S. 166.

10. Dezember 1801: „[...] es sind Romanzen darin [in Brentanos Roman], die ordentlich so aussehn, als wenn sie nicht eben gemacht worden wären, sondern sich vor langer Zeit selbst gemacht hätten. Gedichte so gut wie die besten dieser Schule [...]“[16].

Caroline bezieht sich in ihrem Brief auf den zweiten Band des „Godwi“, in den die Texte „Ein Fischer saß im Kahne“, „Ein Ritter an den Rheine ritt“ und „Zu Bacharach am Rheine“ integriert sind.[17]

Das Lob Carolines zu den lyrischen Einlagen und den nur scheinbar alten „Romanzen“ ist bemerkenswert und beruht vielleicht auch darauf, daß Brentano mit seinen Liedern (insbesondere in der Loreley-Dichtung) eine zentrale Forderung der Frühromantik umsetzte und dabei sehr behutsam vorging. Wir brauchen eine „neue Mythologie“, hatte Friedrich Schlegel gefordert, und Brentano antwortete im Roman mit der Behauptung, das sei nicht möglich, eine neue sei immer zugleich eine alte Mythologie. Im Roman selbst setzt er diese Auffassung um, indem er die antike Echo-Figur zur Lore Lay umgestaltet. Daß hier tatsächlich an eine Verwandtschaft im wörtlichen Sinne zu denken ist, wird in den Rheinmärchen Brentanos, einem erst postum veröffentlichten Text, noch deutlicher als im Roman. Der Wassermann nennt im Märchentext die dort Lureley genannte Frau, die in der Nähe des Nibelungenschatzes im Rhein lebt, eine „Tochter der Phantasie“. Aus deren Ehe mit dem schönen Jüngling Wi(e)derhall[18] waren als Geschwister der Lureley entstanden: Echo, Accord und Reim;[19] der Müller Radlof ist ihr Sohn, und „sieben Jungfräulein“ mit sprechenden Namen wie Herzeleid, Liebeseid, Liebesfreud und Liebesneid sind ihr zugeordnet[20]. So entsteht eine regelrechte Genealogie der Lureley, in der Altes und Neues, antike Mythologie und örtliches deutsches Sagenmaterial, miteinander verknüpft sind.

Der Text der weitgehend fertiggestellten Rheinmärchen Brentanos ist durchsetzt mit solchen Bezügen und Mythologemen, die den verfallenen Burgen des Rheintals wieder neues Leben einhauchen. Phantastische, skurrile, halbmythische Gestalten der verschiedensten Traditionen bevölkern Rheinufer und -inseln.

16 Wieneke (Anmerkung 13), S. 197.
17 Vgl. Gedichte, S. 44–52.
18 Im Manuskript von Brentanos Märchen (einer Abschrift) steht „Wiederhall“, wobei jedoch zu berücksichtigen ist, daß zur Goethezeit „wieder“ und „wider“ in der Orthographie nicht unterschieden wurden.
19 FBA 17, S. 110.
20 FBA 17, S. 251–256.

Abb. 15: Portrait von Clemens Brentano. *Radierung von Ludwig Emil Grimm (1790–1863). Kniestück in Seitenansicht nach links. Im Hintergrund Figuren aus seinen Märchen und eine Darstellung Anna Katharina Emmericks. Bez. u. li.: ad viv. den 18t July 1837 München.*

Leider konnten die Geschichten ihre Wirkung auf die Entwicklung dieser Gattung in der Romantik nicht entfalten. Brentano mochte sich zu einer Veröffentlichung nicht entschließen und arbeitete in seiner Spätzeit nur das „Märchen von Gockel, Hinkel und Gackeleia" aus, das zum Komplex der sogenannten „italienischen Märchen" gehörte, die er ursprünglich mit den Rheinmärchen zu einem Erzählzyklus verschmelzen wollte. Quelle war ein kurzer Text aus der Pentamerone-Sammlung von Giovanni Battista Basile. Brentano hatte diese Texte entdeckt und schrieb seine Märchen in Anlehnung an den Stil des barocken Vorbilds, nahm etwa die Sitten bei Hofe kritisch-satirisch aufs Korn und fabulierte anspielungsreiche, von Phantasie überbordende Prosatexte, die sich für Kinder nur bedingt eignen. Dennoch war Brentano auch im Bereich der Märchen der große Anreger. Er war der erste unter den Romantikern, der mit dem Sammeln von Märchen begann und seine Funde den Brüdern Grimm übermittelte. Diese entwickelten dann ein konträres Stilideal und versuchten, vemeintlich reine, ursprüngliche, schlichte, kindgerechte Märchentexte zu formulieren, wobei sie zum Teil Brentanos Material und seinem Hinweis auf den Dichter Basile folgten. Wir empfinden heute Grimms Märchen als die „richtigen", die typisch „deutschen" Märchen und ordnen Brentanos (zum Teil aus den gleichen Quellen gewonnenen) Texte in die europäische Kunstmärchentradition ein, die in Deutschland beispielsweise auch durch E. T. A. Hoffmann und Hauff repräsentiert ist.

Abb. 16: Entwurf des mit Clemens Brentano befreundeten Friedrich Schinkel zur geplanten Ausgabe von Brentanos Märchen.

Zurück zur Lyrik, einer Gattung, in der Brentanos Verfahren, Texte zu schreiben, die so aussehn, als wenn sie sich „vor langer Zeit selbst gemacht hätten“ eine ungeheure Wirkung auslöste. Sie setzte nach Veröffentlichung der Sammlung „alter Lieder“ dieses Stils ein, die unter der Bezeichnung „Des Knaben Wunderhorn“ berühmt wurde. Die nachhaltige Breitenwirkung entspricht hier den Grimmschen Märchen. Wir empfinden heute als typisch deutsches Volkslied, was in Liederbüchern als Quellenangabe „ Wunderhorn“ trägt. Dabei hat die Literaturwissenschaft längst zeigen können, daß die beiden Herausgeber nicht von Haus zu Haus gingen und gesungene Texte aufzeichneten, sondern in der Regel gedruckt überlieferte Texte radikal und artistisch „romantisierten“. Ein gutes Beispiel ist der Text „Laß rauschen Lieb, laß rauschen“, der hier aufgrund der Edition in der Frankfurter Brentano-Ausgabe vorgestellt wird:

Des Knaben Wunderhorn
(Band II, 1808; FBA 7, S. 50 f.)

Laß rauschen Lieb, laß rauschen. *(Mündlich.)*	Quellen:
Ich hört ein Sichlein rauschen, *Wohl rauschen durch das Korn,* *Ich hört ein Mägdlein klagen,* *Sie hätt ihr Lieb verlorn.*	Q^1 (Docen: Miscellaneen, München 1807)[21] *Ich hört ein Sichellin rauschen,* *Wohl rauschen durch das Korn,* *Ich hort ein feine Magd klagen,* *Sie hätt ihr Lieb verlorn.*
Laß rauschen, Lieb, laß rauschen, *Ich acht nicht, wie es geht,* *Ich thät mein Lieb vertauschen* *In Veilchen und im Klee.*	Q^2 (Schmeltzel: Quodlibet, 1543) *LA rauschen, Lieb, la rauschen,* *Ich acht nit, wie es geht,* *ich hab mir ein pulen erworben/erworben* *In feiel vnd grünen Klee.*
Du hast ein Mägdlein worben *In Veilchen und im Klee,* *So steh ich hier alleine,* *Thut meinem Herzen weh.*	*hastu ein buln erworben/* *In feiel vnd grünen Klee,* *So steh ich hie alleine alleine* *Thut meinem hertzem weh.*

21 Die vollständigen Titel sind im Kommentarband der FBA genannt: FBA 9,2, S. 111. Die Texte sind hier nach den Lesarten der Ausgabe (ebd., S. 111 f.) rekonstruiert, wobei zu berücksichtigen ist, daß Varianten, die lediglich die Orthographie und Interpunktion betreffen, in der Ausgabe nicht verzeichnet sind. So kann der Text der Quelle in Zeichensetzung und Interpunktion von dem hier gebotenen Text abweichen.

Ich hör ein Hirschlein rauschen
Wohl rauschen durch den Wald,
Ich hör mein Lieb sich klagen,
Die Lieb verrauscht so bald.

Laß rauschen, Lieb, laß rauschen,
Ich weiß nicht, wie mir wird,
Die Bächlein immer rauschen,
Und keines sich verirrt.

(q) (Abschrift unbekannter Hand)
Ich hör ein Hirschlein rauschen
Wohl rauschen durch den Wald,
Ich hör ein feines Lieb klagen,
Kl Kla Klagen es hätt s. Ehr verlorn

Die Gegenüberstellung läßt erkennen, daß der (links abgedruckte) Text des „Wunderhorn" mit der mystifizierenden Quellenangabe „Mündlich" ein synthetischer Text ist, zusammengesetzt aus drei verschiedenen Quellen und einer hinzugedichteten Strophe. Für die erste Strophe benutzten die „Herausgeber" eine Publikation aus dem Jahre 1807 (Q^1), in der lediglich Anfangsstrophen aus einer Sammlung von 1535 mitgeteilt werden. Eine dieser Eingangsstrophen ist die Grundlage für die ersten vier Zeilen des Wunderhorn-Liedes. Strophe zwei und drei bilden in der Quelle Q^2, einer Tenorstimme aus Schmeltzels Liederbuch von 1543, ein selbständiges Gedicht. Strophe 4 wiederum entnahm Brentano, dem diese raffinierte Gedichtkomposition zu verdanken ist, aus einem 5strophigen Gedicht, das im dritten Wunderhorn-Band noch einmal vollständig unter dem Titel „Erinnerung beym Wein" erschien[22]. Für unser Gedicht wird die 2. Strophe herausgelöst und eingepaßt, weil sie auch vom Rauschen handelt. Die letzte Strophe wiederum ist hinzugedichtet, nimmt das zentrale Motiv noch einmal auf und bringt zugleich verstärkt romantische Elemente ein und rundet das „aus fremdartigen Teilen verbundene", wie Goethe in seiner unten zitierten Wunderhorn-Rezension formulierte, zu einem klangschönen Gedicht.

Die einzelnen Veränderungen, die zu diesem hoch-romantischen Gedicht führen, in dem keine Nahtstellen mehr zu spüren sind, lassen sich beim Vergleich mit dem (rechts abgedruckten) Quellentext ablesen. Zum Beispiel Zeile 3: Im Wunderhorn die Formulierung „hört ein Mägdlein"; in den „Miscellaneen" von 1807, der Vorlage Q^1: „hort ein feine Magd". Man höre diese Veränderung der gesamten Zeile, um den gravierenden Unterschied zu merken. Aus einem bäurischen, mundartlich geprägten, holprigen Vers – eben aus einem echten Volksliedvers – wird plötzlich eine glatte, hochdeutsche, rhythmisch geglättete Zeile, wobei die einge-

22 Vgl. FBA 8, S. 119 und 9,3, S. 204 f.

fügte Verkleinerungsform „Mägdlein" in Volksliedern grundsätzlich geläufig ist und Stil und Ton volksläufiger älterer Lieder haargenau trifft. In der Vorlage heißt es:

Ich hort ein feine Magd klagen

In der Wunderhorn-Fassung dagegen:

Ich hört ein Mägdlein klagen

Ähnlich einschneidend ist die Verwandlung von Vers 7, der in der Quelle daherholpert:

ich hab mir ein pulen erworben / erworben
(gemeint ist ein Buhle, ein Liebchen)

Daraus macht Brentano:

Ich thät mein Lieb vertauschen

eine Zeile, die mit dem Konjunktiv ein bißchen Volksliedpatina erhält, aber zugleich im Inhalt recht kühn und modern ist.

Die Beispiele zeigen, daß die Bearbeiter „alte Lieder der Zeit näher rücken", sie lassen die Lieder „zwischen dem romantischen und alltäglichen schweben," und publizieren eine Mischung aus „Restaurationen und Ipsefacten", wie Brentano in Briefen an den Freund das Verfahren der „Umschöpfung" umschreibt[23]. Am deutlichsten bricht das romantische Lebensgefühl in der hinzugedichteten letzten Strophe durch: „Ich weiß nicht, wie mir wird" heißt es hier plötzlich, und die Schlußverse artikulieren die romantische Auffassung, die Brentano in einem Gedicht des „Godwi" so formuliert: „Alles ist ewig im Innern verwandt."[24] Zugleich meinen wir, Eichendorff zu hören, bei dem von den Bächlein, die sich nicht verirren, desöfteren die Rede ist.[25]

Mit dem Weltbild der tradierten zersungenen Volkslieder, denen es oft in Sinn und Form an geregelten Strukturen fehlt, hat dieses kunstvolle Gebilde wenig zu tun. Brentano verwendet Volksliedmotive, er bedient sich der schlichten Volksliedsyntax und relativ simplen Metrik, die wir heute mit Begriffen wie „Volksliedzeile" und „Volksliedstrophe" benennen, aber er formt dennoch ein neues, ein romantisches Gedicht, in dem

---

23 Achim von Arnim und Clemens Brentano. Freundschaftsbriefe. Vollständige kritische Edition von Hartwig Schultz, Frankfurt am Main 1998, S. 485, 263 und 376.

24 Gedichte, S. 26.

25 Die Abhängigkeit ist freilich umgekehrt: Eichendorff lernt am Wunderhorn, nimmt die romantischen Elemente der überarbeiteten Texte von Arnim und Brentano auf und findet dabei zu seinem Stil.

sehr fein differenzierte Emotionen und Klänge wirksam werden. Mit dem Begriff „Restaurieren“, den Arnim und Brentano in ihrem Briefwechsel verwenden, ist dieses Verfahren der Neukonstruktion eines romantischen Gedichts aus alten Trümmern nicht zutreffend beschrieben.

Goethe hat zum ersten Band der Wunderhorn-Sammlung 1806 eine begeisterte Rezension geschrieben, in der er ebenfalls von Restaurieren spricht, zugleich jedoch das Verfahren von Arnim und Brentano recht offen beschreibt. Eine „sondernde Untersuchung in wiefern das alles, was uns hier gebracht wird, völlig echt, oder mehr oder weniger restauriert sei“, lehnt er kategorisch ab; „das hie und da seltsam Restaurierte, aus fremdartigen Teilen verbundene, ja das Untergeschobene, ist mit Dank anzunehmen. Wer weiß nicht, was ein Lied auszustehen hat, wenn es durch den Mund des Volkes, und nicht etwa nur des ungebildeten, eine Weile durchgeht! Warum soll der, der es in letzter Instanz aufzeichnet [...] nicht auch ein gewisses Recht daran haben?“[26] An einer wissenschaftlich genauen Aufzeichnung und Edition mündlich überlieferter Texte gab es bei Goethe ebensowenig Interesse wie bei Arnim und Brentano. Wer die Geschichte von Goethes berühmtem „Heidenröslein“ kennt, wundert sich nicht über diese Rechtfertigung des Wunderhorn-Verfahrens. Auch Goethe hat aus einem älteren längeren Volksliedtext lediglich ein Motiv herausgelöst und daraus ein gänzlich neues Kunstvolkslied geschaffen. Auch er ließ den artistisch geformten Text zunächst in einer Volksliedersammlung publizieren, sein Freund Herder, der ihm die Quelle vermittelt hatte, hilft ihm nach Kräften bei seinen Mystifikationen, indem er Goethes Text in einem Aufsatz als „Fabelliedchen [...] aus dem Gedächtniß“ abdruckt und dann auch in seine „Volkslieder“ aufnimmt.[27] Wenn der gleiche Text dann wenig später im siebten Band von „Göthe's neuen Schriften“ (Berlin 1800) ohne weitere Erklärung wieder auftaucht, zeigt dies, daß Goethe selbst das „Recht des Dichters, der es in letzter Instanz aufzeichnet“, weit auslegt und sich klar darüber ist, daß die „Aufzeichnung“ einer Neuschöpfung gleichkommt.

Von Goethes Texten aus der Straßburger Zeit geht die Tradition der Kunstvolkslieder über die dreibändige Sammlung „Des Knaben Wunderhorn“ in die deutsche Lyrik des 19. Jahrhunderts ein. Eichendorff, Heine

---

26 Münchner Ausgabe, Bd. 6,2, S. 616.

27 Von deutscher Art und Kunst. Einige fliegende Blätter, Hamburg 1773, S. 57. In den 1778/1779 erschienenen „Volksliedern“ erscheint Goethes Text unter dem Titel „Röschen auf der Heide. Deutsch“. Das Inhaltsverzeichnis meldet: „Aus der mündlichen Sage“!

und Uhland fanden nach der Wunderhorn-Lektüre ihren Ton, ihre Motive, ihre Metra. Ihre romantisch-ambivalent-"sentimentalische" Haltung, die mit den Wunderhorn-Vers „Ich weiß nicht, wie mir wird" recht genau getroffen wird, basiert auf einer Auswahl von Wunderhorn-Texten, deren Ursprung im einzelnen nicht bekannt war. „Da droben auf jenem Berge", „In einem kühlen Grunde" und ähnliche Zeilen werden vielfach variiert in lyrischen Texten des 19. Jahrhunderts aufgenommen. Der schlichte und doch raffinierte Volksliedton, den Brentano entwickelt hat, beherrscht die deutsche Lyrik und verdrängt die klassizistischen Tendenzen und den hohen Klopstock-Ton, den Goethe in den Hymnen seiner Frühzeit noch gepflegt hatte.

Verbunden mit Melodien finden die Wunderhorn-Texte und verwandte Kunstvolkslieder ihren Weg zum Volk zurück. Bis zum Zweiten Weltkrieg werden sie in Sängervereinen und Studentenverbindungen gesungen und erreichen so die Popularität, die ihnen Goethe in seiner Rezension gewünscht hatte. Bei ihm heißt es nämlich zum Wunderhorn: „Von Rechtswegen sollte dieses Büchlein in jedem Hause, wo frische Menschen wohnen, am Fenster, unterm Spiegel, oder wo sonst Gesang- und Kochbücher zu liegen pflegen, zu finden sein [...]. Am besten aber läge dieser Band auf dem Klavier des Liebhabers oder Meisters der Tonkunst, um den darin enthaltenen Liedern entweder mit bekannten hergebrachten Melodien ganz ihr Recht widerfahren zu lassen, oder ihnen schickliche Weisen anzuschmiegen, oder, wenn Gott wollte, neue bedeutende Melodien durch sie hervorzulocken.

Würden dann diese Lieder, nach und nach, in ihrem eigenen Ton- und Klangelemente von Ohr zu Ohr, von Mund zu Mund getragen, kehrten sie, allmählich, belebt und verherrlicht, zum Volke zurück, von dem sie zum Teil gewissermaßen ausgegangen: so könnte man sagen, das Büchlein habe seine Bestimmung erfüllt, und könne nun wieder, als geschrieben und gedruckt, verloren gehen, weil es in Leben und Bildung der Nation übergegangen."[28]

Während die nachhaltige und bedeutende Wirkung von Brentanos Lyrik in der Forschung unumstritten ist, so führt ein anderes Thema bis heute zu scharfen Kontroversen. Ich meine die sogenannte „Wende" in seinem Leben und Dichten. Der katholisch getaufte Clemens Brentano widmete

28 Münchner Ausgabe, Band 6,2, S. 602.

in seiner frühen Dichtung religiösen Themen keine besondere Aufmerksamkeit[29] und unterscheidet sich damit von Novalis oder Eichendorff. Seine geistigen Väter der Frühromantik erklärten alles zur „Religion", insbesondere die Liebe und die Kunst, und stellten sich damit quer zu den Lehren der katholischen Kirche, da das Wort „Religion" geradezu blasphemisch-inflationär benutzt wurde[30]. Brentano folgte dieser Mode zunächst[31], geriet jedoch um 1816 in eine existentielle Krise, die ihn nach dem Woher und Wohin, nach dem Sinn seines Dichtens und Lebens, fragen ließ. Ich sehe hier einen Zusammenhang mit der anfangs geschilderten Grundsituation: Clemens Brentano brauchte nicht zu arbeiten, er mußte sich nicht in die Ordnung eines Erwerbslebens einfügen; wirklich „notwendig" war seine Kunst für die Bürger nicht geworden, die Stellung der romantischen Künstler in der Gesellschaft war grundsätzlich problematisch geblieben. Niemand gab ihnen einen Auftrag; den entstandenen Markt für Bücher bediente Brentano nicht; er war auf Geldeinnahmen zum Lebensunterhalt nicht angewiesen. Zugleich war der Anspruch, den er selbst an sein Werk stellte, sehr hoch, und Selbstzweifel hinderten ihn daran, seine Werke der literarischen Öffentlichkeit zu übergeben. Nach dem Schub der ersten Publikationen bis zum Wunderhorn kam wenig von ihm in den Druck: Märchen- und Romanzenzyklus lagen unvollendet in der Schublade, die Versuche, Dramen auf das Theater zu bringen oder gar zum Wiener Theaterdirektor oder Hofdichter ernannt zu werden, waren gescheitert.

Einem Vakuum an heilsamen Lebenszwängen ausgesetzt, geriet er in den Sog einer religiösen Erweckungsbewegung. Die in Berlin von protestantischen Kreisen um die Brüder Gerlach getragene Bewegung und ähnliche katholisch geprägte Entwicklungen in Bayern, die in Bischof

29 Für die christliche „Mythologie" bzw. ihre künstlerische Spiegelung in der bildenden Kunst erwacht das Interesse früh. Mit den Lehren der katholischen Kirche und einer christlichen Ethik liegt Brentano im Widerstreit; Kunst steht in seiner Werteskala höher als Religion und moralische Werte überhaupt.

30 So schreibt Dorothea Veit (spätere Schlegel) am 15. November 1799 an Schleiermacher über die Gruppe der „Romantiker": „Das Christenthum ist hier a l'ordre du jour; die Herren sind etwas toll. Tieck treibt die Religion wie Schiller das Schicksal" Wieneke (Anm. 13), S. 307.

31 Tieck verspottet den „Schüler" Brentano in der Satire „Der neue Hercules am Scheidewege" und läßt ihn als „Bewunderer" sagen: „Man muß nur jeden Vorsatz zur Religion machen, / So kann man über die ganze Welt lachen, / Und das Lachen muß wieder Religion werden [...] Ich mache mir alles zur Religion, / Und sitze wie auf einem gepolsterten Thron." (Poetisches Journal, herausgegeben. von Ludwig Tieck, Jena 1800, S. 130 f.).

Sailer einen Förderer fanden, lösten bei ihm eine Rückwendung zur katholischen Religion aus. Brentano legte 1817 in Berlin eine Generalbeichte ab, und begab sich wenig später zu einer stigmatisierten ehemaligen Augustinernonne im westfälischen Dülmen. Von 1818 bis zum Tode der Anna Katharina Emmerick 1824 hielt er sich fast ununterbrochen bei der bettlägerigen Frau auf und zeichnete ihre „Gesichte", ihre Visionen, auf, die sie in ekstatischem Zustand preisgab. Die Stigmata verstand er als göttliche Zeichen in einer gottlosen Welt, die er als „Schreiber" zu dokumentieren hatte. Werke seiner ersten Lebensphase schienen ihm nun hohl und lügenhaft, er versteigerte einen großen Teil seiner Bibliothek und sah seine Aufgabe allein darin, der katholischen Bewegung zu dienen und die erlebten Wunder darzustellen. So entstand eine Biographie der Anna Katharina Emmerick und ein großangelegtes Epos nach ihren Schilderungen, das aus den Teilen Marienleben, Leben Jesu und der Leidensgeschichte Jesu besteht. An diesem Riesenwerk arbeitete er auch nach 1824 fast ununterbrochen bis zu seinem Tode weiter. „Das bittere Leiden unsres Herrn Jesu Christi nach den Betrachtungen der gottseligen Anna Katharina Emmerich, Augustinerin des Klosters Agnetenberg zu Dülmen" – so der exakte Titel – erschien 1833 als einziger Band zu seinen Lebzeiten, „Das Leben der heiligen Jungfrau Maria" war im Satz, und die „Lehrjahre Jesu" waren für den Druck vorbereitet, als Brentano 1842 starb. Er hatte mit der Veröffentlichung gezögert, nachdem 1835/36 „Das Leben Jesu. Kritisch bearbeitet von David Friedrich Strauß" erschienen war.

Die etwa 20.000 Blatt Folio – mit kleiner Schrift eng beschrieben – befinden sich zum großen Teil als Leihgabe im Freien Deutschen Hochstift und werden in der historisch-kritischen Ausgabe – nein, nicht *vollständig* veröffentlicht, sondern ausgewertet. Sie verraten viel über die Arbeitsweise Brentanos, die sich etwa so darstellen läßt: Aus den Evangelien und weiteren, z. T. mystischen und apokryphen Quellen las Brentano Anna Katharina einzelne Abschnitte vor, um dann zu erfragen, was sie in ihren ekstatischen Zuständen dazu sehe. Oft breitete er dabei Landkarten von Palästina auf ihrem Bett aus, lenkte und korrigierte ihre Darstellung, wenn sie nicht mit der Topographie Palästinas in Übereinstimmung zu bringen war. Auf diese Weise erhoffte er Aufschlüsse über jeden Tag im Leben Jesu, er wollte genau wissen, welchen Weg die Jünger gewählt hatten, wo sich Begegnungen und Wunder ereigneten. Das Verfahren hat mit naturwissenschaftlichem Forscherdrang zu tun und zeigt, daß Clemens Brentano auf der Suche nach modernen „Beweisen" für das „Wunderbare" war, die modernen, wissenschaftlichen Ansprüchen genügen sollten. In gewissem Sinne blieb er Romantiker, klammerte sich geradezu an eine Welt jenseits der banalen, vom Verstand erschließbaren Realität, sein Hoffen und Glauben war jedoch durch moderne Skepsis zersetzt oder gefährdet. Seinem Bemühen haftet etwas von Verzweiflung und existentieller Angst an, und es gelingt ihm nicht, diesem Einfluß eines modernen, von naturwissenschaftlichem Geist geprägten Bewußtsein zu entrinnen. Zu unreflektierter, naiver Volksgläubigkeit, die er mit seinen religiösen Erbauungsbüchern zu erwecken sucht, fand er selber nie.

So experimentiert er mit dem „Wunderbaren", gibt Anna Katharina Reliquien zu fühlen, um ihre Echtheit zu prüfen. Das Verfahren setzt er sogar nach ihrem Tode fort, wodurch sein Bemühen ins Groteske und Makabre abgleitet: Seine Freundin Luise Hensel beauftragt er nämlich, die Leiche der Emmerick zu exhumieren, um zu prüfen, ob auch die Tote noch auf diese Reliquien reagiert. Das Experiment mißlang, Luise Hensel und ihr Helfer brachen die Exhumierung ab, weil ihr beim Anblick der verwesenden Leiche schauderte. Das Protokoll dieser abenteuerlichen und aberwitzigen Aktion, bei der Brentano auch eine Erinnerungstafel unter den Kopf der Verehrten legen ließ, die sich bis heute erhalten hat, ist in Band 28,2 der Frankfurter Brentano-Ausgabe nachzulesen[32].

Zur Bewertung der Emmerick-Schriften und der Wende in seinem Leben nur folgendes: Als Erbauungsschriften waren sie – wenn man von Auflagezahlen ausgeht – erfolgreicher als alle anderen Werke Brentanos. Auf die Entwicklung der deutschen Literatur hatten sie jedoch wenig Einfluß, zumal der Autor anonym blieb und sein erzählerisches Talent gar nicht einsetzen konnte. Ob Brentano vor oder nach dieser Wende seine bedeutenderen Werke hervorbrachte, wird je nach Blickwinkel des Betrachters kontrovers beurteilt. Ein Ergebnis der neueren Forschungen, namentlich Wolfgang Frühwalds, ist jedoch, daß Brentano die radikale Entscheidung, sein Dichten allein in den Dienst der katholischen Kirche zu stellen, in seiner Münchner Zeit revidierte: Er schrieb in den dreißiger Jahren wieder Liebeslieder, hatte gegen eine Neuauflage des Wunderhorn nichts einzuwenden, brachte das „Märchen von Gockel, Hinkel und Gackeleia" zur Publikation, ohne es zu einer Missionsschrift umzuarbeiten. Demnach hatte er den Sinn für komplexe Kunstwerke keineswegs auf Dauer verloren; es gibt sogar die These, daß die *Kunst* zeitlebens

32 FBA 28,2, S. 401–404.

Abb. 17: „Der Wurzelverkäufer".
Bleistiftzeichnung von Clemens Brentano, o. D.

insgeheim seine zweite Religion blieb. Obwohl der „homo poeta" seine Maßstäbe für das, was Kunst kann und soll, im Laufe seines Lebens radikal änderte, blieb er doch stets dem Medium Kunst verpflichtet, konnte er sich dem Schaffensdrang gar nicht entziehen; er war besessen von Kunst zeit seines Lebens.

Dabei durchlebte er auch eine Phase der „Zweckorientierung" von literarischen Werken, die in der Geschichte der deutschen Literatur einsetzte. Es sind jeweils verschiedene politische und religiöse „Zwecke", denen sich die Autoren widmen, aber die Abkehr von einer Ästhetik, die eine autonome, zweckfreie, nur der Schönheit und einer höheren Wahrheit verpflichtete Kunst fordert, ist ihnen gemeinsam. Die ältere Forschung nennt diesen neuen Typ von Literatur des 19. Jahrhunderts auch „Tendenzliteratur".

Für Brentano behielt jedoch – ungeachtet seiner Beteuerungen, sich auf die Funktion eines Chronisten und Schreibers im Dienste der katholischen Sache zu beschränken – die Kunst stets ihre zentrale

Bedeutung. Das konnte Bernhard Gajek zeigen, der den „Homo poeta" zum Thema seiner Habilschrift wählte und die Elemente der Kontinuität in Brentanos Werk im einzelnen nachweist. Den „Artisten" Brentano stellt auch Hans Magnus Enzensbergers Dissertation über Brentano aus dem Jahre 1962 heraus. Die Selbststilisierung Brentanos zum „Schreiber" ist in diesem Zusammenhang eine Art Kunstgriff, ein Rollenspiel, um der Kunst, der er sein Leben widmet, in dieser neuen Rolle auf andere Weise zu dienen und ihr zugleich einen zusätzlichen tieferen Sinn zu verleihen.

Jedenfalls ist festzuhalten, daß die Entscheidung für die katholische Bewegung nicht einem politischen Schachzug entspricht – wie vielleicht Bettines Wendung nach links oder entsprechende Entscheidungen bei Herwegh und Gutzkow. Brentano ist existentiell erschüttert, er balanciert am Abgrund während seiner Berliner Krise, sonst hätte er Gedichte wie „Die Gottesmauer" oder „Der Frühlingsschrei eines Knechts aus der Tiefe"[33] nicht schreiben können. Wenn schon die religiöse Ausrichtung seines Werkes als Einbindung in eine „Tendenzliteratur" gedeutet wird, so ist es doch keine oberflächliche Anpassung. Auch bleibt der innere Frieden im Umfeld westfälischer Volksfrömmigkeit ähnlich trügerisch wie bei Annette von Droste-Hülshoff. Brentano findet auch nach seiner religiösen „Wende" nicht zur Ruhe, die neue Perspektive bleibt eine Rolle, in die der Getriebene, der Zweifelnde, der Künstler Brentano schlüpft.

Für mich ist Clemens Brentano mit seinen Problemen und seiner inneren Verfassung ein Mensch der Moderne, geprägt von der Sehnsucht nach einem romantischen Reich, nach einem verlorenen Paradies, nach einer übergreifenden Ordnung, in der alles Vereinzelte in einem Sinnzusammenhang verbunden ist. Das Medium, das er anerkennt, und in dem er wirken kann, bleibt dabei stets die Kunst.

Wenn Brentano verschiedene Anläufe unternimmt, diese Ordnung zu finden und in der Kunst zu gestalten und dabei immer wieder scheitert, so gehört gerade dies zu den Grunderfahrungen der Moderne, und die verzweifelte Suche nach einer Religion oder nach einer sinnstiftenden Kunst, die Religion ersetzt, sind zwei Seiten einer Medaille. Die Sehnsüchte und Frustrationen des frühen Brentano gehören ebenso zu diesem modernen Bewußtsein wie die verzweifelte und vergebliche Suche nach einer Heimat in einer erneuerten Kirche.

---

33 Gedichte, S. 160 und 107.

Bettine Brentano-von Arnim (1785–1859) als politische Schriftstellerin

„*Selbstdenken* ist der höchste Mut“

Ulrike Landfester

„Ich sollte über Bettinens von Arnim eigenstes Wesen Auskunft geben,“ notiert Bettines langjähriger Vertrauter Karl August Varnhagen von Ense im Mai 1850 in sein Tagebuch. „Ich sagte endlich; ‚Häufen Sie Widersprüche auf Widersprüche, bergehoch, überschütten Sie alles mit Blumen, lassen Sie Funken und Blitze herausleuchten, und nennen Sie's Bettina.‘“[1] Die von Varnhagen hier so elegant überwundene Schwierigkeit, für 'Bettinens von Arnim eigenstes Wesen' eine Formel zu finden, kennt jeder Leser ihrer Bücher, ganz besonders, wenn es um Politik geht. Genau drei politische Schriften hat Bettine zu Lebzeiten veröffentlicht: Das Friedrich Wilhelm IV. von Preußen gewidmete *Dies Buch gehört dem König* 1843, eine Broschüre über die Teilung Polens 1849 und die als Fortsetzung des „Königsbuchs“ angelegten *Gespräche mit Dämonen* 1852, Bücher, die mehr Fragen aufwerfen als beantworten, und nur allzu gern ist man auch heute noch bereit, Bettines ebenfalls von Varnhagen kolportierter Klage über die Arbeit an den *Gesprächen*, „eigentlich politische Gedanken könne sie nicht verfolgen oder verarbeiten“[2], umstandslos rechtzugeben.

Die Geschichte der politischen Schriftstellerin Bettine von Arnim, geborener Brentano, ist tatsächlich weniger eine Geschichte der ‚eigentlichen politischen Gedanken‘, wie sie sich in den Werken von Theoretikern wie Adam Müller oder Karl Marx manifestieren; sie ist vielmehr die Geschichte eines politischen Kommunikationsprojekts, dessen Ursprünge sich bis in ihre Jugend zurückverfolgen lassen und zu dem neben ihren

1 Aus dem Nachlaß Varnhagen's von Ense. Tagebücher von K. A. Varnhagen von Ense, hg. v. Ludmilla Assing, 14 Bde. Bd. 7: Zürich 1865, S. 197.
2 A.a.O., S. 170.

wenigen politischen Büchern sowohl eine Reihe von ungedruckt gebliebenen Werken als auch ihre etwa dreieinhalbtausend Briefe gehören.[3] Die Basis dieses Projektes ist eine ideengeschichtliche Konstruktion, die Bettine aus der Lektüre Platons im Zeichen des romantischen Ideals einer „progressiven Universalpoesie“[4] entwickelt hat. Spätestens 1807, so belegt ein Brief Bettines an ihre Schwester Meline, besitzt sie Schleiermachers 1804 und 1805 erschienene Übersetzungen Platons,[5] schon 1805 aber hatte Bettine, wie aus einem Brief Clemens Brentanos am 16.8.1805 an Sophie Mereau hervorgeht, angeregt von Karoline von Günderrode „ein paar schlechte platonische Gespräche geschrieben, über die sie jezt lacht“.[6] 1843 gibt sie dem zweiten Teil des „Königsbuchs“ den Titel einer ‚Socratie‘, und noch der Dämon, als der sie in ihrem Alterswerk mit dem schlafenden König spricht, geht auf Platon zurück – schon diese wenigen Beispiele bezeugen, welche Bedeutung die Autorin Platon in ihrem Werk zumißt. Im Mittelpunkt der politisch-philosophischen Dialoge Platons steht das Konzept einer von den Angehörigen eines Staatsgebildes gemeinsam zu betreibenden Selbstsorge, der bewußten Formung des eigenen Charakters im Austausch mit dem anderen, vollzogen in einem schöpferischen Gesprächsprozeß, in dem Selbsterkenntnis erworben und objektiviert und Maßstäbe gesellschaftlichen Handelns im Konsens hergestellt, immer neu überprüft, ergänzt und modifiziert werden.

Das Prinzip des schöpferischen Dialogs hat einen festen Platz in der romantischen „Universalpoesie“: „[...] nur im Gespräch“, so schreibt Bettines Bruder Clemens im September 1801 an Friedrich Karl von Savigny, „durch Mißverstand, Wiederrede, Unmuth, Vereinigung, durch Empfangen und Zeugen, durch den beweglichen Schmerz, der sich über

3 Zu einer umfassenden Darstellung dieses Projekts vgl. meine Studie: Selbstsorge als Staatskunst. Bettine von Arnims politisches Werk. Habilitationsschrift München 1998; erscheint voraussichtlich Würzburg 1999.

4 Friedrich Schlegel, Athenäums-Fragmente. In: Kritische Friedrich Schlegel-Ausgabe, hg. von Ernst Behler. Bd. 2: Charakteristiken und Kritiken I (1796–1801), hg. von Hans Eichner. München/Paderborn/Wien 1967, S. 165–255. Hier: S. 182.

5 Bettine bittet Meline in diesem Brief, sie möge einen gemeinsamen Bekannten fragen, ob „etwas von meinen zurückgebliebnen Büchern ihm anständig ist, zu lesen, zum Beispiel Plato von Schleiermacher [...].“ [Anon.,] Zwei Briefe Bettinas an Meline Brentano-v. Guaita. In: Freundesgaben für Carl A. H. Burckhard, hg. von Erich Schmidt u. a. Weimar 1900, S. 73–87. Hier: S. 77f. Gemeint sind: Platons Werke, von Friedrich Schleiermacher. Berlin. Bd. I.1, 1804; Bd. II.1, 1805; Bd. II.2, 1805.

6 Clemens Brentano, Sämtliche Werke und Briefe. Historisch-kritische Ausgabe, hg. von Jürgen Behrens u. a., Stuttgart 1975 ff. Bd. 31: Briefe III, 1803–1807, hg. von Lieselotte Kinskofer. Stuttgart 1991, S. 447.

die Brücke der doppelt ergossenen Lust, zur Ruhe retirirt, wird etwas gesagtes gesagt, zwei sind nötig zu aller Wahrheit, nur durch zwei wird das Wort zu Fleisch".[7] Und zugleich berichtet Clemens dem Freund von einer Äußerung der sechzehnjährigen Schwester: „Betine sagt mir es falle ihr auf, daß sie nie in der dritten Person schreiben könne, sondern immer die Leute anreden müße –".[8] „Die Leute anreden", das wird zum Credo von Bettines politischer Ästhetik, zu Ausgangspunkt und Zielperspektive eines Kunstlehre und politische Lehre miteinander verschmelzenden Schreibprojekts, mit dem Bettine durch die Verschränkung von privaten Korrespondenzen, halböffentlichem Salongespräch und durchweg dialogisch gestalteten Büchern das politische Tagesgespräch Preußens zum schöpferischen Gespräch aller Beteiligten umprägen will, vom König bis zum hungernden Erwerbslosen in den schlesischen Provinzen.

Geboren am 4. April 1785 als siebtes Kind des italienischstämmigen Großkaufmanns Peter Anton Brentano und seiner zweiten Frau Maximiliane geborener von La Roche, getauft auf den Namen Elisabeth, wächst Bettine erst im Ursulinenkloster im hessischen Fritzlar, dann vom Tod des Vaters 1797 bis 1802 zusammen mit zwei Schwestern bei der Großmutter Sophie von La Roche in Offenbach auf. La Roche, die 1771 mit ihrem Roman *Die Geschichte des Fräuleins von Sternheim* zur ersten Erfolgsautorin der Moderne geworden war, vermittelt der Enkelin eine zutiefst ambivalente Erziehungserfahrung: Die Geschlechtsrollennormen des Bürgertums an der Schwelle zum 19. Jahrhundert fordern von der Frau eine ganz und gar natürliche, unverbildete Authentizität des tugendhaften Charakters, wie La Roche selbst ihn in zahlreichen Büchern entworfen hat (dies qualifiziert sie in den Augen von Bettines Familie zur perfekten Pädagogin). Aber wie die Großmutter weiß, daß ihre Enkelinnen, wenn sie ehetauglich sein sollen, diesem Bild genügen müssen, weiß die Autorin, daß die erforderliche Standardisierung weiblichen Verhaltens eines breiten Bildungsfundaments bedarf, um überzeugend „natürlich" wirken zu können, und stellt den Mädchen eine Bibliothek zur Verfügung, in der sich unter anderem Werke von Burke und Montesquieu, Kant und Fichte, Sophokles und Platon befinden.[9]

7 A.a.O., Bd. 29: Briefe I, 1792-1802, hg. nach Vorarbeiten von Walter Schmitz und Jürgen Behrens von Lieselotte Kinskofer. Stuttgart 1988, S. 377.

8 Ebd.

9 Vgl. dazu Silvia Bovenschen, Die imaginierte Weiblichkeit. Exemplarische Untersuchungen zu kulturgeschichtlichen literarischen Präsentationsformen des Weiblichen. Frankfurt am Main 1979 (edition suhrkamp 921), S. 195.

Abb. 18: Bettine mit der Novellensammlung „Der Wintergarten" von Achim von Arnim.
Stich von Ludwig Emil Grimm

Bettine liest mit Gewinn: Im August 1800 teilt die ältere Schwester Gunda nach einem Besuch in Offenbach der Familie entsetzt mit, sie befürchte, „daß die Betine spät oder früh aufgeklärt über manche Dinge denken wird".[10] Trotzdem könne Bettine „gut werden, wenn sie einfach und natürlich bleibt und nicht eigene Länder entdecken will, wo keine weibliche Glückseligkeit zu entdecken ist ...", schreibt ihr Halbbruder und Vormund Franz 1802 an Clemens und kündigt an, sie werde nun von seiner Frau in Zucht genommen: „[...] sobald's sein kann, nimmt sie Toni zu sich und teilt ihre Zeit in Besorgung des Hauswesens und weibliche Arbeit, dieses ist einziger Balsam für Bettine."[11]

Bettine ist nicht dieser Ansicht. Niedergeschlagen schreibt sie im Oktober 1804 an Savigny:

> *So viel Lebenskraft und Mut zu haben und keine Mittel, ihn anzuwenden! Wie mag es einem großen Krieger zu Mut sein, dem das Herz glühet zu großen Unternehmungen und Taten, und der in der Gefangenschaft ist,*

10 Karen Schenck zu Schweinsberg, Meine Seele ist bey euch geblieben. Briefe Sophie Brentanos an Henriette von Arnstein. Weinheim 1985.

11 Die Andacht zum Menschenbild. Unbekannte Briefe von Bettine Brentano, hg. v. Wilhelm Schellberg und Friedrich Fuchs, Jena 1942, S. 17.

> *mit Ketten beladen, an keine Rettung denken darf. Mir überwältigt diese immerwährende rastlose Begier nach Wirken oft die Seele und bin doch nur ein einfältig Mädchen, deren Bestimmung ganz anders ist.*[12]

Schon in diesem Brief allerdings camoufliert die Formel vom „einfältig Mädchen“ ein sehr belesenes Mädchen, das genau weiß, daß, wenn sie die von Savigny im gleichen Brief erbetenen Geschichtsbücher bekommen will, sie ihm glaubhaft versichern muß, daß sie trotzdem weiterhin weibliche Einfältigkeit an den Tag legen und nicht etwa die Grenzen ihrer „Bestimmung“ überschreiten will.

Hier entsteht die Pose, in der später die politische Autorin Bettine berühmt werden wird: Einerseits sowohl in der Literatur als auch in der Tagesgeschichte immer ausgezeichnet informiert, inszeniert Bettine sich in einer Kreuzung aus koboldhafter Kindlichkeit und sibyllinischer Weisheit als angeblich ganz und gar ungelehrte Visionärin, wohl wissend, daß ihre männlichen Gesprächspartner einer mit Vernunft und Wissen arbeitenden Frau gegenüber eine Abwehrhaltung an den Tag legen, die das irrationale, naive, verträumte Weibchen gelegentlich gewinnbringend zu unterlaufen vermag. Und so ist es auch eine – ebenfalls von La Roche inspirierte – typisch weibliche Tätigkeit, in der Bettine eine politisch nutzbare Grauzone in der Geschlechterhierarchie ausmacht: der Erziehungsauftrag der Frau, den Bettine später umsetzen wird, indem sie politische Hoffnungsträger zur schöpferischen Selbstsorge im Dialog mit ihr anleitet.

Zunächst jedoch praktiziert sie derartige Dialoge als selbst Erzogene: in der Korrespondenz mit Clemens – 1844 wird sie dem Bruder in der Bearbeitung des Briefwechsels zu *Clemens Brentanos Frühlingskranz* bescheinigen, ihren Bildungs- und Freiheitswillen weniger unterstützt als sabotiert zu haben, weil auch er Ehetauglichkeit bei Frauen für wichtiger hält als intellektuelle Autonomie –; in der Korrespondenz mit der Freundin Karoline von Günderrode bis zu deren Selbstmord im Juli 1806 – in dem 1840 erschienenen Buch *Die Günderode* wird sie vor der Folie von Karolines existentiellem Scheitern ihren eigenen Anteil an dem Briefwechsel zum Musterfall überlebensfähiger weiblicher Selbstsorge stilisieren –; und vor allem in der 1807 begonnenen Korrespondenz mit Goethes Mutter und Goethe selbst, in der sie bis zu Goethes Tod immer wieder dessen Verantwortung für ihre – Bettines – Entwicklung einklagt, um 1835 mit *Goethes Briefwechsel mit einem Kinde* Goethes Versagen vor dieser Verantwortung einer vernichtenden Kritik zu unterziehen.

12 A.a.O., S. 23.

Abb. 19: Bettine; farbige Miniatur für einen Uhreninnendeckel.
Unbezeichnet, um 1809
Original: Stiftung Weimarer Klassik

Am 18. März 1811 heiratet Bettine in Berlin den Jugendfreund ihres Bruders, Achim von Arnim, weil dieser, um sein großmütterliches Erbe antreten zu können, selbst des erbfähigen Nachwuchses bedarf. Zwischen 1812 und 1827 bringt sie sieben Kinder zur Welt, vier Söhne, dem Stand der Befreiungskriege gegen Napoleon entsprechend nacheinander getauft auf die Namen Freimund, Friedmund, Siegmund und Kühnemund, und drei Töchter, weniger sinnfällig Maximiliane, Armgart und Gisela genannt. Die Ehe ist nicht einfach, und dies nicht nur wegen ständiger finanzieller Probleme. Bei der Bewirtschaftung von Bärwalde und Wiepersdorf entpuppt sich der hoffnungsvolle Dichter, den Bettine in Arnim geheiratet zu haben glaubt, als gutsherrlicher Bauer mit einer tiefverwurzelten Abneigung gegen die Großstadt; Bettine dagegen leidet, wenn sie auf dem Land ist, unter dem Mangel an gesellschaftlicher Stimulation und der Härte des ländlichen Alltags, und setzt schon 1819 durch, daß sie mit den Kindern in Berlin leben kann – eine faktische, wenn auch keine juristische Trennung, ein Kompromiß, der die Ehe halbwegs stabil hält, bis Arnim am 21. Januar 1831, fünf Tage vor seinem 50. Geburtstag, unerwartet an einem Gehirnschlag stirbt.

Abb. 20: Ludwig Achim von Arnim (1781–1831). *Ölgemälde von Peter Eduard Ströhling, London, Frühjahr 1804*

Ein ständig schwelender Konfliktherd in dieser Ehe sind die unterschiedlichen Vorstellungen der Eltern davon, wie die Kinder zu erziehen sind: Arnim mahnt Bettine beständig zu Strenge und Disziplin, Bettine dagegen beharrt darauf, daß Kinder zwar im Gespräch angeleitet, aber keinesfalls mit Gewalt geformt werden dürften: „[...] ich kann nicht zwingen, ich kann mit Gewalt keinen Gehorsam verlangen", schreibt sie 1823 an Arnim,

> *ich kann den Kindern wohl vorstellen, was ich heilsam, großartig, richtig finde. Aber ich muß ihre Freiheit respektieren, folgen sie nicht, so werde ichs nicht müde werden, ihnen dasselbe vorzustellen, wenn aber notwendig wäre, daß ich mit einer höher stehenden Personalität oder mit sonstigen durchgreifenden Maßregeln auf die Kinder wirken sollte, so hat man sich in mir verrechnet.*[13]

Dem jungen Graubündener Philipp Hössli gegenüber, einem Studenten des in Berlin Jura lehrenden Savigny, der sich Anfang der zwanziger Jahre eng an Bettine angeschlossen hat und von ihr in immer neuen

13 Achim und Bettina in ihren Briefen. Briefwechsel Achim von Arnim und Bettina Brentano, hg. von Werner Vordtriede, 2 Bde., Frankfurt a. M. [2]1981 (insel taschenbuch 1095), S. 427.

Gesprächen zur freien Selbstbildung ermutigt wird – man müsse „sich selbst zum Edelsten erheben, und dadurch wird man am meisten fürs Vaterland", notiert Hössli aus einem dieser Gespräche 1821 – Hössli gegenüber öffnet Bettine ihren pädagogischen Diskurs erstmals auf die Erziehung von Fürsten hin. Am 21. September 1821 erzählt sie ihm von „diesen und jenen fürstlichen und ausgezeichneten Personen [...], namentlich vom Kronprinz von Baiern", dem sie im Jahr 1809 als Fürsprecherin der von Andreas Hofer zum Aufstand gegen Napoleon geführten Tiroler „einen langen Brief zu ihren Gunsten" geschrieben habe. Laut Bericht des Boten habe der Kronprinz „beim Lesen oft die Farbe gewechselt, [...], dann den Überbringer hinausgeworfen, ihr aber gleich ein Glas geschickt, aus dem er auf die Gesundheit der Tiroler getrunken. Nachher war er immer ein Begünstiger derselben."[14] Bettines angebliches briefliches Engagement für die Tiroler gegenüber dem Kronprinzen von Bayern ist weder in ihrem historischen Briefen an Goethe noch sonst irgendwo dokumentiert, und betrachtet man Hösslis Aufzeichnungen etwas näher, so verstärkt sich der Verdacht, daß Bettine in ihre Erzählungen über „diese und jene fürstliche Personen" überhaupt gerne diese und jene erfundene Episode eingestreut hat, so auch eine Anekdote über eine Begegnung mit König Friedrich Wilhelm III. von Preußen, dem sie von der Kanzel einer leeren Kirche in der Nähe von Teplitz eine ganze Reihe „derber Wahrheiten"[15] gesagt und damit in große Verlegenheit gesetzt haben will. Historisch nicht nachweisbar, enthalten diese Episoden gleichwohl eine eigene Wahrheit: In ihnen erprobt Bettine vor einem begeisterten Zuhörer die Posen, in denen sie später ihre fürstlichen Zöglinge mit „derben Wahrheiten" konfrontieren wird.

Nach Arnims Tod und dem ein Jahr später erfolgenden Tod von Goethe arbeitet Bettine die Hössli mitgeteilte Geschichte vom bayrischen Kronprinzen in *Goethes Briefwechsel mit einem Kinde* zu einem Modellfall geglückter politisch-pädagogischer Einflußnahme aus. In einem ihrer nachträglich eingefügten Briefe an Goethe äußert sie die Befürchtung, daß „der Kronprinz, seinen Generalen überlassen, alles tut wogegen sein Herz spricht", weil „kein Mensch in der Welt einem Herrscher die Wahrheit sagt"[16]; daher habe sie selbst den Entschluß gefaßt, ihm ihre

14 Bettina von Arnim, „Ist Dir bange vor meiner Liebe?" Briefwechsel mit Philipp Hössli, hg. von Kurt Wanner. Frankfurt am Main 1996, S. 158.

15 A.a.O., S. 159.

16 Werke und Briefe in vier Bänden, hg. von Walter Schmitz und Sibylle von Steinsdorff. Frankfurt am Main 1986 ff. Bd. II: Goethes Briefwechsel mit einem Kinde, hg. von Walter Schmitz und Sibylle von Steinsdorff. 1992 (Bibliothek deutscher Klassiker 76), S. 259.

„Zuversicht“ mitzuteilen, er werde Milde und Schonung da verbreiten, wo seine Leute jetzt nur rohe Wut und Rachgierde walten lassen“.[17] Das Resultat ist das Gewünschte – der Kronprinz schickt Bettine „seine Kokarde als Ehrenpfand daß er Ihnen sein Wort lösen werde, jeder Ungerechtigkeit, jeder Grausamkeit zu steuern.“[18]

Die Passagen über den Aufstand der Tiroler, fast durchweg von Bettine entweder gegenüber den Originalbriefen beträchtlich erweitert oder ganz neu geschrieben, sind es auch, die schon die Rezeption den „Goethebuchs“ in einen politischen Kontext einlassen. Die scharfe Kritik an dem politisch in verantwortungsloser Weise desinteressierten Weimarer Hofdichter, die Bettine mit diesen Passagen in ihre Buch einspeist, wird auf breiter Ebene als ein an die junge Generation gerichteter Aufruf der Autorin zur Überwindung der restaurativen Erstarrung Preußens nach den Befreiungskriegen gelesen. So bejubelt Ludwig Börne das „Goethebuch“ dieser Passage wegen euphorisch als radikale Abrechnung mit Goethe, diesem „Stabilitätsnarr“[19] und „König bürgerlicher Seelen“[20] – „Betet dieses Kind an, denn der Himmel ist in ihm, und erkennt, daß es einen Gott gibt und eine gerechte Vergeltung! Bettine ist nicht Goethes Engel, sie ist seine Rachefurie“[21] – und Gustav Ferdinand Kühne schreibt im November 1835 im *Literarischen Zodiacus*:

> *Sie fühlte so etwas davon, daß aus dem größten deutschen Poeten mehr ein Hofdichter, als ein Nationaldichter geworden sei. [...] Hätte er seinen Wilhelm Meister [...] hinausjagen können in die freie Luft des Völkerlebens, um ihn im praktischen Getümmel einer Nationalsache zum Mann reifen zu lassen [...]: dann stände nicht zwischen deutscher Dichtung und deutscher Nationalentwickelung die ungemessene Kluft da, über die wir verzweifelnde Kinder der Jetztwelt eine Brücke schlagen müssen. Da liegt das Gebrochene unserer Zeitumstände, da liegt unser ganzes Unglück. Die kleine Bettina hat das so kindisch und richtig gefühlt, wie keiner.*[22]

17 Ebd.
18 A.a.O., S. 262.
19 Ludwig Börne, Goethe's Briefwechsel mit einem Kinde [1835]. In: Ders., Sämtliche Schriften, hg. von Inge und Peter Rippmann. Bd. 2, Düsseldorf 1964, S. 854–869. Hier: S. 869.
20 A.a.O., S. 858.
21 A.a.O., S. 855.
22 Ferdinand Gustav Kühne, Wie die Kunst bei den Deutschen nach Brot geht. In: Literarischer Zodiacus [November] 1835, S. 315 ff. Hier: S. 316 f.

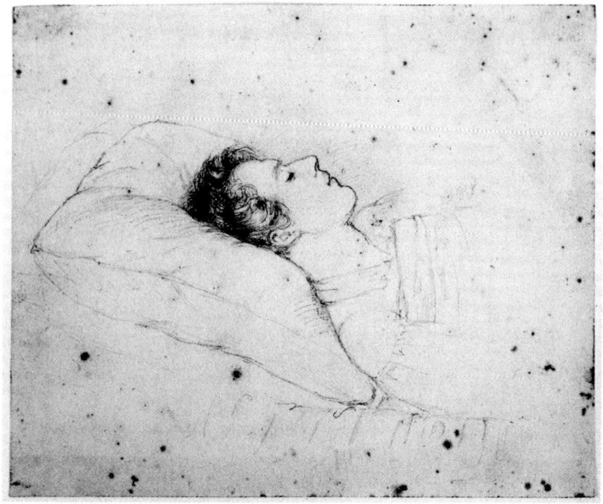

Abb. 21: Kühnemund von Arnim (1817–1835), Bettines Sohn, der mit 18 Jahren tödlich verunglückte, auf dem Totenbett.
Bleistiftzeichnung von unbekannter Hand, o. D.

In der Rolle der „kleinen Bettina" fast über Nacht zur politischen Leitfigur geworden, sammelt die fünfzigjährige Autorin nunmehr einen Kreis junger Männer, meist Studenten, um sich, in dem sie gezielt die politische Erziehung der, wie sie im November 1839 an Savigny schreibt, „heilige[n] Jugend des väterlichen Landes"[23] betreibt – und zwar nicht als strategisches Unterfangen des bewußt Bildung verabreichenden Zugriffs, sondern allein durch die katalytischen Potenzen ihrer natürlichen, ja naturgewaltigen Persönlichkeit: „[...] es ist eine Luft um mich," schreibt sie im April 1839 an Moriz Carriere, „von der ich glaube, die Jugend müsse sie wie muthige Gäule mit offnen Nüstern einschnaufen".[24]

„Einschnaufen", das heißt, sich in einen Dialog mit Bettine einlassen, in dem sie kraft der Authentizität ihrer weiblichen Natur den Part einer ausschließlich am Selbst des Gegenüber interessierten Mentorin übernehmen kann: „Ach schreib mir doch An Dich das heist laß mich Dein Ich

23 Der Briefwechsel Bettine von Arnims mit den Brüdern Grimm 1838–1841, hg. v. Hartwig Schultz, Frankfurt a. M. 1985, S. 253.

24 „Der Fahne der Freiheit treu". Bettine von Arnims Briefwechsel mit Moriz Carriere 1839–1852, hg. von Wolfgang Bunzel [in Vorbereitung].

sein"[25], schreibt sie im Frühjahr 1839 an den Jurastudenten Julius Döring. Als jedoch Döring Anzeichen dafür zeigt, der von Bettine für ihn vorgesehenen Laufbahn des Dichters unter väterlichem Druck nun doch zugunsten der des Juristen entsagen, ist Bettine empört: „Im Entsagen willst Du Dich üben? – Wer hat Dir denn das erlaubt? – während ich Dir predige Du sollst die ganze Welt an Dich reissen [...?]"[26]

Noch hofft sie trotz solcher Erfahrungen, mit dem preußischen Beamtennachwuchs auch das Gefüge des unter Friedrich Wilhelm III. versteinerten Staatsgebildes Preußen verändern zu können, und so widmet sie die 1840 erscheinende *Günderode* „Den Studenten".

Hintergrund dieser Widmung ist unter anderem der Fall der Brüder Grimm, die 1837 als zwei der berühmten „Göttinger Sieben' ihres Universitätsamtes enthoben worden waren, weil sie öffentlich gegen die von König Ernst August von Hannover verfügte Aufhebung der Verfassung protestiert hatten: „[...] eine heimliche Stimme ist in mir," hatte Bettine am 25. März 1839 an die Brüder Grimm geschrieben, „die mich mahnt ich soll der ganzen Welt gegenüber auftreten, und die Euch mit Bewußtsein verleugnen, oder die von andern verführt sind zu irriger Anschauung, die soll ich belehren und zurechtweisen."[27] In diesem Sinne ruft Bettine in ihrer Widmung die Studenten im Namen Apolls, des Gottes der Dichtkunst, dazu auf, sich gleich den Brüdern Grimm im Angesicht politischen Unrechts nicht von Brotberufen korrumpieren zu lassen. Das Rezept dazu gibt der Buchtext in Passagen wie der folgenden: „*Selbstdenken* ist der höchste Mut. [...] Wer wagt selbst zu denken, der wird auch selbst handlen, und wer nicht selbst denkt, [...] der wird [...] nicht selbst handlen, denn sich nach andern richten das ist nicht handlen, handlen ist *Selbstsein* [...]."[28]

---

25 Werner Vordtriede, Bettina von Arnims Briefe an Julius Döring, in: JbFDH 1963, S. 341–488. Hier: S. 374.

26 A.a.O., S. 388.

27 Der Briefwechsel Bettine von Arnims mit den Brüdern Grimm a.a.O. (Anm. 23), S. 76 f. Zu Bettines Einsatz für die Brüder Grimm vgl. Hartwig Schultz, Bettines Auseinandersetzungen mit Friedrich Karl von Savigny um die Einstellung der Brüder Grimm in Berlin. In: „Herzhaft in die Dornen der Zeit greifen". Bettine von Arnim 1785–1859. Ausstellungskatalog, Freies Deutsches Hochstift, hg. von Christoph Perels. Frankfurt am Main 1985, S. 261–268; Vera Thielenhaus, Die „Göttinger Sieben" und Bettine von Arnims Eintreten für die Brüder Grimm. In: Jahrbuch der Internationalen Bettina-von-Arnim-Gesellschaft 5 (1993), S. 54–72.

28 Werke und Briefe a.a.O. (Anm. 16). Bd. I: Clemens Brentano's Frühlingskranz, Die Günderode, hg. von Walter Schmitz. 1986 (Bibliothek deutscher Klassiker 12), S. 662.

Abb. 22: Armgart, Maximiliane und Gisela von Arnim, Bettines drei Töchter, die sich ebenso auf musischem und literarischem Gebiet als sehr begabt erwiesen.
Aquarell über Bleistift, um 1845

Bettines Engagement für die Brüder Grimm erfordert jedoch mehr als solche abstrakten Belehrungen der ohnehin, wie sich an Döring gezeigt hat, eher unwilligen studentischen Jugend, und so beginnt sie nunmehr, ihre Geselligkeit mit konkreteren politischen Gehalten als den bloß pädagogischen zu besetzen. In ihrem Salon mischen sich Mitglieder regierender Häuser – die Prinzen Waldemar und Adalbert von Preußen, die Bettines schöne Töchter umwerben, und der württembergische Kronprinz – und des Hofes – Savigny und Alexander von Humboldt – mit Gelehrten und Künstlern wie Leopold von Ranke, Karl Werder, Joseph Joachim und Hans Christian Andersen. Seit Beginn der vierziger Jahre kommen zu diesen verstärkt Vertreter der politischen Opposition wie Adolf Stahr, Karl Gutzkow, Fanny Lewald, seit Oktober 1841 Bruno Bauer; vermutlich schon um diese Zeit, spätestens aber 1848 verkehrt bei ihr auch Mikhail Bakunin.[29]

29 Zur Bedeutung des Salons in Bettines politischer Arbeit vgl. Edith Waldstein. Bettina von Arnim and the Politics of Romantic Conversation. Columbia 1988 (Studies in German Literature, Linguistics, and Culture 33); Konstanze Bäumer, Interdependenzen zwischen mündlicher und schriftlicher Expressivität: Bettina von Arnims Berliner Salon. In: „Der Geist muß Freiheit genießen ...!" Studien zu Werk und Bildungsprogramm Bettine von Arnims (Kolloquium vom 6.–9.7.1989 in München), hg. von Walter Schmitz und Sibylle von Steinsdorff, Berlin 1992 (Bettina von Arnim-Studien 2), S. 154–173; Heinz Härtl, Bettinas Salon der „‚edlen' Weltverbesserer". In: Jahrbuch der Internationalen Bettina-von-Arnim-Gesellschaft 8/9 (1996/97), S. 163–176.

Abb. 23: Bettine in ihrer Wohnung (im „Großen Saal“) in Berlin mit ihren Töchtern Maximiliane und Armgart.
Aquarell von Moritz Hoffmann o. D.

Dank ihrer gesellschaftlichen Stellung und Bekanntheit kann Bettine weitgespannte Verbindungen dazu nutzen, die Sache der Grimms zu betreiben: Sie setzt den preußischen Kultusminister Altenstein in persönlichen Gesprächen mit der Andeutung unter Druck, die Brüder Grimm hätten einen Ruf aus Paris erhalten; sie lanciert über Stahr und Gutzkow einige ihrer eigenen Briefe an die Grimms in die Tagespresse; sie redet Savignys Kollegen ins Gewissen, schreibt einen umfangreichen Brief an Savigny, in dem sie von ihren Gesprächen berichtet und ihm vorwirft, er habe die Grimms nicht unterstützt und sei damit im Gegensatz zu ihnen dem Ethos seines pädagogischen Berufs an der Berliner Akademie nicht gerecht geworden – kurz, sie betreibt Informationspolitik mit dem Ziel, in Hof- und akademischen Kreisen so viel Druck zu machen wie nur möglich, und sie krönt ihre Bemühungen damit, daß sie am 22. April 1840 Abschriften von Briefen der Grimms, ihren eigenen Briefen und dem großen Schreiben an Savigny zu dessen Entsetzen schließlich auch an den preußischen Kronprinzen Friedrich Wilhelm schickt.

Mit Erfolg: nach dem Tod Friedrich Wilhelms III. und der Thronbesteigung des Kronprinzen im Juni 1840 beruft der nunmehrige Friedrich Wilhelm IV. die Brüder nach Berlin. Dies allerdings bleibt so ziemlich das einzige, worin der neue König die Erwartungen der preußischen Liberalen erfüllt; die Hoffnung, er werde das noch von seinem Vater gegebene Verfassungsversprechen endlich einlösen, entkräftet er noch im September 1840 bei den Krönungsfeierlichkeiten in Königsberg, außen- wie innenpolitisch wird er von konservativen Ministern auf Kurs gebracht – Bettine, so notiert Varnhagen im Dezember 1840, ist „außer sich über die Wirthschaft, die hier beginnt, sie mißbilligt alle Vertrauten und Lieblinge des Königs, sie will Konstitution, Preßfreiheit, Vernunft und Licht" – sie will „dem Könige die Wahrheit sagen, sie habe den Muth und das Geschick dazu", und Anfang 1841 beschließt sie, dem König ein Buch zu schreiben.[30]

In der Zeit von dessen Niederschrift 1841/42 ruht der ohnehin bisher nur sporadische Briefwechsel mit Friedrich Wilhelm IV. Um so intensiver korrespondiert Bettine währenddessen mit Kronprinz Karl von Württemberg, der im Frühjahr 1841, eben achtzehnjährig, mit einem Empfehlungsbrief seines Vaters König Wilhelm von Württemberg bei der Autorin des „Goethebuches" vorstellig und von dieser, wie ihre Tochter Maxe berichtet, schon bald in „tiefe Gespräche" gezogen worden war: „Sie betrachtete es als eine willkommene Gelegenheit und ihre Mission, einem zukünftigen Souverän ihr Fürstenideal mit all seinen sozialen und charitativen Forderungen nachdrücklich einprägen zu können."[31]

Bettines Briefe an Karl von Württemberg verhalten sich zum fertigen Text des „Königsbuches" wie eine Serie von Entwürfen, in denen sie Argumente erprobt und die Brisanz ihrer politischen Anliegen auslotet; sie sind didaktische Lehrtexte über die politische Lage der Gegenwart und die Notwendigkeit ihrer Veränderung und besitzen dabei gelegentlich unverhohlen autoritäre Züge: „Sollte ichs noch erleben lieber Kronprinz," schreibt sie ihm einmal, „[...] daß unter Ihrem Scepter neue Zuchthäuser

30 Aus dem Nachlaß Varnhagen's von Ense a.a.O. (Anm. 1). Bd. 1: Leipzig 1861, S. 242.

31 Johannes Werner, Maxe von Arnim. Tochter Bettinas/Gräfin von Oriola. 1818–1894. Ein Lebens- und Zeitbild aus alten Quellen geschöpft. Leipzig 1937, S. 94.

gebaut werden. Ei, ich müßte mich bis unter Die Erde Schämen!“[32] Im „Königsbuch“ dagegen kleidet Bettine ihre politischen Ideen in ein bewußt unübersichtlich gehaltenes Darstellungverfahren, das, gemeinsam mit der von dem geschmeichelten König genehmigten Titelwidmung *Dies Buch gehört dem König* glücklich an der strengen preußischen Zensur vorbeibalanciert.

Durch die Widmung sowie eine Reihe von darin einbearbeiteten Selbstzitaten aus Briefen an Friedrich Wilhelm IV. ist das Buch Bestandteil ihrer Korrespondenz mit dem König; vom Gehalt her ist es eine Kanzelrede voller „derber Wahrheiten“ über die bornierte preußische Ministerialbürokratie, die König und Volk aus eigenen Interessen voneinander entfremdet hält, über den unmenschlichen preußischen Strafvollzug und über das Problem des Pauperismus, dem Massenelend des vierten Standes, dem Bettine durch einen dokumentarischen Anhang über die Armenkolonie Vogtland vor den Toren Berlins drastisch Realität verleiht. Zentrale Figur des Buchs ist ein poetisch überformtes Abbild von Goethes Mutter, die im Gespräch mit gesellschaftlichen Ordnungsinstanzen – mit einem Pfarrer, einem Bürgermeister und – der jungen Bettine – von der alten, der Autorin Bettine, als Gelenkstelle zwischen König und Volk inszeniert wird: Frau Rat ist die Mutter des deutschen Dichters schlechthin, wie Königin Luise, mit der Bettine sie zu Beginn des Buches in ein Gespräch verwickelt, die Mutter Friedrich Wilhelms IV. ist, und kraft dieser Gemeinsamkeit kann Frau Rat erzieherische Autorität auch gegenüber dem preußischen König reklamieren. Daneben repräsentiert Frau Rat den Ursprung dieser Autorität aus dem einfachen Volk: mit ihren in betont volkstümelndem Frankfurterisch vorgetragenen Erzählungen reiht sie sich in die Tradition der erzählenden Alten ein, die der romantischen Volkskunst als Bindeglied zwischen mündlicher und Schriftkultur schlechthin gilt, eine Tradition, von der aus Bettine für ihre Figur das Recht reklamiert, in polemischer Vermischung von Fiktion und Realität auch das politische Tagesgespräch mit Märchen zu durchsetzen: „[...] alle große Wahrheiten der Menschengesellschaft“, sagt Frau Rat einmal zum Pfarrer, „kann man aus kleinen Fabelbegebenheiten heraus beweisen. [...]

32 Lieber Kronprinz! Liebe Freundin! Bettine von Arnims Briefwechsel mit Karl von Württemberg. Mit einem Anhang: Bettine von Arnims Briefwechsel mit Julius von Hardegg, hg. von Ulrike Landfester und Friderike Loos. Heidelberg 1998, S. 90.

Das ist die sollicitatio perpetua die mich zu meinen Erzählungen anfeuert".[33]

Im Februar 1843 bietet Bettine dem König brieflich ihre Hilfe bei der Kommunikation mit dem Volk an: „Ich vermags mit dem Volk zu reden, von seiner Entfremdung dem angestammten Herrscher, es zu erlösen, daß es sich frei in der Liebe zu ihm bewege und nicht blos als Chorus auf dem Welttheater".[34] Das damit angekündigte „Königsbuch" aber bezeugt, daß Bettine genau das – „mit dem Volk reden" – eben nicht kann – und das nicht nur, weil es, wie Varnhagen bei der Lektüre des Buchs beanstandet, durch „den Grund- und Erbfehler aller Arnim-Brentanoschen Sachen, Auswüchse und Weitschweifigkeiten, Mangel an Ebenmaß und Ueberfülle"[35] selbst für Lesekundige schwer verdaulich ist, sondern auch, weil, selbst wenn die Armen lesen könnten, der Preis für Bettines Buch den Lebensunterhalt einer Familie für mindestens einen Monat verschlingt – die Voraussetzungen für die gemeinsame schöpferische Selbstsorge von König und Volk, wie Bettines Buch sie in der Vorstellung eines „Volkskönigtums" idealisiert, müssen auf allen Ebenen überhaupt erst geschaffen werden.

Von dieser Erkenntnis aus plant sie ihr nächstes Projekt, das sogenannte *Armenbuch*. Anfang 1844 beginnt sie, Dokumentarmaterial vor allem aus den am stärksten vom Pauperismus betroffenen schlesischen Provinzen Preußens zu sammeln – und viel Material kommt zusammen; als sie den Druck abbrechen muß, sind schon mehr als 250 Seiten davon gesetzt. Teils tabellarisch, teils im Fließtext gehalten, berichten diese Armenlisten von der historischen Realität des Volkes – und von der Schwierigkeit, angemessene sprachliche Ausdrucksformen dafür zu finden: Wenn die Rubriken Name, Alter, Steuern und Abgaben, Arbeitsunfähigkeitsgrund mit knappen Protokollen der Finanzsklaverei gefüllt sind, zu der die preußische Agrarreform die Landbevölkerung verurteilt hatte, und in Mangelkrankheiten, Kriegsverletzungen und unbehandelt gebliebenen Arbeitsunfällen der Teufelskreis der Armut in wenige Worte zusammendrängen, dann bricht in der Rubrik „Bemerkungen" das persönliche

33 Werke und Briefe a.a.O. (Anm. 16). Bd. III: Politische Schriften, hg. von Wolfgang Bunzel, Ulrike Landfester, Walter Schmitz und Sibylle von Steinsdorff. 1995 (Bibliothek deutscher Klassiker 119), S. 120.

34 Der Briefwechsel zwischen Bettina von Arnim und Friedrich Wilhelm IV., hg. v. Ursula Püschel; Mitarbeit: Leonore Krenzlin [in Vorbereitung], Brief Nr. 13.

35 Aus dem Nachlaß Varnhagen's von Ense a.a.O. (Anm.1). Bd. 2: Leipzig 1861, S. 24.

Entsetzen der ehrenamtlichen Schreiber – Lehrer, Pastoren, Kaufleute, Apotheker, Ärzte – auf. Da sprengen die „Bemerkungen" oft den engen Leerraum der Tabelle, werden in andere Zeilen eingezwängt oder am Rand des Papiers weiter ausgeführt, mit immer neuen Variationen über die Worte „Armut", „Not" und „Elend", Versuche der Schreibenden, das Unvergleichbare zu vergleichen, das kaum Vermittelbare sprachlich hör- und lesbar zu machen: „im bittersten Elend", „bitterste Noth", „im größten Elend", „kann nur höchst dürftig leben", „in großer Armuth und Noth", „in drückenster Armuth", „notorisch arm", „arm ganz arm", ja an einer Stelle steht sogar: „auch hier Armuth und Hunger im reichen Maas".[36]

Umsonst ringt auch Bettine um eine sprachliche Form für die Texte, mit denen sie die Dokumentation begleiten und kommentieren will. Wenn sie im vierten ihrer Entwürfe zum sogenannten Nachwort schreibt: „Red ich zur Armuth so red ich zum Volk, denn keiner ist arm der nicht zum Volk gehöre",[37] dann ist das Zielpublikum schon verfehlt – das Volk, von dem die Listen zeugen, will essen, nicht lesen. Bettine ist überzeugt, daß das Problem des Pauperismus nicht karitativ, sondern nur strukturell lösbar ist, und richtet sich mit dieser Überzeugung in einem anderen Konzept an eine Öffentlichkeit, die das Problem als strukturelles diskutieren könnte und wollte: Es müsse, fordert Bettine, Deputierte des vierten Standes geben, die die Interessen des Proletariats politisch vertreten könnten – eine solche Diskussion aber wird erst 1848 gewaltsam aufbrechen und schnell wieder erstickt werden. Und auf der Rückseite dieses Entwurfs kehrt Bettine mit einem Gedicht zu derjenigen Adresse zurück, der das „Königsbuch" gewidmet war – zum König, den sie in Hölderlinscher Diktion beschwört, ihr Gehör zu geben: „Die zu *Dir* redet Der Liebenden flehende Sprache/ Deren Seele Der Laut ist Des Volks: / Ach warum traust Du ihr nicht? –"[38]

Die Frage ist leicht zu beantworten: Mit der Veröffentlichung von *Dies Buch gehört dem König* hatte Bettine die Intimität des ursprünglich privaten Briefwechsels kompromittiert, um sich als politische Stimme Gehör zu verschaffen. Vergeblich versucht Bettine, als der König sie von

36 Das Dokumentarmaterial zum Armenbuch wurde in Bd. III der Werke und Briefe Bettine von Arnims (Anm. 33) erstmals vollständig abgedruckt (S. 369„ 498); die zuletzt zitierte Äußerung findet sich auf S. 432, die vorgenannten wiederholen sich immer wieder.

37 A.a.O., S. 528.

38 Ungedrucktes Manuskript im Besitz der Biblioteka Jagiellonska in Krakau/Polen., Nachlaß Varnhagen, Kasten 10.

dritter Seite – noch immer freundlich – nach dem Weberaufstand von 1844 vor der Publikation des *Armenbuchs* warnen läßt, diese Intimität wiederherzustellen: „Der König kann mir nichts geben, – gar nichts – als sein Vertrauen", schreibt sie im Mai 1845 an ihn. „Und dies Vertrauen kann ich zu nichts benützen, zu gar nichts als zu des Königs eignem Besten. Einfluß haben ist mir nichts."[39] Immer habe sie in ihren Briefen nur das Interesse des Königs im Blick gehabt: „[...] ich steh dem König näher in ihr wie jedes andre Wesen, in dieser Begeistrung begründet sich die Entwicklung seiner höhern Natur, die keiner kennt, die jeder mißversteht und er selber. – Wer wird ihn erzeugen in sein eignes Selbst, wenn es nicht der Begriff ist dieses Selbstes, und der liegt in mir."[40]

Die Spielräume von Bettines Dialog mit dem König aber sind zu diesem Zeitpunkt bereits ausgeschöpft, und was ihr mit Friedrich Wilhelm nicht gelingt, das gelingt, wie sie erfahren muß, noch viel weniger mit seinen Regierungsbehörden. Als der Berliner Magistrat Bettine 1846 anweist, sie müsse als Verantwortliche der Von Arnimschen Verlagsexpedition das Bürgerrecht der Stadt erwerben, reagiert Bettine mit poetischer Freiheit und politischer Verve, verfaßt lange Briefe darüber, warum sie den Proletarier höher stellt als alle anderen Stände – auch den des Bürgers –, und versucht, mit roter Tinte die Schamröte auf die Wangen des Magistrats zu treiben. Der Magistrat aber will keine Literatur, sondern Geld, keine Freiheit, sondern die Einhaltung von Fristen, keine Verve, sondern Respekt – und zeigt Bettine wegen Beleidigung an. Ihr Anwalt verteidigt sie als ihres poetischen Überschwanges wegen aus bürokratischer Sicht unzurechnungsfähig, plädiert auf Freispruch und verliert, und nur mit Mühe gelingt es Savigny, inzwischen Justizminister, Ende 1847 zu verhindern, daß seine Schwägerin zwei Monate lang ins Gefängnis muß – unter der Bedingung allerdings, daß Bettine die als neue „Socratie der Frau Rat" geplante Veröffentlichung der Prozeßakten unterläßt.[41]

Ebenfalls Ende 1847 kommt es zum Bruch mit dem preußischen König. Bettine geißelt mit scharfen Worten brieflich die Ehrlosigkeit seiner Minister, die der Schwester des zum Tod verurteilten polnischen Revolutionärs Ludwig Mieroslawski keine Besuchserlaubnis erteilen – und

39 Ludwig Geiger, Bettine von Arnim und Friedrich Wilhelm IV. Ungedruckte Briefe und Aktenstücke, Frankfurt a. M. 1902, S. 116 f.

40 A.a.O., S. 117.

41 Vgl. dazu Gertrud Meyer-Hepner, Der Magistratsprozeß der Bettina von Arnim. Weimar 1960.

diesmal fordert auch Friedrich Wilhelm in seiner Antwort mit ebenso scharfen Worten mehr Respekt:

> *Daß ein intrigantes Weib Sie bezaubert, weil sie sehr unglücklich ist, begreife ich ganz und tadle es nicht, daß Sie aber meine pflichttreuen Diener, hohe und niedre, beschimpfen, [...] das, meine gnädige Frau, ist Ihrer nicht würdig. Es ist Ihrer unwürdig! [...]*[42]

Angesichts dieser Zurechtweisung kann Bettine nur noch Schadensbegrenzung betreiben. Zu diesem Zweck stilisiert sie sich mehr denn je in die Rolle der idealtypisch ungebildeten, kindlich unschuldigen Frau. Ihr Mangel an Urteilsvermögen lasse sich, schreibt sie,

> *[...] leicht erklären, da ich nie eine Zeitung lese, da ich gar keine Relationen habe, welche im Fach des Regierungswesens mir etwas mittheilen, da ich gar keine Bekanntschaften habe. Dies alles ist buchstäblich wahr! Gar keine Verbindungen! kein Haus in der Stadt, dessen Schwelle ich betrete! [...] Ich bin also gänzlich isolirt, habe weder schriftlichen noch mündlichen Austausch; wo sollte ich politisches Urteil hernehmen?*[43]

Daß Bettine Zeitungen liest, ist dem König spätestens seit ihrem *Armenbuch*-Projekt bekannt, und in ihrem Salon gehören unter anderem die in Sachen der Polen beauftragten Vermittler Varnhagen und Humboldt zu den „Relationen“, die sich mit Bettine regelmäßig über das 'Fach des Regierungswesens' austauschen. Wenn Bettine sich hier dennoch mit einer Aura politischer Unwissenheit umgibt, so ist dies ein letzter Versuch, die längst brüchig gewordene Fiktion von der bewußtlosen Unschuld ihres politischen Interesses noch einmal zu retten. „Ich weiß nichts von mir“, erklärt sie am Ende des Briefes, um sich dann in der Pose einer „tiefbeschämten Frau [...] in schüchterner Flucht“[44] zu unterzeichnen.

Das Revolutionsjahr 1848 plaziert Bettine, die jenseits aller angeblich „schüchternen Flucht“ begeistert die Partei der Aufständischen ergreift, endgültig in offener Opposition zu König und Regierung. Und als die reaktionären Kräfte Preußens dann auch die letzte Spur der Revolution wieder beseitigt haben, ohne daß, wie Bettine immer noch hofft, eine neue Revolution ihnen Widerstand entgegensetzt, kann die Autorin ihrem Kommunikationsprojekt mit ihrem Alterswerk *Gespräche mit Dämonen*

---

42 Ludwig Geiger, Bettine von Arnim und Friedrich Wilhelm IV. a.a.O. (Anm. 39), S. 100 f.
43 A.a.O., S. 105.
44 A.a.O., S. 106.

nur noch ein Monument des Scheiterns setzen. Noch einmal formuliert sie in der Rolle des schreibenden Ichs, das als Dämon die innere Stimme des Königs sein will, das Programm eines Erziehungsversuchs: „‚Du wagst nicht Held zu sein unter Helden?' [will] ich ihm ins Ohr flüstern [...]: ‚Du schlummerst gefesselt von Trug und Gewalt! [...] – Die Musen deines Thrones! O rufe sie zurück – *Weisheit*, *Mut* und *Mitleid* – süßes Mitleid mit den Menschen, die dein Volk sind.'"[45]

Abb. 24: Pastellbildnis der Bettine im Alter; im Hintergrund erkennbar: das dem Olympier Goethe gewidmete Denkmal nach einem von ihr entworfenen Gipsmodell, ausgeführt vom Bildhauer Karl Steinhäuser. *Carl Johann Arnold (1829–1916), um 1859*

45 Gespräche mit Dämonen. In: Bettina von Arnim, Werke und Briefe, 5 Bde., hg. v. Gustav Konrad (Bd. 5 hg. v. Joachim Müller), Frechen 1959–63. Bd. 3, 1963, S. 255–520. Hier: S. 288.

Und noch einmal beschwört Bettine im Traumgespräch zwischen Dämon und schlafendem König Allegorien all derjenigen, für die sie sich im Laufe dieser Jahre eingesetzt hat: Germane, Pole, Lombarde und Magyar, deren Freiheitskämpfe sie in Publikationen und durch Geldgaben unterstützt hat; Proletarier und Volksgeist als die beiden Aspekte des Volkes, an denen ihre Texte sich in Dokumentation und poetische Verklärung aufgespalten haben; Ahnengeister und Geister der Nachkommen, mit denen sie Vergangenheit und Zukunft Preußens in die Verantwortung des Königs legt.

Wie jedes einzelne ihrer bisherigen Bücher, ob gedruckt oder ungedruckt, wie jeder ihrer Briefwechsel in all der Zeit, seit sie sich erstmals zum Prinzip des kreativen Dialogs bekannt und es pädagogisch praktiziert hat, bezieht auch das *Dämonenbuch* seinen Gehalt aus der modellhaften Inszenierung einer schöpferischen politischen Gesprächskultur. Mit solchen Inszenierungen versucht Bettine lebenslang immer wieder, den autoritär-monologischen Stil, der zeitgenössische Regierungsdekrete ebenso prägt wie die oppositionellen Streitschriften, als den eigentlichen Ursprung aller politischen Übel der Zeit zu denunzieren und aufzubrechen – „[...] nur im Gespräch [...] wird etwas gesagtes gesagt, zwei sind nötig zu aller Wahrheit“. So aktuell diese Idee heute erscheint, so unzeitgemäß ist sie in einer Epoche, deren politische Entscheidungsträger öffentliche Gesprächsprozesse ausschließlich als Bedrohung gottgegebener Macht begreifen. Und so unvermittelbar ist sie besonders dann, wenn die Autorin, um auf gar keinen Fall in den Verdacht zu kommen, sie wolle etwas anderes als den Dialog als solchen, die Zersetzung autoritären Räsonnements so weit treibt, daß die tagesgeschichtlich konkreten Inhalte ihrer politischen Kritik in ihren Texten kaum noch erkennbar, geschweige denn als Argumente weiterverwertbar sind. Dann nämlich verflacht die Aneinanderreihung auch der revolutionärsten Sprachgesten in einer Monotonie, die auf den Adressaten bestenfalls wie ein beruhigendes Hypnotikum wirkt: In *Gespräche mit Dämonen* liegt der wichtigste aller Leser Bettines, der König, in tiefem Schlaf, und am Ende bleibt das phantasierte Gespräch, was es vielleicht immer schon war – ein Traum.

Christian Brentano (1784–1851)

Vater der Aschaffenburger Brentanos

Brigitte Schad

Im Gegensatz zu seinen berühmten Geschwistern Clemens und Bettine war Christian Brentano kein Nachruhm beschieden. Sein Name wird heute eigentlich nur noch mit der Herausgabe von „Clemens Brentano's Gesammelte Schriften" in Verbindung gebracht. Doch wissen wir inzwischen, daß auch hier im Hintergrund Christians Frau Emilie und der Freund der Familie, der königlich-bayerische Hof- und Schloßbibliothekar Joseph Merkel, kräftig mitgewirkt haben, wenn nicht sogar federführend gewesen sind. Allerdings war es Christian Brentano, der seinen schwerkranken Bruder Clemens Anfang Juli 1842 von München nach Aschaffenburg holte, um ihn hier in dessen letzten Lebenswochen zu umsorgen. Um der historischen Gerechtigkeit willen muß allerdings auch hinzugefügt werden, daß er noch in München mit Clemens ein Testament aufsetzte, das ihn zum Universalerben machte. Nach Clemens Tod veranlaßte Christian die Beisetzung seines Bruders auf dem Aschaffenburger Altstadtfriedhof und legte dadurch den Grundstein dafür, daß Aschaffenburg zu einer Brentano-Stadt wurde.

Doch damit erschöpfen sich eigentlich schon seine Verdienste um den berühmten Bruder, und sein historischer Rang reduziert sich darauf, eine Aschaffenburger Lokalberühmtheit gewesen zu sein, die aber aufgrund ihrer etwas skurrilen und welt-fremden Eigenschaften nie so recht warm wurde mit den bodenständigen Aschaffenburgern. Das mag auch an seinem heftigen Temperament, seinem aufbrausenden Wesen gelegen haben, das wohl auf das italienische Blut zurückzuführen war, welches in seinen Adern floß und ihn wesensmäßig, aber auch äußerlich, von allen sieben überlebenden Geschwistern der Ehe zwischen Peter Anton Brentano mit Maximiliane La Roche am meisten mit Clemens und Bettine verband: Mit vollem, lockigem schwarzem Haar und dunklen Augen, zierlicher Statur, raschen, behenden Bewegungen kam er – vom Typ her – den beiden Geschwistern recht nahe. Lediglich in der Physiognomie unterschied er sich durch einen schmalen Mund und eine große Nase mit gebogenem Nasenrücken von den weicheren Gesichtszügen der berühmten Geschwister. Diese physiologischen Merkmale verleihen Christians Gesicht in den überlieferten Porträts eine gewisse Härte, vielleicht auch Unnachgiebigkeit, und seine Biographie – soweit sie heute für uns rekonstruierbar ist – scheint diesen Wesenszug zu bestätigen.

Wir haben also festzuhalten: Christian Brentanos historische „Verdienste" bestehen darin, daß er sich seines schwerkranken Bruders Clemens bis zu dessen Tode annahm und danach auf der Grundlage des ihm von Clemens vererbten Handschriften-Nachlasses die Herausgabe seiner „Gesammelten Schriften" betrieb.

Sie werden nun fragen, meine Damen und Herren, warum widmen wir dieser eher marginalen Gestalt im Rahmen dieses Brentano-Seminars einen ganzen Vortrag? – Ich möchte Ihnen darauf antworten, daß Christian Brentano nicht nur der Bruder von Clemens und Bettine, sondern auch der Vater zweier bedeutender Söhne war, nämlich des Philosophen und Theologen Franz Brentano, dessen Größe mit der Erforschung seines Werks immer mehr erkannt wird, und des sogenannten Kathedersozialisten und epochemachenden Volkswirtschaftlers Lujo Brentano. Beide Söhne waren schillernde Gestalten mit ausgeprägtem Individualismus und einer außerordentlichen Freiheit und einem Mut zu unorthodoxem Denken. Hier ist die Saat aufgegangen, die einerseits auf dem Boden einer durch Intellekt, universelle Bildung und Liebe zu den Künsten, aber andererseits auch durch finanzielle Unabhängigkeit geprägten Familie gedeihen konnte. Daran hat Christian Brentano mit Sicherheit seinen Anteil. Da er außerdem nicht müde wurde, gegenüber seinen Kindern die Familientradition und die Bedeutung des in seinen Händen befindlichen dichterischen Nachlasses von Clemens Brentano zu betonen, haben seine Söhne – wenn auch nicht immer glücklich – versucht, diese Tradition und das geistige Erbe ihres Onkels Clemens zu bewahren.

Den beiden Ehen von Franz und Lujo entsprangen zwei Kinder: John Christian Michael, genannt Gio (1888–1969) als einziger Sohn von Franz, und Sofie, genannt Sissi (1875–1956), als einzige Tochter von Lujo. Sie übernahmen mit großem Verantwortungsbewußtsein das Erbe ihres Großonkels Clemens. Sissi, welche 1956 in Prien am Chiemsee verstarb und im Besitz eines großen Konvoluts Clementinischer Papiere war, hatte in ihrem 1948 verfaßten Testament dem Freien Deutschen Hochstift den dichterischen Nachlaß von Clemens vermacht, einschließlich aller in ihrem Besitz befindlichen Briefe. Den „wissenschaftspolitischen" Nachlaß ihres Vaters Lujo gab sie ans Bundesarchiv in Koblenz und alles, was „die rein familiären Angelegenheiten" betraf, vermachte sie der Stadt Aschaffenburg. Das Brentano-Zimmer im Städtischen Schloßmuseum ist heute mit Möbeln, Bildern, Büchern und Autographen aus dem Besitz Sissis und damit der Aschaffenburger Brentano-Familie, ausgestattet. Sämtliche Autographen – vor allem Briefe von Christian und Emilie Brentano, aber auch von deren Kindern und Verwandten, wurden ans Aschaffenburger Stadt- und Stiftsarchiv gegeben und werden dort als „Aschaffenburger Brentano-Nachlaß" verwahrt. Dieser Nachlaß hatte 1965 durch das Vermächtnis des 1969 in Zürich verstorbenen Sohnes von Franz, Gio Brentano, bedeutsamen Zuwachs bekommen; vor allem, was das sich auf seinen Großvater Christian beziehende Material betrifft. Gio legte damals seiner Sendung von Dokumenten und Autographen einen Brief bei, in dem er unter anderem schreibt:

> *„Die Schriften umfassen Briefe an meinen Großvater Christian Brentano, Geschäftspapiere und Verträge, die auf ihn bezug haben, ein Fragment aus seinen religiösen Schriften, in seiner Hand geschrieben, einige Skizzen und ein von ihm gemaltes Aquarell; unter den Skizzen die eines Perpetuum Mobile, in dem Magnete abwechselnd auf ein Pendel wirken, deren Anziehungskraft abgeschirmt ist, wenn das Pendel sich von dem betreffenden Magneten entfernt. Herr Oberbürgermeister Schwind wird sich vielleicht damit unterhalten den Nachweis zu führen, warum ein solches Perpetuum Mobile nicht funktionieren kann (...).*
>
> *Des weiteren schicke ich, was wir an Schriften von Emilie Brentano-Genger, meiner Großmutter, besitzen, darunter mehrere in ihrer Hand geschriebene Notizbücher, möglicher Weise Abschriften. Ferner was sich auf ihre Tochter Maria Seraphica (Claudine) bezieht; was sich auf meine Tochter Lulu, verheiratet mit Sir Peter le Page Renouf, den bekannten Aegyptologen bezieht, sowie auf ihre Tochter Edith, meine Cousine. Beide, Lady Renouf und ihre Tochter Edith, waren zwei sehr bedeutende Frauen, die dem Aschaffenburger Zweig der Familie zu Ehren gereichen. Ich sende auch eine Krippenszene aus Elfenbein oder Bein geschnitzt, die in einem Umschlag mit dem Namen Bettina verwahrt war und wahrscheinlich von Bettina angefertigt wurde. Schließlich haben wir das beigefügt, was ich von Joseph Merkel, dem Bibliothekar des Schloßturms in Aschaffenburg besitze. Er war ein enger Freund der Familie Brentano und verkehrte in ihrem Haus fast täglich".*[1]

1 Brief von J. C. M. Brentano an Archivat Dr. W. Fischer, Stadt- und Stiftsarchiv Aschaffenburg, vom 25. Juni 1965.

Abb. 25: Christian Brentano (Bruder von Clemens).
Ölbild von Joseph Anton Nicolaus Settegast vor 1838

Die von beiden Christian-Enkeln Sissi und Gio nach Aschaffenburg gegebenen Nachlaß-Papiere bildeten nun eine sich in vielen Fällen sinnvoll ergänzende Sammlung, deren Ordnung, Sichtung und Auswertung interessante Ergebnisse versprach.

Zu diesem Zwecke wurde von mir im Jahre 1983 ein Brentano-Arbeitskreis an der Volkshochschule Aschaffenburg gegründet, der sich die Ordnung, Sichtung und Auswertung der vorhandenen Papiere zur Aufgabe machte. Dabei stand zunächst die Gestalt von Christian Brentano im Vordergrund. Ihm sollte das Hauptaugenmerk der Betrachtung gelten. Hierfür war auch sein 200. Geburtstag im Jahr 1984 ein – wenn auch äußerlicher – Beweggrund. Im Laufe der Arbeit am Nachlaß ergab sich aber eine Fülle neuer und interessanter Aspekte, die die Themenstellung verlagerte und zunehmend auf die Aschaffenburger Brentano-Familie verteilte.

Christian Brentanos Biographie konnte damals durch Quellenstudien und vorhandene Briefe in manchen Punkten ergänzt und korrigiert werden. In völlig neuem Licht erschien nunmehr sein bislang als Vertreibung durch die preußische Regierung dargestellter Weggang von Boppard, dem sich die Übersiedlung nach Aschaffenburg anschloß.

Besonderes Profil gewann durch erhaltene Briefe Christians Frau Emilie, deren Tatkraft und Intelligenz imponierte. Auch dann, wenn sie – für unsere Vorstellungen – unnachgiebig und starr war, wie bei dem Problem der Mischehe zwischen ihrem aus der katholischen Kirche ausgetretenen Sohn Franz und der Jüdin Ida Lieben, blieb ihre Haltung doch immer würdevoll. Der engste Freund der Familie, Hofbibliothekar Joseph Merkel, dessen Gestalt damals noch völlig unerforscht war, nahm durch manchen Brief im Nachlaß deutliche Konturen an. Seine wieder aufgefundenen „Poetischen Versuche" wiesen ihn außerdem als Dichter von bemerkenswertem poetischen Talent aus.

Wenn wir uns nun, im folgenden, der Biographie Christian Brentanos, dem Vater der Aschaffenburger Brentanos, zuwenden, so fußen unsere Ausführungen auf der von Emilie Brentano verfaßten Biographie ihres Mannes Christian, die sie 1854 den von ihr posthum herausgegebenen und von Christian verfaßten „Religiösen Schriften" voranstellt. Sie greift dabei auf Christians fragmentarische Autobiographie zurück, die sie zitiert. Fehlende Abschnitte werden von ihr ergänzt und erläutert.

Daß die tiefgläubige Emilie in dem Lebenslauf ihres Mannes die Wandlung vom jugendlichen Freigeist zum orthodoxen Katholiken mit besonderem Engagement schildert, ist verständlich. Begreiflich auch, daß sie Christians Mißerfolge im Verwalten größerer Objekte (Gut Bukowan in Böhmen, Kloster Marienberg in Boppard, Kauf eines riesigen Baugeländes in Köln) nicht erwähnt oder ihnen eine andere Färbung gibt. Da aber sämtliche später entstandenen Abhandlungen über Christians Leben fast ausschließlich auf Emilies Aufzeichnungen beruhen, hat sich im Laufe der Zeit ein einseitig gefärbtes Christian-Bild entwickelt, das in einigen Punkten der Richtigstellung bedarf.

Eben dies versucht unser Vortrag zu leisten, der Emilies Christian-Biographie zusammenfaßt und an jenen Punkten korrigiert, wo aufgrund von Quellenfunden eine Korrektur angebracht erscheint.

Christians Lebensweg – im Spiegel von Emilies Biographie und entlegenen bzw. unveröffentlichten Quellen

Der Lebensabschnitt bis zur späten Heirat

Christian Brentano wurde als siebtes Kind von Maximiliane und Peter Anton Brentano am 24. Januar 1784 geboren. Das Elternhaus – „ein Sammelplatz der edlen und geistreichen Welt"[2] bot der geistigen Anregung des Knaben viel Nahrung:

> *„Sogar körperliche Kränklichkeit war mit Veranlassung, daß Brentano sich ungemein früh und schnell entwickelte, so daß man ihn leicht zu einem sogenannten Wunderkinde hätte bilden können, aber der häufige Wechsel der Lehrer und Unterrichtsmethoden trat diesem nur zu sehr entgegen und verzögerte und störte die früh begonnene Bildung"*[3].

Seine schulische Ausbildung begann an einer Frankfurter Dominikaner-Schule und wurde fortgesetzt an einem Gymnasium in Tauberbischofsheim, wo er so unter der strengen Zucht seines „geistlichen Kostherrn" litt, daß er nach Miltenberg zur befreundeten Familie Schwab floh, die den Jungen ins Elternhaus nach Frankfurt zurückbrachte. „Von da an" – so Emilie in ihrer Biographie – „verlor seine Erziehung alle Consequenz. (...) Die verschiedensten Erziehungsarten wechselten nun miteinander, katholische und protestantische Schulen, gelehrte und Handlungsinstitute, französische Hofmeister usw."[4]

Nach dem Tode des Vaters gibt ihn sein Vormund und Halbbruder Franz nach Hamburg in eine Kaufmannslehre. Als sein „Prinzipal" unter seinem Schreibpult statt kaufmännischer Arbeiten von Christian verfaßte philosophische Traktate und Aufsätze politischen Inhalts findet, schickt er ihn nach Frankfurt zurück. Aufgrund seiner mathematischen Begabung wird Christian nun zur Vorbereitung auf ein Mathematik-Studium zu einem Mathematiker nach Sachsen gegeben. Dort beschäftigt er sich außer mit Mathematik vor allem mit Kantscher Philosophie. In seiner ständigen Nähe weilt ein Freund, der Engländer Henry Crabb Robinson[5], mit dem Christian anschließend für viele Monate Deutschland durchwan-

---

2 Christian Brentano, Nachgelassene religiöse Schriften, Bd. 1, München 1854, S. V.
3 Ebd., S. VI.
4 Ebd., S. VII.
5 Vgl. Helga Marquardt, Henry Robinson und seine deutschen Freunde, Brücken zwischen Deutschland und England im Zeitalter der Romantik (Palaestra Bd. 237), Göttingen 1964.

dert. Der ergebene Robinson folgt ihm auch auf die Universität. Christian studiert nun eine Reihe von Jahren abwechselnd in Jena und Marburg Medizin. Aber auch dieses Studium beendet er nicht. So veranlaßt die Familie im Jahr 1808 seine Übersiedlung nach Böhmen, damit er dort ein großes, von den Brentanos und einigen anderen Gesellschaftern erworbenes Gut verwalte. Doch Christian hat bei der Verwaltung von Bukowan wieder einmal kein Durchhaltevermögen bewiesen. Nachdem das Gut nicht die erhofften Erträge abwirft, wird es 1815 wieder verkauft.

In ihrer Biographie vermeidet es Emilie, zu den Vorgängen um Bukowan Stellung zu nehmen, und zitiert statt dessen aus Christians autobiographischen Aufzeichnungen, in denen er schreibt:

> *„die gänzliche Versunkenheit des Landvolks in Trägheit und Dieberei, gestützt von einer bestechungsgierigen oberen Behörde, macht alle Ausführung unmöglich und verderblich, und mir selbst den Aufenthalt in diesem so schönen Landsitz unerträglich, bei dessen Antritt ich die schönsten und wohlgemeintesten Pläne für's Beste meiner Familie gefaßt hatte“* [6].

Clemens Brentano, der den Bruder in Böhmen mehrfach besucht, sieht den Grund für dessen Mißerfolg offenbar woanders. Bereits am 7. August 1811 berichtet er seinem Schwager Savigny, der ebenfalls zu den Gesellschaftern gehört, über Christians Art der Gutsverwaltung:

> *„wäre er nicht faul (...) und dabei ungemein unbeharrlich und unordentlich in allen seinen Papieren ich glaube, er wäre noch Größerem, als diesem gewachsen, es dauert mich ungemein, wenn ich ihn stumm von innerem Verdruß auf dem Sopha halbe Tage lang liegen sehe. Es war mich ganz rührend eckelhaft, als er mir gestern, eine Rungische Randzeichnung um die Bukowaner Acktien, der er gemacht und in Prag hat in Kupfer stechen laßen vorlegte, da aber die Ochsendumme Prager Censur ihm Beschwerden darüber gemacht, kann er sie nicht ausfüllen lassen und ist die Tollheit auch umsonst, wenn ich bedencke, daß der Mensch, der mir klagt, er habe noch nicht zur Abrechnung Zeit finden können, derselbe von dem ich kaum meine Obligationen erhalten konnte, Zeit hat, zu einem Gut, das nichts einträgt, Randzeichnungen um Aktien in Kupferstechen zu laßen, möchte ich des Gukuks werden“*[7].

Von den durch Christian verzierten „Bukowaner Acktien“ haben sich im Aschaffenburger Nachlaß einige Exemplare erhalten. Der Kopf zeigt das

6 Christian Brentano (wie Anm. 2), S. XVII.

7 Zitiert nach Detlev Lüders (Hrsg.) Clemens Brentano. 1778–1842. Katalog zur Ausstellung im Freien Deutschen Hochstift, Frankfurt 1978, S. 57.

von Christian gezeichnete und in Prag in Kupfer gestochene Hofgut. Die Randleisten gestaltete Christian mit Rungeschen Arabesken-Motiven. Nach dem Verkauf des Gutes im Jahre 1815 kehrt Christian nach Frankfurt zurück. Emilie berichtet in ihrer Biographie, daß er in den „Cirkeln" der Gesellschaft einen Zyklus von sechs Lustspielen vorlas, die 1813 in Böhmen entstanden waren, daß er eine Napoleon-Satire als Schattenspiel geschrieben und diese im Familienkreise aufgeführt habe. In dieser Atmosphäre eines eher planlosen Nichtstun begegnet er dem Arzt Dr. Ringeis, der der Erweckungsbewegung nahesteht und Christian zu einer völligen Revision seiner Weltanschauung bewegt, die bei ihm in einem streng dogmatischen Katholizismus mündet.

In der Folge dieser Umkehr reist Christian 1818 zu der stigmatisierten Nonne Katharina von Emmerick nach Dülmen und berichtet seinem Bruder Clemens so tief bewegt von diesem Erlebnis, daß sich auch dieser nach Dülmen begibt, um darauf in den Folgejahren die Visionen der Nonne aufzuzeichnen. Christians Glaube aber wird durch die Begegnung mit der Stigmatisierten so gefestigt, daß er seine Generalbeichte ablegt. Seine Eindrücke von Dülmen flossen in seine Schrift „Aufschlüsse über Verderben und Heil mit dem Schlüssel des Kreuzes" ein.

1819 begibt sich Christian in die Schweiz nach Luzern zu Freunden des Bischofs Sailer, empfängt dort die Firmung und schreibt darüber die Abhandlung „Betrachtungen über die heil. Firmung, Sendschreiben eines Spätberufenen". Nach Frankfurt zurückgekehrt, reift in ihm der Entschluß, nach Rom zu gehen, den er 1823 in die Tat umsetzt. Dort studiert er intensiv und über Jahre Theologie, kann sich aber nicht entschließen, Priester zu werden. Seine Freunde in Rom sind – neben einigen Klerikern – vor allem Maler und Künstler wie die deutschen Nazarener Overbeck, Philipp und Johann Veit. Ein Teil seiner Erlebnisse fand in der Schrift „Rom wie es in Wahrheit ist" seinen Niederschlag.

1827 kehrt Christian nach Deutschland zurück, hält sich in Bonn im Kreise Windischmanns und dann in Koblenz und Boppard auf, wo er Emilie Genger, seine spätere Frau kennenlernt, die dort als Erzieherin, später als Leiterin einer Mädchen-Schule am Kloster Marienberg lehrte.

Die wahren Gründe für die Übersiedlung nach Aschaffenburg

Abb. 26: Emilie Brentano, geb. Genger.
Ölbild von Settegast vor 1838

Über die Folgejahre erfahren wir durch Emilies Christian-Biographie nicht viel. In einem einzigen Satz berichtet sie von ihrer Heirat in Nizza im Jahr 1835, der ein längerer Italienaufenthalt des jungen Paares folgt. Auch der nachfolgende Absatz, der von ihrer Rückkehr nach Deutschland handelt und auf den Weggang von Boppard und die Übersiedlung nach Aschaffenburg Bezug nimmt, ist denkbar knapp gehalten. Diesen wichtigen Abschnitt im Leben Christians und Emilies stellt die Biographin wie folgt dar (sie berichtet von sich selbst in der dritten Person):

> *„Aus Italien nach Deutschland zurückgekehrt, lebte er [Christian] zunächst auf Kloster Marienberg bei Boppard, das damals der Familie seiner Frau gehörte, ein glückliches Familienleben, das oft durch den Besuch seiner zahlreichen, den Rhein auf- und abreisenden Freunde verschönert wurde. Als aber die Kölnerwirren ausbrachen, schien die lebhafte Teilnahme des rührigen Mannes der engherzigen preußischen Regierung Besorgnisse einzuflößen, und man wußte ihm den schönen Aufenthalt zu verleiden. Er siedelte, um in der Nähe seiner Familie und im Kreise ihm und den Seinigen sehr lieber Freunde zu leben, nach Aschaffenburg über.“* [8]

---

8 Christian Brentano (wie Anm. 2), S. XLL.

Diese Passage bedarf der Erläuterung: Emilie schreibt, daß Christians Engagement für die katholische Seite der preußischen Regierung „Besorgnisse" einflößte und man ihm den Aufenthalt zu „verleiden" wußte. Mit anderen Worten: Christian sah sich gezwungen, wegen seiner religiösen Überzeugung Preußen mit seiner Familie zu verlassen.

Was von Emilie noch vorsichtig als Übersiedlung nach Aschaffenburg dargestellt wird, erhält aber in der auf Emilies Biographie beruhenden Literatur bald eine andere Färbung. Die „Allgemeine Deutsche Biographie" berichtet davon, daß ihn die Kölner Wirren von Boppard „vertrieben" hätten[9], und Ewald Reinhard schreibt 1928 in seinem Buch „Die Brentanos in Aschaffenburg":

> *„Das Kölner Ereignis des Jahres 1838 rief den unerschrockenen Verteidiger der Kirche ähnlich wie Görres auf den Plan, und da er die Rechte der Kirche gegenüber den Machtansprüchen des Staates mit allem Freimute vertrat, zog er sich den Zorn der preußischen Behörde in solchem Maße zu, daß sie ihm als lästigem Ausländer den weiteren Verbleib in Preußen untersagte. Diese Verhältnisse zwangen ihn, Marienberg innerhalb acht Tagen zu veräußern, und nun wandte Christian Brentano sich in seiner Verlegenheit an die ihm besonders nahestehende Schwester Ludovica (...). Diese Schwester (...) besaß damals das unweit Dettingen gelegene Schloß Wasserlos, und über dieses Schloß führte die flüchtigen Brentanos der Weg nach dem nahegelegenen Aschaffenburg."* [10]

> *Drei Jahre nach Reinhards Buch erschien Lujo Brentanos Autobiographie, die den besagten Vorgang wie folgt darstellt:*

> *„Als aber die Kölner Wirren ausbrachen, hat die Begeisterung für die Freiheit der Kirche meinen Vater zur lebhaften Teilnahme für den nach der Festung Minden verbrachten Kölner Erzbischof Clemens August von Droste-Vischering veranlaßt. Und dies hat zur Verdrängung meines Vaters aus seinem schönen Aufenthalt durch den preußischen Polizeistaat geführt, womit ein großer Vermögensverlust verbunden war. Nach längerem Schwanken hat er sich dann in Aschaffenburg niergelassen."* [11]

Auf der Suche nach der historischen Authenzität des oben geschilderten Vorgangs ergaben sich jedoch andere Erkenntnisse. Christian von Stramberg schildert im 1856 erschienen „Rheinische(n) Antiquarius" die

9 Vgl. [Rochus] v[on] L[iliencron], Christian Brentano, in: Allgemeine Deutsche Biographie, Bd. 3, Leipzig 1876, S. 309 f., dies S. 310.
10 Ewald Reinhard, Die Brentanos in Aschaffenburg, Aschaffenburg 1928, S. 22 f.
11 Lujo Brentano: Mein Leben im Kampf um die soziale Entwicklung Deutschlands, Jena 1931.

Geschichte des Klosters: nach der Aufhebung des Benediktinerinnen-Klosters (1794) errichtete ein Karl Theodor Doll dort eine Baumwollspinnerei, die jedoch einging. Danach erhielten seine Töchter Sophie und There Doll die Konzession zur Errichtung eines kirchlich ausgerichteten Mädchen-Pensionats, das sich rasch vergrößerte und binnen kurzer Zeit so hohes Ansehen genoß, daß es vor allem von den Töchtern des westfälischen Adels besucht wurde. Als die Schwestern Doll in den Jahren 1832 und 1833 sterben, übernehmen Emilie und Wilhelmine Genger, die zuvor als Erzieherinnen an der Schule tätig waren, die Leitung der Anstalt. Hier fährt Stramberg fort:

> „*Aber der Flor der Anstalt war dahin, die Zöglinge verminderten sich fortwährend, der Ersatz blieb aus, wie eifrig sich auch Christian Brentano bemühete, der Anstalt aufzuhelfen. Er hatte sich seit dem J. 1830 auf Marienberg niedergelassen, und die Führung der auswärtigen, vorzüglich öconomischen Angelegenheiten, in feste, manchmal vielleicht zu schwere Hand genommen. Mehrere der Hausgenossen wollten in ihm eine Art von ‚D. Azzeccagarbugli' finden, und die gewaltsame Austreibung des Vaters Doll und seiner Familie, 1833, hat man allgemein mißbilligt. Es währte nicht lange, und die neue Vorsteherin begann zu kränkeln, daß die Aerzte eine Reise nach dem Süden anriethen. Von der Mutter begleitet, verweilte Emilie längere Zeit in Nizza: als Frau Brentano kam sie von dannen zurück. Über die Reise und ihren Folgen lösete das Institut sich vollends auf (…). Das verödete Marienberg blieb Brentanos Wohnsitz, bis er solchen mit den Gütern auf Prof und Eisenholz im J. 1838 an D. Schmitz um beiläufig 18 000 Rthlr. verkaufte, und mit seiner Familie nach Aschaffenburg verzog.*“ [12]

Dieser aufschlußreiche Bericht sei ergänzt durch die Abhandlung des Heimatforschers Andreas Schüller über den Pfarrer Jean Baptiste Berger (1806–1888), dem „einzige(n) Pfarrer der Diözese Trier, dem die Nachwelt ein lebensgroßes Denkmal gesetzt hat“. Im Jahre 1830 kommt der in Rom gebildete, hochbegabte, weltmännisch auftretende, dichtende und blendend aussehende Jean Baptiste Berger als Kaplan nach Boppard und erteilt auf Marienberg Religionsunterricht. Zwischen ihm und Christian Brentano entsteht eine ausgesprochene Feindschaft, auf die Andreas Schüller in seiner Studie näher eingeht:

12 Christian von Stramberg, Das Rheinufer von Coblenz bis zur Mündung der Nahe, in: Denkwürdiger und nützlicher Rheinischer Antiquarius, Abt. 2, Band 5, Koblenz 1856, S. 383 f.

„Im Jahre 1830 übernahm Christian von Brentano La Roche (...) als Mitbesitzer die geschäftliche Leitung des Marienberg. (...) Bis zum Jahre 1834 hatten 140 Mädchen der höheren Stände auf Marienberg ihre Ausbildung genossen (...). In Boppard gab es noch keine andere Anstalt irgendwelcher Art. Sie hatte deshalb für die Stadt hervorragende Bedeutung. Ebenso für die Diözese, in der es (...) noch keine Klöster gab. Die Anstalt lag daher dem Bischof v. Hommer sehr am Herzen, dazu kamen seine Beziehungen zur Familie Brentano-La Roche aus seiner Koblenzer-Ehrenbreitsteiner Zeit, ferner die Rücksicht auf den geistig hochstehenden, kirchlich vorsichtig zu behandelnden Christian. Welches der eigentliche Grund der erbitterten Feindschaft zwischen Brentano und Berger war, läßt sich aus den Akten nicht ermitteln. Unsere Vermutung werden wir später mitteilen. Es wird Berger vorgeworfen, er mische sich auf Marienberg in alles ein und betrachte die Anstalt als sein Ressort. Den Verkehr des jungen Mannes mit den Mädchen scheint Brentano als gefahrdrohend betrachtet zu haben. Jedenfalls wurde Berger vom Bischof verboten, auf Marienberg seine Gedichte zu deklamieren. Brentano verlangte die Entfernung Bergers von Boppard.“ [13]

Schüller zitiert nun ausführlich Christians Schreiben an den Bischof, in dem er diesen eindringlich bittet, die Entfernung Bergers bei der Regierung zu erwirken auch ohne Darstellung der „allzu delikaten, geistliche und weibliche Ehre berührenden Verhältnisse“. Brentano bietet sich sogar an, die Umzugskosten Bergers zu tragen. Doch Berger bleibt in Boppard. Schüller berichtet weiter[14]:

„Gewiß war er stark überheblich, jugendlich ungestüm und unvorsichtig; im Verkehr mit Damen mag er auch nicht zurückhaltend genug gewesen sein. Aber, es klebt kein Makel an ihm. (...) Niemals ist ihm späterhin in dieser Richtung der geringste Vorwurf gemacht worden. –
Brentano war 51 Jahre alt, die Dame, die er 1835 heiratete, zählte etwa halb so viele Lebensjahre. Berger, der auf Marienberg vordem als Hausfreund aus- und einging, war ein frischer, feuriger Dichter-Jüngling. Ob bei dem Vorgehen gegen Berger nicht, vielleicht unbewußt, Eifersucht mitspielte, auch literarische?“

Die Frage bleibt offen, doch nun erscheint Christians plötzlicher und unverständlich lang andauernder Italienaufenthalt in anderem Licht.

---

13 Andreas Schüller, Pfarrer Jean Baptiste Berger (1808–1888). In: Pastor bonus, Zeitschrift für kirchl. Wissenschaft und Praxis, Trier, 47. Jahrgang. Heft 8/9 (1936), Heft 10–12 (1937). Dies: H. 8/9 (1936), S. 268 f. (Der Stadtbibliothek Koblenz sei an dieser Stelle herzlich für ihre Hilfe gedankt.)

14 Ebd. S. 272.

Während dieser Zeit – Marienberg ist ohne Leitung – setzt Christian den Pfarrer von Liebfrauen in Koblenz, Schul- und Regierungsrat Dr. Karl Holzer, als Protektor der Anstalt ein. Schüller berichtet:

> *„Lange übte Holzer das Protektorat über Marienberg nicht aus. Die Kapitalien, die Brentano für Marienberg aufgenommen hatte, wurden gekündigt. Andere Geldgeber fand er nicht. Auch wirkte die Ehe Brentano-Genger auf das Institut ungünstig ein. So mußte die Anstalt anfangs Oktober 1837 eingehen. (...) Der verödete Marienberg blieb Wohnsitz der Familie Brentano bis 1838, in welchem das schöne Besitztum an einen Arzt zur Errichtung einer Kaltwasserheilanstalt verkauft wurde. Dann zog Brentano nach Aschaffenburg.“* [15]

In beiden Berichten – weder bei Stramberg noch bei Schüller – kein einziges Wort über eine Vertreibung aus Preußen, von einem Ultimatum, das Christian gezwungen hätte, das riesengroße Anwesen[16] kurzfristig zu verkaufen und mit seiner Frau und zwei kleinen Kindern (Lulu und Franz, 1836 und 1838 auf Marienberg geboren) nach Wasserlos zu fliehen. Vielmehr eine Sachlage, die sich in etwas folgendermaßen darstellt: Christian kommt 1830[17] als geschäftlicher Leiter und Mitbesitzer nach Boppard. 1833 übernehmen die Schwestern Genger die Schulleitung. Christian wird zu einem nicht genannten Zeitpunkt alleiniger Besitzer des Klosters[18]. Vielleicht wegen der erbitterten Feindschaft zu dem am Pensionat lehrenden Kaplan J. B. Berger geht Christian mit Emilie in den Süden und heiratet sie dort am 19. Mai 1835 in Nizza; letzteres geht aus der Trauungs-Urkunde in lateinischer Sprache hervor, die sich im Aschaffenburger Nachlaß erhalten hat. Christian und Emilie

15 Ebd. S. 272.

16 Vgl. Klein, Geschichte von Boppard, Boppard 1909, S. 216: „Das Kloster besaß [...] das bedeutendste Klostergebäude mit Nebengebäuden, [...] 68 Morgend Felder und Wiesen, 198 Weinbergparzellen mit 139 551 Stöcken, 3 Mühlen.“

17 Vgl. Konrad Feilchenfeldt, Brentano Chronik. Daten zu Leben und Werk, München 1978, S. 144 f.: „April/Mai [1830]: [Clemens] B[rentano] reist nach Boppard auf den Marienberg, wo er seinen Bruder Christian besucht.“

18 Vgl. dazu den Brief Sophie („Sissi“) Brentanos (der Enkelin von Christian und Emilie) an Herrn Zimmermann am 16. April 1954 im Brentano-Nachlaß (wie Anm. 1): „Beide Schwestern [Doll] wurden krank und liessen meiner Großmutter die Anstalt. Zu ihrer Hilfe kam mein Großvater [...]. Er stand ihnen in jeder Weise bei, lernte so meine Großmutter kennen, die er dann 1835 heiratete. So war die Anstalt ohne ihre Leiterin, wurde aufgelöst und das Haus von meinem Großvater erworben. Seine ersten Kinder kamen dort zur Welt. Später zog er dann nach Aschaffenburg.“

bleiben noch etwa ein Jahr in Italien – vor allem in Rom. Marienberg ist in dieser Zeit ohne Leitung.

Nach der Rückkunft des Ehepaares Brentano hat sich die Zahl der Schülerinnen drastisch reduziert. Als Christian auch noch die aufgenommenen Kapitalien gekündigt werden, bleibt ihm nur noch der Verkauf des Klosters. Er bietet es vergeblich den Ursulinen von Monschau an[19]. Schließlich wird das gesamte Inventar versteigert und Christian muß zur Begleichung seiner Verbindlichkeiten das Anwesen zum Spottpreis von 18 000 Talern an einen Arzt verkaufen. Dieser will das Kloster renovieren und wegen seiner reichlichen Wasservorkommen zu einer Wasserheilanstalt umbauen, so daß Christian mit seiner Familie Marienberg verläßt, um zu seiner Schwester Ludovica des Bordes nach Wasserlos und von da nach Aschaffenburg zu ziehen.

Daß Emilie in ihrer Biographie den offensichtlichen Mißerfolg ihres Mannes nicht der Öffentlichkeit preisgab und Christian eher zu einer Art Märtyrer stilisierte, der aufgrund seiner tapfer verteidigten religiösen Überzeugung quasi über Nacht Preußen verlassen mußte, ist menschlich verständlich.

Es traf ja auch zu, daß Christian in seinen Beiträgen zu der Zeitschrift „Der Katholik", vor allem in dem dort veröffentlichten Pamphlet: „Über Staat und Kirche, und eine geistliche Unterthänigkeit gegen beide" mutig für die Freiheit der Kirche eintrat. Aber er vertrat seine katholische Überzeugung nicht nur mutig, sondern auch unnachgiebig. So schreibt seine Schwester Bettine an ihren Mann Achim von Arnim:

> *„Dieser halbe Ernst, diese halbe Eitelkeit verbittern einem gar sehr, was er [Christian] sonst an Wohlwollen und geistiger Kost darbietet, ihm fehlt das Vergütende, was Clemens mit seiner Unterhaltung gewährt. Dabei merkt er gar nicht, daß er andere kränkt, wenn er so öffentlich vor Fremden ihr Vaterland verunglimpft und zwar in so toller Art, daß er angiebt, Preußen unterdrücke den katholischen Glauben usw."* [20]

Mit dieser Starrheit hat Christian manche Möglichkeiten in seinem Leben vertan, zumal diese Eigenschaft mit einem Mangel an ökonomischen Geschick verbunden war.

---

19 Vgl. 850 Jahre Marienberg, in: Bopparder Beiträge zur Heimatkunde 8, Kastellaun 1973, S. 40: „Einige Daten aus der Geschichte Marienbergs".

20 Werner Vordtriede (Hrsg.), Achim und Bettina in ihren Briefen, Frankfurt 1961, S. 770.

Die Tatsache, daß er mit Emilie über ein Jahr in Italien zubrachte und die Schule ohne Leitung ließ, spricht doch für eine bemerkenswerte Sorglosigkeit, und sein Nachfolger auf Marienberg, Dr. Schmitz, „übernahm das Kloster beinahe als Ruine, die Gänge waren kaum geplättet, die Plafonds gesprungen, die oberen Corridors durch Oel und Schmutz verdorben“ [21].

Der lakonische Satz des Chronisten: „Eine Flucht in Aegypten und ein Muttergottesbild im Corridor, in Rotstift durch ihn (Christian) skizziert, sind die einzigen Denkmäler seines vormaligen Waltens auf Marienberg“[22] erinnert fatal an Clemens Brentanos Bericht aus Böhmen, wonach Christian seine Zeit auf Bukowan mehr mit Malen und Zeichnen als mit verwalterischer Tätigkeit zubrachte.

Abb. 27: Familienfoto der Aschaffenburger Brentanos, um 1850 von links nach rechts: Josef Merkel, Franz Brentano, Emilie Brentano, seine Mutter, mit Kind auf dem Schoß (wahrscheinlich Lujo B.) und Christian Brentano.

21 Stramberg (wie Anm. 12), S. 382.
22 Ebd., S. 384.

Der dilettierende Künstler Christian Brentano

In der Tat besaß Christian Brentano ein bemerkenswertes zeichnerisches Talent. Besonders in Rom, wo er viel im Kreise der Nazarener verkehrte, frönte er seiner Zeichenlust. Emilie schreibt in ihrer Biographie von dieser Zeit in Rom:

„Er selbst zeichnete und malte gern, und alle seine Compostionen, wenn ihnen auch die technische Vollendung fehlte, zeugen von Originalität und Talent. Freilich trachtete er dabei nicht nach Künstlerruhm, noch waren seine Werke – wie meistens schon ihr Material beweist – für die Nachwelt bestimmt, sondern ihn trieb nur der innere Drang der bildlichen Gestaltung dessen, was in seinem Geiste lebte.“[23] Auch in Aschaffenburg hat Christian gemalt. Lujo berichtet in seiner Autobiographie:

> *„Er hat sich mit technischen Experimenten, mit Malerei und plastischen Arbeiten beschäftigt. Er hat Haus und Hof mit seinen Zeichnungen bedeckt, die teilweise noch sichtbar sind.“* [24]

Tatsächlich hatte sich bis zum Zweiten Weltkrieg, in dem das Brentano-Haus beträchtlichen Schaden erlitt, im Treppenhaus ein Wandgemälde Christians erhalten. Im Aschaffenburger Nachlaß gibt es einen Brief Lujo Brentanos an den damaligen Besitzer des Hauses, der darauf Bezug nimmt:

> *„Ich möchte (...) Sie (...) bitten, mir (...) durch den Photo-Samhaber (...) eine photographische Aufnahme der von meinem Vater gemalten Bilder machen (zu) lassen, die sich an den Wänden der vom ersten Stockwerk nach dem Speicher führenden Treppe befinden. Es handelt sich um eine Darstellung von Jakobs Himmelsleiter u. einem Himmel mit musizierenden Engeln.“* [25]

Auch das Nachbarhaus, das die Brentanos bewohnten, bevor sie ins heutige Brentano-Haus umzogen, blieb von Christians Zeichenwut nicht verschont. Dies belegt eine Postkarte Lujo Brentanos an seine auf der englischen Insel Guernsey lebende Nichte Edith Renouf, auf der er vermerkt, daß er einem Päckchen an sie eine „Photographie nach einem Bilde“ beigelegt habe, das sein Vater „in das Treppenhaus des Nachbarhauses“ ihres Hauses in Aschaffenburg gemalt habe. Und er fährt fort:

---

23 Christian Brentano (wie Anm. 2), S. XXXVIII.
24 Lujo Brentano (wie Anm. 11).
25 Brief Lujo Brentanos an den damaligen Besitzer des Brentano-Hauses, Bauamtmann Karl Kurz, vom 7. März 1911, Brentano-Nachlaß, Stadt- und Stiftsarchiv Aschaffenburg.

Abb. 28: Aschaffenburger Haus Christian Brentanos, in dem Clemens 1842 starb. *Aquarell von Adalbert Hock, um 1928*

„Bevor meine Eltern unser Wohnhaus, in dem ich geboren bin, bewohnten, wohnten sie in einem Nebenhaus. In diesem sind meine Schwestern Sophie und Claudine geboren. Mein Vater hat jedes Haus bemalt, in dem er gewohnt hat." [26]

Seltsamerweise hat sich Christian selbst niemals über seine zeichnerischen Arbeiten geäußert – mit einer Ausnahme: In seinen autobiographischen Aufzeichnungen, die Emilie in ihrer Christian-Biographie zitiert, erzählt er von seiner Marburger Studienzeit:

„Mein äußeres Leben an der Universität war im Vergleich eines Studentenlebens absonderlich und ein adäquates Bild meines Inneren (...). Den Hof meines Wohnhauses verwandelte ich (...) in einen abenteuerlichen, verwilderten Garten. worin Raben, Elstern, Eulen, Habichte, Hunde, Katzen, Ziegen, Marder, Füchse eine Menagerie bildeten. Unter einem wilden

26 Postkarte Lujo Brentanos an Edith Renouf, Insel Guernsey, vom 9. Dezember 1929, ebd.

Geranke von Weinreben und Kirschenbäumen lagen Strohmatten auf der Erde, worauf ich mich oft von der Sonne bescheinen ließ, ohne es werth zu seyn. Die Wände des Hauses wurden von mir nach der Laune des Augenblickes mit Felsen, Bäumen und Arabesken bemalt, welches seltsam genug aussah. Neben solcher Malerei war auch mit der Flöte viel Zeit verspielt. – So eine Verwilderung nun ,wie dieß Gemälde darstellt, war gerade auch in meinem Innern selbst, und nimmt man die ganze Einrichtung sammt der Menagerie und den darin enthaltenen Thieren bedeutend, so ist die Allegorie auf meinen Zustand fertig.“ [27]

Christian berichtet rückblickend – nach seiner Reversion zum Katholizismus –, und es scheint, als ob er (vielleicht unbewußt) in nachhinein die „Verwilderung“ seines Zustandes auf seine künstlerischen Tätigkeiten (Malen, Flöteblasen usw.) zurückführte. Vielleicht rührt daher seine Manie, sich in späteren Jahren durch „realistische“ ökonomische Tätigkeiten von den künstlerischen Neigungen abzulenken, die für ihn (jedenfalls im obigen Zitat) offenbar stellvertretend für eine gottferne Jugendzeit stehen. Diese Auffassung enspräche ganz dem Lebensstil seines Bruders Clemens, der seine frühen Dichtungen, wie zum Besipiel den verwilderten Roman „Godwi“ später als Toilettensünden“ seiner Jugend bezeichnet und sich über viele Jahre ausschließlich religiös-erbaulichem Schrifttum zugewendet hat. Dennoch sind die zwei Brüder nie von ihren künstlerischen Neigungen losgekommen. So unterscheiden sich beide auch weniger in der Motivation für ihre künstlerische Tätigkeit als in ihren Produkten: Clemens schuf Gedichte, die zum Besten gehören, was deutsche Lyrik aufzuweisen hat, Christian dilettierte – literarisch und zeichnerisch.

Dabei war sein malerisches Talent zweifellos ausgeprägter als das von Clemens, der ebenfalls gerne zeichnete. Aber während Clemens es bevorzugte, kleinformatige Zeichnungen vor allem in Briefe zu kritzeln, neigte Christian – ähnlich wie in seinen finanziellen Spekulationen – zum großen Format. Im alten Hofgut Trages (bei Freigericht), dem Wohnsitz der mit Friedrich Carl von Savgny verheirateten Brentano-Schwester Gunda, können wir heute noch Wandzeichnungen von Clemens und Christian sehen: Clemens zeichnet (oder besser karikiert) eine kleine

27 Christian Brentano (wie Anm. 2), S. XVI.

Figurengruppe (Herder, Goethe, Wieland und Herzogin Anna Amalia), Christian bemalt in großzügigem Duktus eine ganze Wand mit überlebensgroßen allegorischen Gestalten [28].

Ansonsten haben sich nur einige kleinere zeichnerische Arbeiten Christians erhalten. Sie sind im Brentano-Zimmer des Aschaffenburger Schloßmuseums ausgestellt[29]. Im Brentano-Nachlaß fanden sich außerdem noch die Bleistiftzeichnung eines wimpeltragenden Knaben, der einen Orden (in der Form des Eisernen Kreuzes) um den Hals trägt und eine Bocksbeutel-Flasche in der Hand hält. Der Anlaß zum Entstehen des kleinen Blattes könnte eine Ordensverleihung im Kreise von Freunden oder Verwandten gewesen sein.

Mit Sicherheit von Christians Hand stammt eine Gouache, auf der Maria mit dem Kind auf einem von Wasserwogen umbrausten Fels dargestellt ist, während vor ihr eine junge Frau kniet und ihre Hilfe erfleht. Sowohl Aufbau als auch die Motivik erinnern stark an Votivbilder. Diese gemalten Bitt-, Gelübde- oder Denktafeln stellen sowohl den in einer Notlage Maria um Hilfe Bittenden dar als auch den Anlaß, der zur himmlischen Erretuung dieser Notlage führte (hier z. B. vom Tode des Ertrinkens). Für die Darstellung einer solchen Errettung spricht in Christians Bild auch die Taube mit dem Ölzweig hinter Maria[30]. Die Thematik des Bildes könnte mit der Hochwasser-Katastrophe der Mosel im Jahr 1830 zusammenhängen, zu der Clemens Brentano das „Mosel-Eisgangs-Lied" verfaßte[31].

28 Vgl. Brigitte Schad, Quellenverwandlung beim frühen Brentano. Dargelegt an den Liedeinlagen im „Godwi" und den unbekannten Wandzeichnungen im „Dichterzimmer" des Savignyschen Hofgutes Trages (Europäische Hochschulschriften, Reihe 1, Bd. 575), Frankfurt/Bern 1983, S. 116–148.

29 An zeichnerischen und malerischen Versuchen hängen dort: Zwei Kreidezeichnungen („Heilige Familie auf der Flucht" und „Kinderköpfchen"), drei farbig lavierte Federzeichnungen („Zwei Pilger", „Märchenkönig", „Marie im Sturm") und ein mit Tuschfeder vorgezeichnetes und mit Tusche und Aquarellfarben laviertes Triptychon „Verkündigung an die Hirten". Die aquarellierte Zeichnung „Marie im Sturm" ist in Thematik und Komposition der Gouache des Brentano-Nachlasses ähnlich.

30 Der der Sintflut entgangene Noah ist Symbolfigur des durch seinen Glauben Erretteten; die ihm zufliegende Taube bringt in ihrem Schnabel den Ölzweig als Zeichen der „Pax aeterna", vgl. Manfred Lurker, Wörterbuch der Symbolik, Stuttgart 1979, S. 409.

31 Den durch den Druck des Liedes erzielten Erlös bestimmte Clemens Brentano für die durch das Hochwasser Geschädigten.

Christian als Dichter

Während die zeichnerischen Arbeiten Christians fast ausschließlich in Aschaffenburg verblieben sind, kamen seine poetischen Produkte ins Freie Deutsche Hochstift und harren dort einer Auswertung. Es handelt sich vor allem um Dramenentwürfe heiteren oder satirischen Inhalts. Mit einer einzigen Ausnahme wurde keine der dramatischen Arbeiten Christians je veröffentlicht.

Diese Ausnahme ist das Schattenspiel „Der unglückliche Franzose oder Der Deutschen Freiheit Himmelfahrt“, das Christian 1816 für eine Aufführung im Familienkreis schrieb und 1850 in Aschaffenburg drucken ließ[32]. Die Figuren des Stückes hat Christian dazu gezeichnet und für die Aufführung im Familienkreis aus Pappdeckeln zurechtgeschnitten[33].

Die Hauptfigur des Stückes ist „Saute au ciel“, nämlich Napoleon. Dieser gerät in die Gefangenschaft des russischen Bärenführers „Knollfink“ (Allegorie für Rußland) und der „Madame Charmante Kontinente“ (Allegorie für die Kontinentalstaaten). Die beiden weisen ihm die Schuld am Tode ihres Bären zu und rächen sich an ihm, indem sie ihn in das Bärenfell einnähen und vor dem Volk als „Französischer Bär“ nach „deutscher Pfeife tanzen“ lassen. Doch Saute au ciel gelingt die Flucht, während der er sich eines Teils des Bärenfells entledigt. Er will nach Amerika, gerät aber auf dem Meer in das Netz eines englischen Fischers, der ihn für einen Seelöwen hält. Als Saute au ciel auch noch zu sprechen beginnt, wird er auf den Jahrmarkt gebracht und dort als große Attraktion vorgeführt. Man bewahrt ihn mit einem Strick um den Hals in einem Wasserbottich auf, über dem eine zweite Jahrmarkt-Sensation, ein großer Freiheitsvogel namens „Vogelfrei“ sitzt. Saute au ciel gelingt es des nachts unbemerkt, den Strick zu zerreißen und in den Vogel hineinzuschlüpfen, aus dem anderntags seine Stimme ertönt. Als er opportunistische politische Reden hält, jubelt das Volk ihm zu, aber als er seine eigene – Napoleons – wahre Meinung zu sagen beginnt, ist das Volk empört und er wird zum allgemeinen Verzehr über einem Feuer geröstet. Dabei platzt der Vogel auf und Saute au ciel springt in den Himmel: „Il s'en saute au ciel“! Von dort oben versucht er wiederum, das Volk für sich zu

---

32 „Der unglückliche Franzose oder Der Deutschen Freiheit Himmelfahrt“, ein Schattenspiel mit Bildern. Manuskript von 1816. Hrsg. von Christian Brentano, gedruckt bei Wailandt¢s Wittib 1850.

33 Vgl. Herbert Levin, Ein Schattenspiel von Klemens Brentanos Bruder Christian, in: Eichendorff-Kalender 14 (1923), S. 99–111. Dies: S. 100.

gewinnen, in dem er ihm „Milch und Honig" verheißt. Das Volk glaubt ihm, will zu ihm emporsteigen, erreicht ihn aber nicht. Da verspricht Saute au ciel den Leuten, die Himmelsleiter herabzulassen, damit sie daran hinaufklettern können. Er läßt aber statt dessen des Teufels langen Schwanz hinab, an dem sich nun das Volk willig hinaufziehen läßt, so daß es in der Hölle, nicht aber im erhofften Himmel landet.

Im handschriftlichen Manuskript von 1816, das aus dem Nachlaß Sofie Brentanos stammt, aber nicht in Aschaffenburg, sondern im Freien Deutschen Hochstift[34] aufbewahrt wird, schließt das Stück wie folgt:

> Saute au ciel
> *„Wart, wart ick schick sie hinunter die*
> *Himmelleiter" – er läßt dem Teufel seinen*
> *Schwanz hinunter – sie hängen sich daran*
> *und werden unter großem Jubel aufgezogen*
> *Der Verfasser zeigt seinen Kopf im Schatten:*
> *„Das Spiel ist aus was ist die Moral?"*
> *Der Vorhang fällt."* [35]

Hier endet das Manuskript von 1816, nicht aber die gedruckte Fassung von 1850. Christian hängt an das Stück einen sechsstrophigen Epilog, der hier auszugsweise zitiert sei[36]:

> „Epilog: Was ist die Moral davon?"
> *Ihrer Zeiten Triller dreht*
> *Nun die Welt, so lang sie steht,*
> *Fand indeß zur Stunde noch*
> *Für die Freiheit nicht das Loch.*
> *Und es läuft das Erdenkind*
> *In der Schlange Labyrinth*
> *Fort und fort und – bleibet blind.*
>
> [2. – 4. Strophe]
> *Morgen liegt zur Unterst gar,*
> *Was noch heut' hoch oben war.*
> *Aus der Schlange böser Macht,*
> *Aus des Kerkers finstrer Nacht,*
> *Aus dem Triller dieser Zeit,*

---

34 Dort zwei unterschiedliche Fassungen von 1816 (Hs. 10893 und Hs. 10894).
35 Zitiert nach der Handschrift Nr. 10895 im Freien Deutsche Hochstift.
36 Christian Brentano, Der unglückliche Franzose, hrsg. von Herbert Levin, München 1923, S. 80 f.

Aus der Zeiten Noth und Streit,
Ist nur **Einer**, *der befrei't.*

Schmal den Weg, und eng die Pfort'
Nenn't der ew'gen Wahrheit Wort,
Und du findest keine Thür,
Die dich aus dem Käfig führ';
Suche nahe, suche fern,
Als die dir des Glaubens Stern
Zeigt, – die Wundenpfort des Herrn.

Dieß des Scherzes ernster Kern."

Mit diesem frommen Epilog beraubt Christian Brentano seine gelungene, aus Wortspielen und Wortwitz lebende Napoleon-Satire von 1816 ihres genialen Schlusses. Um dem Stück eine christliche Moral zu geben, nimmt er den Stilbruch in Kauf. Im Zwiespalt der Wahl zwischen einer dichterisch adäquaten Form und einem christlichem Anspruch genügenden Inhalt hat er sich 1850, ein Jahr vor seinem Tod, für letzteres entschieden.

In diesem Jahr 1850, war er bereits 11 Jahre in Aschaffenburg. Es war die vielleicht glücklichste, durch ein erfülltes Familienleben geprägte, Zeit in seinem Leben.

Die Aschaffenburger Zeit

In den Jahren 1839 bis 1844 waren ihm noch fünf Kinder geboren worden, von denen drei überlebten: Sofie (1839), Claudine (1840) und Lujo (1844). Christian schrieb weiter für den „Katholik" und pflegte engen, herzlichen Kontakt zu seinem in München lebenden Bruder Clemens, der ihn im September 1841 in Aschaffenburg besucht. Nach München zurückgekehrt, beginnt Clemens zu kränkeln und darf die Wohnung nicht mehr verlassen. Als die Krankheit sich immer mehr verschlimmert, bittet er seinen Bruder Christian, zu ihm nach München zu kommen. Christian folgt der im Mai 1842 ausgesprochenen Bitte unverzüglich und pflegt den Bruder über Wochen aufopfernd, bis er ihm reisefähig erscheint. Dann treten beide die Postkutschenfahrt nach Aschaffenburg an und erreichen die Stadt am 8. Juli. Clemens' Zustand verschlimmert sich in Aschaffenburg wieder, er stirbt am 28. Juli im brüderlichen Brentano-Haus und wird im neuerworbenen Familiengrab am Güterberg beigesetzt.

Der im Testament als Universalerbe eingesetzte Christian wendet nun seine Kraft auf das Sammeln des weit verstreuten Nachlasses seines Bruders, um die Herausgabe seiner Werke vorzubereiten. Eine umfassende Studie von Henning Boetius hat aufgrund des im Freien Deutschen Hochstifts aufbewahrten Briefwechsels zwischen dem häufig auf Reisen befindlichen Christian und der zu Hause weilenden Emilie nachgewiesen, daß Christian auch hier in erster Linie für die kaufmännische Abwicklung zuständig war, während Emilie und der enge Freund der Familie, der Schloß- und Hofbibliothekar Joseph Merkel, die editorische Arbeit übernahmen.

Doch neben dem Engagement für die Herausgabe der „Gesammelten Schriften" Clemens Brentanos konnte Christian seine Neigung zur Spekulation mit großen Immobilien-Objekten offenbar nicht aufgeben. Und die letzte seiner Spekulationen verlief so unglücklich, daß die damit verbundenen Aufregungen möglicherweise im Jahre 1851 seinen frühzeitigen Tod herbeiführten. Emilie umschreibt dies in ihrer Biographie vorsichtig mit den Worten:

„Nicht unbedeutende Verluste erschütterten seinen Wohlstand: aber wie er in seinem Leben das, was ihm Gott an irdischem Besitze gegeben, wahrhaft besaß als Gottes Haushalter, ... so trug er auch den Verlust des zeitlichen Gutes mit seltener Fassung und Ergebung ... Aber auch körperliche Leiden stellten sich ein, und ein oft wiederholtes starkes Herzklopfen mahnte ihn sein Haus zu bestellen ... So traf ihn der Tod plötzlich, aber nicht unvorbereitet. Er hatte mit seiner Familie ein paar Tage bei seiner geliebten Schwester L.Ffr. von des Bordes auf dem Gute Wasserlos zugebracht, und trat von dort eine Geschäftsreise nach Köln an: „ ... Da traf ihn, von den Seinen entfernt, Gottes Hand, im Augenblicke da er in Hanau die Eisenbahn bestieg."[37]

Lujo Brentano wird in seinen Memoiren genauer:

„In dieses idyllische Leben [in Aschaffenburg] hat nur eines eine Störung gebracht: Auf Drängen rheinischer Freunde hat er sich bewegen lassen, sich mit zwei wohlhabenden Kölnern an einem großen Grundstückskauf zu beteiligen. Das Grundstück wurde am 7. November 1844 für 86.000 Taler gekauft; 17.200 wurden sofort bezahlt, der Rest sollte in acht jährlichen gleich großen Raten bezahlt werden. Aber einer der Teilnehmer wurde bankrott und der Verkäufer drohte am 19. Februar 1850 falls dieser nicht zahle, mit Subhastation des ganzen Grundstücks.

37 Christian Brentano (wie Anm. 2.), S. XLXI f.

Mein Vater und der andere Teilnehmer erhoben Einspruch. Ihre Klage gegen den Verkäufer ging durch alle Instanzen; nachdem die erste zu ihren Gunsten erkannt hatte, entschieden die beiden höheren Instanzen zugunsten des Verkäufers. Aber bevor das letzte Urteil gesprochen war, hat mein Vater auf einer Reise nach Frankfurt einen Schlaganfall erlitten (er befand sich auf dem Wege nach Köln). Sterbend wurde er in den Goldenen Kopf in der Großen Sandgasse, in das Haus, in dem er geboren wurde, gebracht. Er ist dort am 27. Oktober 1851 verschieden."[38]

Im Aschaffenburger Nachlaß befindet sich ein Brief von Christian Brentanos ältester Tochter Ludovika, genannt Lulu, den sie am 13. Juni 1913 an ihre Aschaffenburger Freundin, Frau Kommerzienrat Dessauer schrieb. Wir lesen dort:

„Lujo ... weiß, wie sehr mein Vater, der eigentlich mehr als Clemens der Stadt [Aschaffenburg] angehörte, geliebt war, er starb in Frankfurt, die Leute gingen der Leiche bis Stockstadt entgegen und ließen's sich nicht nehmen, ihn von da bis zum Grab abwechselnd zu tragen."[39]

Dieses Grab hatte Christian 1842 für seinen Bruder Clemens erworben und mit einem Grabstein schmücken lassen, der von dem Freund der Familie, und damals sehr bekannten Künstler Edward von Steinle, gestaltet worden war.

Christian Brentano wurde neun Jahre nach Clemens Brentanos Tod neben seinem berühmten Bruder beigesetzt, allerdings nicht als Aschaffenburger, sondern als Frankfurter Bürger. Die Bürgerschaft seiner Geburtsstadt hat er nie abgelegt und damit letztendlich doch seine Verbundenheit mit der bedeutenden Familie betont, der er entstammte.

38 Lujo Brentano (wie Anm. 11), S. 17.

39 Brief von Lulu Le Page Renouf an Frau Dessauer vom 13. Juni [1913], Stadt- und Stiftsarchiv Aschaffenburg, Brentano-Nachlaß. Die Interpunktion wurde modernisiert.

Franz Brentano (1838–1917)

Philosoph und Lehrer Sigmund Freuds

Wilhelm Baumgartner

In seinen Erinnerungen charakterisiert Edmund Husserl seinen akademischen Lehrer Franz Brentano als „geistesmächtig“. Folgt man diesem Urteil – andere Schüler äußern sich ähnlich – finden wir bei Franz Brentano also „Geist und Macht“, wie das Rahmenthema dieser Frankfurter Tagung heißt, vereint.

Im folgenden suche ich zu skizzieren, wie Brentano, bekannt als Exponent der Bewußtseinsphilosophie, und Freud, bekannt als Psychologe des Unbewußten, zusammenfinden. Bei aller Differenz, die zwischen den beiden selbstredend besteht, geht es mir darum, positiv darzustellen, was Brentano und Freud gemeinsam haben. Das Interesse an der Philo- sophie, an der Psychologie, besonders deren beginnende naturwissenschaftliche Ausrichtung, an brennenden weltanschaulichen Fragen und an den aktuellen, zeitgeschichtlichen Problemen sind es m. E., was den geistigen Hintergrund der beiden ausmacht. Dies suche ich zu belegen.

Wie kommt Brentano nach Wien?

Der junge Würzburger Professor Brentano hatte an seiner ersten akademischen Wirkungsstätte massive Schwierigkeiten bekommen, weil er, als Geistlicher und versierter Theologe, damit beauftragt worden war, an der Ausarbeitung einer Denkschrift „Ist es sinnvoll, die Unfehlbarkeit des Papstes zum Dogma zu erheben“ federführend mitzuwirken. Diese Schrift, Tischvorlage der Bischofskonferenz zu Fulda anno 1869, wurde einerseits nahezu Makulatur. Brentanos Argumente gegen die s. g. Infallibilität hatte aber zur Folge, daß Brentano, der sich gegen eine Dogmatisierung ausgesprochen hatte, die dann doch eintrat, zumindest kirchlichen Kreisen suspekt wurde. Andererseits wurde er von den s. g. „Liberalen“ an der Universität Würzburg immer noch für einen „Ultramontanen“, „Schwarzen“ gehalten. Er saß also zwischen den Stühlen und war heilfroh, daß er nach 1874 nach Wien berufen wurde. Seine berühmte „Psychologie vom empirischen Standpunkte"

> *war noch nicht publiziert, als plötzlich der Ruf nach Wien an mich kam, dem ich mit meinem deutschen Herzen alter Zeit gern folgte. Im April hielt ich meine Antrittsvorlesung über die Gründe der Entmutigung auf dem Gebiet der Philosophie ...* [1]

Brentano kommt in diesem Brief an Hermann Schell auch darauf zu sprechen, „unter welchen Verhältnissen" diese Vorlesung gehalten wurde. Er habe, während er sprach, nicht geahnt, daß er „wie auf einem Vulkan" gestanden habe. Seine „geehrten Würzburger Feinde" hätten nämlich ihren Eifer für ihn so weit getrieben, daß sie in die Wiener Blätter die gehässigsten Nachrichten über ihn gedruckt hätten: er habe sich „intrigant" gegen seine Kollegen benommen, sei ein „jesuitischer Charakter". Die Studentenschaft sei dadurch aufgewiegelt worden und, es sei verabredet worden, einen „Höllenskandal" zu machen, der ihm, kaum angekommen, die Möglichkeit nehme sollte, weiter noch an der Universität zu bleiben. Schon nach wenigen Worten, die er gesprochen, hätten etliche zu lärmen begonnen. Doch die Mehrheit habe sich ruhig bis abwartend verhalten. So sei es gekommen, daß er mehr und mehr die Sympathien des Publikums habe gewinnen können. Beifall sei aufgekommen und „die Stunde, welche mir das furchtbarste Pereat bereiten sollte, endete mit einem solchen Applaus der jungen Zuhörerschaft, daß ein Sektionschef mir versicherte, noch nie sei ein neuer Lehrer mit solchem Beifall aufgenommen worden. So war der Bann gebrochen." Fortan sei von Jahr zu Jahr die Frequenz seiner Vorlesungen gestiegen, obwohl er zu beklagen habe, „daß Wien im Durchschnitt nicht gerade das philosophisch disponierteste Publikum bietet".[2]

Wir sehen, Brentano konnte sich fortan, wenigstens die nächsten Jahre, mit seinem „deutschen Herzen alter Art" in Wien wohl fühlen und schulbildend wirken. Wohl fühlen konnte er sich, weil er als Mitglied der Familie Brentano, die auch für ihre süddeutsch-österreichische Lebensart und Ausrichtung sowie durch ihre katholische Prägung bekannt war, auf eine heimatlich-vertraute Atmosphäre traf. Die Verbindung zu Wien hatte zudem eine gewisse Tradition. Antonie Brentano, die geheimnisvolle Gönnerin Ludwig van Beethovens, hatte seinerzeit einen Salon in Wien geführt. Franz Brentano war später darauf gekommen, daß er just im selben Haus seine erste Mietwohnung bezogen hatte.

---

1 Brentano 1978, S. 43.
2 Brentano 1978, S. 43 f.

Schulbildend wurde Brentano alsbald. Und so wurde er der Anforderung, die mit seiner Berufung an ihn herangetragen worden war, nämlich Philosophie und Psychologie in Analogie zu den Naturwissenschaften auf empirische Grundlage zu stellen und eine geistige Elite heranzuziehen, gerecht. In nur wenigen Jahren brachte er es fertig, die heute sogenannte Schule der österreichischen Philosophie zu etablieren.[3]

Brentanos Reformprogramm

Brentanos Philosophie versteht sich als Reformprogramm. Sie zeichnet sich aus durch eine kritische Haltung besonders gegenüber der Philosophie des Deutschen Idealismus. Sie ist analytisch orientiert, versucht nüchterne, auf Tatsachen begründete Einzelforschung zu betreiben, statt stolze Systeme aufzubauen; empfiehlt Bescheidenheit und Geduld angesichts der Fülle ungelöster Aufgaben, zeichnet problemgeschichtliche Linien der Philosophie vor als Gegenmittel etwa zu Schelling, dem „taumelnden Heroen" und seinen „Spekulationen der Phantasie".

Abb. 29: Franz Brentano, im Alter von ca. 40 Jahren.
Fotograf: Fritz Luckhardt, k. u. k. Hoffotograf, Wien, um 1878

3 Vgl. dazu Baumgartner/Baumgartner, 1993, S. 19–22.

Kurz, die Strenge der Methode und die Weise, richtige Fragen zu stellen und dabei sprachkritisch zu verfahren, mache Wissenschaftlichkeit aus. Dabei hielt er, wie bezeugt wird, die „Zügel des Logistikon" immer fest im Griff. Er selbst spricht von einer „Logik der Forschung" und einer „Logik der Prüfung".[4] Seit seiner Habilitation gilt sein wissenschaftliches Leitmotto: „Die wahre Methode der Philosophie ist keine andere als die der Naturwissenschaft".[5] Diesen methodischen Grundsatz verfolgt er selbst da, wo man es nicht gleich vermuten sollte: in seinen Metaphysikvorlesungen.

Für unser Thema ist es nun interessant, daß Freud in den vier Semestern, während der er bei Brentano studierte, genau diesen Ansatz Brentanos kennen lernte und sich intensiv mit ihm auseinandergesetzt hat. Freud seinerseits brachte aus seiner Gymnasialzeit am Leopoldstädter Gymnasium freilich das vielschichtige Interesse an Literatur, Philosophie und Naturwissenschaft mit. Unter anderem war dort in den letzten beiden Klassen das „Lehrbuch der empirischen Psychologie nach genetischer Methode" des Herbart-Schülers G. A. Lindner für den Unterricht verwendet worden. Darin soll der aufkommenden empirischen Philosophie und ihrer Verbindung zur Psychophysik zum Durchbruch verholfen werden. Fechner wird behandelt, besonders aber die Psychologie Herbarts und ihre Leistung hervorgehoben: Herbarts Name sei „mit dem Fortschritte der psychologischen Forschung für alle Zeiten eng verknüpft", insbesondere da er seine Lehre vom Selbstbewußtsein und den zugrundeliegenden metaphysischen Prinzipien „analytisch auf die Tatsachen des gemeinen Bewußtseins gestellt" habe.[6]

Freuds Interesse an Philosophie, Psychologie und an den Geisteswissenschaften war also früh geweckt und so nimmt es nicht wunder, daß er an seinen Freund Silberstein schreibt:

> *Vom nächsten ersten Universitätsjahr kann ich Dir die Nachricht geben, daß ich es ganz und gar auf rein humanistische Studien verwenden werde, die mit meinem Fach noch nichts zu tun haben, mir aber gar nicht unnützlich sein sollen. ... Zu dem bezeichneten Zwecke besuche ich im ersten Jahre die Philosoph. Fakultät. Wenn mich also ein <?> fragt / oder Dich für mich fragt /, was ich werden will, so enthalte Dich jeder bestimmten Antwort und erwidre etwa: Ein Gelehrter, ein Professor oder d. e.*[7]

---

4 Brentano 1968, S. 79 ff.; Brentano 1956.
5 Brentano 1968, S. 137.
6 Lindner 1868, IV.
7 Freud 1989, S. 30.

Wie wir durch W. Hemecker[8] wissen, hat Freud in seinen ersten beiden Semestern jedoch ausschließlich Medizin studiert. Hat er etwa keinen Dozenten gefunden, der geeignet gewesen wäre, sein Interesse an „rein humanistischen Studien" zu befriedigen? Erst ab dem 3. Semester bis einschließlich dem 6. Semester hat Freud nachweislich, neben seinem Medizinstudium, Philosophie studiert – bei Brentano.

Obwohl sich Freud immer wieder kritisch zur „Philosophie" äußert, sind seiner Lebzeit lang immer wieder Aussagen bekannt, wonach er „Sehnsucht nach philosophischer Erkenntnis" nie verloren habe:

Über den Weg der Physiologie nähre er „im geheimsten die Hoffnung ... zu meinem Anfangsziel, der Philosophie, zu kommen. Denn das wollte ich ursprünglich, als mir noch nicht klar war, wozu ich auf der Welt bin."[9] Ferner:

> *Ich habe als junger Mensch keine andere Sehnsucht gekannt als die nach philosophischer Erkenntnis und ich bin jetzt im Begriff sie zu erfüllen, indem ich von der Medizin zur Psychologie hinüberlenke.*[10]

Ob Freud seine Neigung zur Philosophie auch dazu veranlaßt hat, die Antrittsvorlesung Brentanos „Über die Entmutigung auf philosophischem Gebiet" am 22. April 1874 zu hören, ist nicht nachweisbar. Faktum ist jedenfalls, daß Brentano dort nicht nur über angebliche und tatsächliche Gründe der Geringschätzung der Philosophie referierte, sondern insbesondere über die Gestaltung einer Philosophie als strenger Wissenschaft grundsätzliche Gedanken bot. Er hat wissenschaftstheoretische Überlegungen zur Stellung der Philosophie zu den Wissenschaften vorgelegt, für „naturgemäßere Forschung" plädiert. Philosophie habe ferner Antwort zu geben auf

> *Fragen, auf deren Beantwortung nicht verzichtet werden muß und, im Interesse der Menschheit, nicht verzichtet werden kann. Sie hat darum ohne Zweifel eine Stelle unter den Wissenschaften auszufüllen, und eine Zukunft bleibt ihr gesichert. Jene Entmutigung also, die in unseren Tagen nur allzuweit um sich gegriffen hat, erweist sich als eine völlig unbegründete. Ja wir dürfen mehr sagen als dies. – Wenn irgendeine Zeit Ursache hatte, auch glücklichen Erfolg der philosophischen Forschungen zu hoffen, so gilt dies von der unsrigen. Gerade der Blick auf die Naturwissenschaften, deren schönere und fruchtbarere Entfaltung beim ersten Ansehen den Philosophen verzagen lassen möchte, dient hierfür zum Beweis. ... So lange die*

---

8 Hemecker 1991, S. 135 f.
9 Freud 1986, S. 165.
10 Freud 1980, S. 244.

> *Naturwissenschaft und jede ihrer Unterarten nicht reiche Knospen getrieben hatte, war für die Philosophie die Zeit des Frühlings noch nicht gekommen. Nun aber, da selbst die Physiologie kräftiger zu sprossen beginnt, fehlt es nicht mehr an Zeichen, welche auch für die Philosophie die Zeit des Erwachens zu fruchtbringendem Leben ankündigen. Die Vorbedingungen sind gegeben; die Methode ist vorbereitet; die Forschung ist vorgeübt. ... Mag auch die Philosophie mehr von den Naturwissenschaften abhängen als umgekehrt, so ist doch hier wie überall, wo sich Wissenschaften berühren, zugleich die entgegengesetzte Beziehung nicht ausgeschlossen.*[11]

So komme es, daß „sehr häufig gerade die eifrigsten Vorkämpfer des Fortschritts in der Physiologie, wie z. B. Helmholtz ... über den zurückgebliebenen Zustand der Psychologie Klage führen, der sie in der Lösung der wichtigsten Probleme aufhalte." Die Naturforscher würden auch in das Kausalgesetz und andere Fragen so tief eindringen, daß sie „bis hart an die Schwelle der höchsten metaphysischen Fragen" gingen.

Philosophische bzw. psychologische Untersuchungen würden neben theoretischen auch praktische, etwa die sozialen Fragen zu behandeln haben. „Die sozialen Erscheinungen" gehören Brentanos wissenschaftlichem Verständnis nach „zu den psychischen Erscheinungen, und kein anderes Wissen kann hier als ordnende Macht zu Hilfe gerufen werden als die Kenntnis der psychischen Gesetze, also das philosophische Wissen."[12]

Ich meine, man kann also konstatieren, daß Freuds „Sehnsucht nach philosophischer Erkenntnis" und auch das praktische Bedürfnis durch Brentano hier nicht nur artikuliert worden sind, sondern daß er in der Person Brentano einen geeigneten Adressaten fand.

Die Beziehungen Brentano – Freud

Als der junge Freud mit Brentano bekannt geworden ist, war er in mehrfacher Hinsicht schon tief beeinflußt: Einmal war es Goethes Schrift „Die Natur", die nachhaltig auf ihn gewirkt hatte. Nach dem Zeugnis von C. G. Carus[13] „ist die Idee neuern Naturwissenschaft ... die der genetischen Methode, einer Methode, welche ihr Ziel darein setzt, die Natur nicht als Beharrendes ..., sondern ... als ein stets Werdendes zu erfassen und zu erforschen." Den genetischen Ansatz, den Freud ja

11 Brentano 1968, S. 98 f.
12 Brentano 1968, S. 100.
13 1832, Bd. I, Sp. 4.

schon durch Lindners Lehrbuch kennengelernt hatte, verfolgt Freud durchgängig weiter, um die Ätiologie des Psychischen darzustellen.

Freud war ferner durch den Positivismus Comtes und seines Lehrers Brücke beeinflußt und gleichermaßen durch den „Materialismus". Gelegentlich nennt er sich auch einen „Atheisten", der die Religionskritik von D. F. Strauß begeistert aufnahm, weil er auch hier eine neue Antwort auf seine Fragen, die sich nach seiner Entfernung und Entfremdung vom Glauben stellten, erhoffte.

Nachträglich stellt Freud aber fest, daß die „frühzeitige Vertiefung in die biblische Geschichte ... die Richtung meines Interesses nachhaltig bestimmt" habe. An Silberstein gerichtet spricht er gar, wenngleich, wie's scheint, mit ironischem Augenzwinkern, das gleichwohl kirchlich-religiöses Hintergrundwissen verrät, von einer „kleinen Generalbeichte" (seine Lebensweise und sein Studium betreffend und „daß das neue Jahr eine vollständige Revolution in meinem Leben hervorgebracht hat").[14]

Ich vermute, daß diese „Revolution" darin besteht, daß Freuds verdeckte, religiös gefärbte Weltanschauung durch Brentano wieder ans Tageslicht gehoben wurde. Denn genau zu der Zeit, als er die eben genannten Zeilen schrieb, im Januar 1875, war er Teilnehmer in Brentanos Seminar über „Ausgewählte metaphysische Fragen", worin u.a. über das Dasein Gottes gehandelt wurde.

> *Unsere Kollegien gehen so ziemlich auseinander, bloß in der Zoologie und in Brentano´s Vorlesungen treffen wir alle zusammen. Brentano liest zwei Kollegien, Mittwoch und Samstag abends ausgewählte metaphysische Fragen und Freitag abends eine Schrift von Mill über das Nützlichkeitsprinzip, die wir regelmäßig besuchen.*[15]

Unter „wir" ist hier zu verstehen: Freuds Schulfreunde, darunter der einzige, der Philosophie als Hauptstudienfach gewählt hatte, Paneth. Freud selbst hat sie animiert, mit in die Veranstaltungen von Brentano zu gehen. Auch seinen Freund Silberstein ermuntert er zur Philosophie:

> *Ich ... bedaure lebhaft, daß Du mich über Deine eigentliche Arbeit, Dein mehr innerliches Geistes- und Tagesleben vollständig im Unklaren lässest. Leid täte es mir z.B. wenn Du, der Jurist, die Philosophie gänzlich vernachlässigen würdest, während ich gottloser Mediziner und Empiriker 2 philosophische Kollegien höre und in Gemeinschaft mit Paneth den Feuerbach lese. Eines davon handelt – höre und staune! über das Dasein Gottes, und*

14 Freud 1989, S. 100.
15 Freud 1989, S. 78.

> *Prof. Brentano, der es liest, ist ein prächtiger Mensch, Gelehrter und Philosoph, obwohl er es für nötig hält dieses luftige Dasein Gottes mit seinen Gründen zu stützen. Ich schreibe Dir nächstens, sobald ein Argument von ihm eigentlich zur Sache spricht (wir sind jetzt nicht über Vorfragen hinaus), um Dir den Weg zur Rettung in den Glauben nicht abzuschneiden.*[16]

Daß Brentano mit seinen engagierten und allem Anschein nach überzeugenden Vorträgen Freuds ursprüngliche Interessen durchaus wieder erweckt hatte, davon gibt ein weiterer seiner Briefe Zeugnis: Das Semester gehe zu Ende, es „verröchle" langsam,

> *nur unser Philosoph Prof. Brentano, liest bis Samstag, und zwar Tag für Tag, um das während seiner Krankheit versäumte einzubringen. Zu ihm sind wir beide (ich und Paneth) in nähere Beziehung getreten, wir überschickten ihm einen Brief mit Einwänden, er lud uns in seine Wohnung, widerlegte uns, schien ein Interesse an uns zu finden, ... und hat uns jetzt, nachdem wir ihm einen zweiten Brief mit Einwänden überreicht, von neuem zu sich beschieden. Von diesem merkwürdigem (er ist Gottesgläubiger, Teleolog(!) und Darwinianer, und ein verdammt gescheiter, ja genialer Kerl) ... unter dem zeitigenden Einfluß Brentano´s [ist] in mir der Entschluß gereift ..., das Doktorat der Philosophie auf Grund von Philosophie und Zoologie zu erwerben; weitere Verhandlungen sind im Zuge, um entweder vom nächsten Semester oder vom nächsten Jahr an meinen Eintritt in die Philosophische Fakultät zu bewerkstelligen.*[17]

Freud hat sich für seinen Plan Brentanos Rat eingeholt. Zoologie blieb weiter sein Hauptgebiet, aber es blieb auch dabei, daß er weiter bei Brentano hörte, nicht ohne Folgen; denn Brentano las im Sommersemester 1875 über „Logik und die in ihr nötigen Reformen. Alte und neue Logik".

Ich meine, daß die Brentanosche Logik, ähnlich wie die Metaphysik, einen besonderen Einfluß auf Freuds Psychologie hatte.

Brentanos Logik weist besondere Spezifika auf, von denen hier nur drei hervorgehoben seien:

1. Er faßt die Logik als die Lehre vom richtigen Urteil, das heißt von einsichtiger Erkenntnis, auf.[18] Unterteilt ist die Logik in eine, wie schon gesagt, „Logik der Forschung" (die Gedanken und ihr sprachlicher Ausdruck; Prüfung aposteriorischer und apriorischer

---

16 Freud 1989, S. 82 f.
17 Freud 1989, S. 109.
18 Vgl. I. Kerz-Rühling 1986.

Erkenntnisquellen; Verhältnis von Wahrheit und Evidenz; mittelbare Erkenntnisse; Wahrscheinlichkeit; Hypothesen) und eine „Logik der Prüfung" gegebener Erkenntnisse.

2. Die Logik ist eine philosophische Disziplin, die von psychologischen Erkenntnissen als ihren Grundlagen ausgeht. In seiner „Psychologie vom empirischen Standpunkte" (1874), wo er unter anderem von der „Klassifikation der psychischen Phänomene" und ihrer Interrelation handelt, kommt er zu dem Ergebnis, daß psychische Funktionen entweder Vorstellungen sind oder auf ihnen beruhen, dergestalt, daß Vorstellungen fundamentale, intentionale Beziehungen auf einen Gegenstand oder Inhalt sind und daß die Phänomene Urteil und Liebe/Haß darauf aufgebaut seien. Er stellt also gesetzesartige (dem Kausalgesetz analoge) Verhältnisse her und präzisiert das Inklusionsverhältnis dieser psychischen Funktionen: Vorstellungen (von etwas) können für sich stehen, ihr Gegenstand muß also nicht beurteilt werden oder geliebt/gehaßt werden. Tritt aber das Phänomen Urteil bzw. Liebe/Haß auf, so schließt es die Vorstellung jeweils ein. Das heißt, Vorstellungen sind selbständig, „einseitig abtrennbar", weil fundierend; Urteil bzw. Liebe/Haß sind davon einseitig abhängig.

Was speziell die Urteilslehre betrifft, so weist sie nach Brentano zwei Besonderheiten auf:

a) Urteile, im Unterschied zu bloßen Aussagen, sind gleichzeitig transitive Wahrnehmungsurteile über etwas und intransitive, innere Wahrnehmungen. Innere Wahrnehmung ist gegenwärtige „Wahrnehmung der Wahrnehmung", nämlich in der Weise, daß es mir evident, einsichtig ist, daß ich jetzt etwas wahrnehme (für die Phänomene der s. g. äußeren Wahrnehmung und für die Phänomene der Erinnerung gilt nicht das gleiche: Das Bewußtseinsäußere muß nicht existieren; das Erinnerte, das mir einmal bewußt Gewesene existiert nicht jetzt, sondern nur der Akt des Erinnerns).
b) Urteile weisen nur scheinbar eine einfache Zuordnung von Subjekt und Prädikat auf; bei näherer Analyse zeigt sich ihr Doppelcharakter: Ein Urteil zu fällen heißt nämlich, etwas durch die Vorstellung Gegebene anzuerkennen *und zusätzlich* ihm etwas, eine Eigenschaft, zuzusprechen oder abzusprechen (z. B. es gibt die Residenz in Würzburg und außerdem ist sie ein Prachtbau bzw. es gibt die Residenz in Würzburg, aber ein moderner Bau ist sie nicht).[19]

19 Vgl. Brentano 1956, S. 114.

Beide Charakteristika des Urteils finden sich auch bei Freud:

a) „Das Studium des Urteils eröffnet uns ... die Einsicht in die Entstehung einer intellektuellen Funktion aus dem Spiel der primären Triebregungen."[20] Beachtenswert bleibt dabei, daß Freud genetisch argumentiert und Einsicht in die Entstehung psychischer Funktionen anstrebt, während Brentano deren tatsächlichen Ist-Zustand beschreibt und analysiert: Psychische Phänomene sind von der Art, daß sie uns in der Wahrnehmung so erscheinen, wie sie sind. Ihnen allein kommt wirkliche Existenz zu. Erkenntnis, Urteile, Liebe bestehen wirklich, nicht ebenso das, worauf sie sich beziehen. Intellektuelle und emotionale Funktionen sind momentane Zustände, die durch ihre unmittelbare Wahrnehmung verbürgt sind. Gleiches gilt nicht von ihrer Rekonstruktion im Gedächtnis, von der Frage ihrer Genese.
b) Der Doppelcharakter des Urteils taucht auch bei Freud auf: „Die Urteilsfunktion hat zwei Entscheidungen zu treffen. Sie soll einem

Abb. 30: Franz Brentano (1838–1917).
um 1910

20 Freud 1925, GW XIV, S. 9–15.

Ding eine Eigenschaft zu- oder absprechen, und sie soll einer Vorstellung die Existenz in der Realität zugestehen oder bestreiten."[21]

3) S. g. impersonale Urteile, wie zum Beispiel „es blitzt", sind nach Brentano nicht nur objektlos, sondern auch subjektlos, sie fallen also, obwohl sie im sprachlichen Gewande von Urteilen auftreten, nicht eigentlich unter Urteile. Für Freud freilich gibt es für das „Es" eine eigene psychische Region.

Der Einfluß von Brentanos Philosophie und Psychologie

Die Ansichten darüber, welchen Stellenwert Brentanos Philosophie auf Freud ausgeübt habe, gehen weit auseinander. Das hat zu tun damit, daß Freud selbst fast zur gleichen Zeit recht unterschiedliche Urteile über sein Verhältnis zur Philosophie abgibt: Im September 1875 beispielsweise läßt er Silberstein wissen:

> *Gegen Philosophie bin ich mißtrauischer als je, ...*[22]

Im darauffolgenden Brief des gleichen Monats dagegen empfiehlt er seinem Freund, Brentanos Kolleg über praktische Philosophie zu besuchen:

> *Der Philosoph Brentano, den Du aus meinen Briefen kennst, wird Ethik oder Praktische Philosophie von 8–9 Uhr morgens lesen, und es wird gut sein, wenn Du ihn hören gehst, denn er ist ein Mann von Wert und Geist, obwohl die Leute sagen, er sei Jesuit, was ich nicht glauben kann, da ich mehr meinem eigenen Urteil als den Gerüchten des Herrn Sowieso vertraue.*[23]

Falls die ambivalente Einstellung Freuds zur „Philosophie" auf solchen sich zu widersprechen scheinenden Aussagen beruhend interpretiert wird, läßt sich der „Widerspruch" recht einfach als Schein entlarven, wenn man mit Freud zwischen „Philosophie" im Allgemeinen und „dem Philosophen Franz Brentano" unterscheidet. Von „der Philosophie" verabschiedet sich Freud, die Person Brentano, der leibhaftige Philosoph, bleibt ihm maßgebend. Dies läßt sich recht anschaulich demonstrieren anhand eines weiteren Briefes, eines Berichts über den Besuch bei Brentano:

---

21 Freud ebd.
22 Freud 1989, S. 145.
23 Freud ebd., S. 147.

> *... er äußerte sich über unsere Bestrebungen ziemlich beifällig, es freue ihn, daß es uns um Erkenntnis zu tun sei und daß wir, obwohl entgegengesetzter Meinung, uns durch kein Vorurteil abhalten ließen (er weiß sehr wohl, daß wir Materialisten sind). Beklagte, daß es mit Philosophie sehr wüst ausgesehen habe ... Er verdammte gründlich dessen [Herbarts] aprioristische Konstruktionen in der Psychologie, hielt es für unverzeihlich, daß es ihm nie eingefallen sei, die Erfahrung oder das Experiment zu Rate zu ziehn und nachzusehn, ob diese auch mit seinen willkürlichen Annahmen stimmten, bekannte sich unumwunden zur empiristischen Schule, die die Methode der Naturwissenschaften auf die Philosophie und besonders die Psychologie überträgt (in der Tat ist das der Hauptvorzug seiner Philosophie ...) ... Es tue not über einzelne Fragen gründliche Untersuchungen anzustellen, um zu einzelnen sicheren Resultaten zu gelangen, als das Ganze der Philosophie umfassen zu wollen, was nicht anginge, weil die Philosophie und Psychologie eine noch ganz junge Wissenschaft sei und besonders von der Physiologie keinerlei Unterstützung erwarten könne. Auf unseren Wunsch, uns persönlichen Rat zu erteilen, meinte er, es sei ganz gut möglich und recht schön, wenn wir das Doktorat der Philosophie neben dem der Medizin anstrebten, das sei nicht ohne Beispiel, Lotze habe dasselbe getan und sei dann Philosoph geblieben. Wir könnten uns ja für ein philosophisches Fach direkt ausbilden; der Minister habe es Ihm auf die Seele gebunden, Dozenten der Philosophie heranzuziehn. (Doch werden wir dies kaum annehmen.)*[24]

Im weiteren Verlauf des Gesprächs gab Brentano Literaturempfehlungen: Descartes (trotz seiner „verfehlten Seite", der vollständigen Trennung von Leib und Seele), Locke, Leibniz, Hume (trotz seines Skeptizismus, aber wegen seiner exakten Denkweise) und Kant (trotz seiner Pedanterie, seiner Erfindungen und Fiktionen in den Schemata). Vor Schelling, Fichte und Hegel warnt er hingegen: „Von diesen wollen sie uns also dispensieren?" habe Freud gefragt. Brentano darauf: „Im Gegenteil, ich will Sie warnen, sie zu lesen, ..." Comte hingegen und die Engländer empfahl er ausdrücklich.[25]

Das Ergebnis der Unterredung mit Brentano läßt sich so darstellen: Brentanos „großer Vorzug ist die Verabscheuung einer jeden Phrase, jeder Leidenschaft und Ketzermacherei. Er beweist mir Gott, mit sowenig Parteilichkeit und soviel Exaktheit als ein anderer den Vorzug der Undulations- vor der Emissionstheorie dartut."[26] Er, Freud, sei „Theist nur notgedrungen", weil er keine Gegenargumente habe. Er wolle aber seine

---

24 Freud ebd., S. 116 f.
25 Freud ebd., S. 116–118.
26 Ebd.

Philosophie gründlich kennenlernen und sich eine Entscheidung über Theismus und Materialismus vorbehalten. Etwas später gesteht Freud, er sei „beinahe ein Konvertierter". Man kann somit konstatieren, daß Freud sich der Weltanschauung Brentanos annähert. Näherhin, daß er Brentanos Methode als besonders vorzüglich preist, weil sie zur Überwindung von (Schein-)Problemen in der Philosophie beitrage.

Eine, wie es scheint, fundamentale Differenz in der Grundlegung der Psychologie – bei Brentano ist das eine analytische Philosophie bzw. Psychologie des Bewußtseins; Freuds Psychoanalyse sucht den Urgrund des Bewußtseins im Vorbewußten bzw. Unbewußten – muß hier wenigstens noch angesprochen werden. Es liegt mir ferne, die unterschiedlichen Begründungsmotive der beiden einebnen zu wollen, doch sehe ich auch hier gemeinsame Ansätze: Brentanos Psychologie ist eine „deskriptive Anatomie der Seele", er grenzt deshalb Bewußtseinszustände von anderen ab, die es wohl geben mag, die aber, wenn sie nicht ins Bewußtsein fallen, nicht „positiv" im Sinne Comtes sind, außerhalb seiner Betrachtung bleiben. Er will eben eine Psychologie als strenge Wissenschaft der „psychischen Tatsachen" etablieren. Damit hängt ein weiterer Punkt zusammen: Brentano fragt nicht nach den „genetischen", physiologischen Bedingungen und Mitbedingungen des Psychischen, da sie wegen des unterentwickelten Zustands und mangelnden Erklärungswerts der Physiologie noch nicht eindeutig bekannt seien. Es scheint mir hier ein analoger Fall vorzuliegen, wie bei Kants Transzendentalphilosophie, die Brentano deswegen ablehnt, weil sie statt nach Gegebenheitsweisen von Erkenntnis nach den Bedingungen der Möglichkeit für Erkenntnis fragt. Freud, so kommt es mir vor, verfährt in seiner genetischen Psychologie ähnlich wie Kant, indem er im Vor- bzw. Unbewußten die Anfänge bzw. die Bedingungen des Bewußtseins eruieren will. Brentano schlägt dagegen vor, bei aller Anerkennung der Frage nach dem Grund, die genetische Betrachtungsweise der deskriptiven Methode folgen zu lassen, nicht umgekehrt, obwohl es hier auch reziproke Beziehungen gibt. Im übrigen: Viele Freud-Forscher sind sich darin einig, daß Freuds „Unbewußtes" eine Konstruktion aus dem Bewußtsein heraus sei.[27] In Brentanos Worten besteht hier eine eher „ einseitige Abhängigkeit" des Un-Bewußten vom Bewußten. Dazu paßt, was Freud, wie oben angemerkt, in Anerkenntnis der Brentanoschen Doppelurteile wohl sofort zugeben würde, daß erst einmal die Existenz des Psychischen anerkannt

27 Zur Diskussion vgl. Pongratz 1983, Schöpf 1989, 1993 und 1998, Gödde 1990.

wird, um ihr dann gewisse Eigenschaften abzusprechen, dem Bewußten also etwas abzusprechen und so zum Unbewußten zu kommen.

Ich glaube also, daß trotz unbestrittener Differenzen von Brentano und Freud (die hier nicht zur Diskussion standen) und trotz aller eigenständiger, epochemachender Entdeckungen Freuds auch gemeinsame, grundlegende methodische Ansätze, Gegenstände und Verfahrensweisen auszumachen sind. – Dies gilt auch für andere namhafte Brentano-Schüler, die ihrem Lehrer dankbar verbunden blieben, aber sich auch von ihrem Übervater abnabeln mußten.

Literatur

Elisabeth Baumgartner/Wilhelm Baumgartner (1993) Franz Brentano. In: Illustrierte Geschichte der Psychlogie. München: Quintessenz, 19–22

Franz Brentano (1874) Psychologie vom empirischen Standpunkte. Leipzig: Duncker & Humblot

Franz Brentano (1956) Die Lehre vom richtigen Urteil. Bern: Francke

Franz Brentano (1968) Über die Zukunft der Philosophie nebst den Vorträgen Über die Gründe der Entmutigung auf philosophischem Gebiet, Über Schellings System sowie den 25 Habilitationsthesen. O. Kraus (Hg.). Hamburg: Meiner

Franz Brentano (1978) Briefwechsel Hermann Schell – Franz Brentano. In: J. Hasenfuss, Hermann Schell als Wegbereiter zum II. Vatikanischen Konzil. Paderborn: Schöningh

Carl Gustav Carus (1832) Rezension über „Versuch über die Metamorphose der Pflanzen“. Jahrbücher für wissenschaftliche Kritik, I

Sigmund Freud (1925) Die Verneinung. In GW XIV, 9–15

Sigmund Freud (1980) Briefe 1873–1939. Frankfurt: Fischer

Sigmund Freud (1986) Briefe an Wilhelm Fließ 1887–1904. Frankfurt: Fischer

Sigmund Freud (1989) Sigmund Freud. Jugendbriefe an Eduard Silberstein. Frankfurt: Fischer

Günter Gödde (1990) Freuds Adoleszenz im Lichte seiner Briefe an Eduard Silberstein. Luzifer – Amor, 3., Heft 6, 7–26

Wilhelm W. Hemecker (1991) Vor Freud. Philosophiegeschichtliche Voraussetzungen der Psychoanalyse. München: Philosophia

Ingrid Kerz-Rühling (1986) Freuds Theorie der Einsicht. Psyche 2, 97–123

Gustav Adolf Lindner (1868) Lehrbuch der empirischen Psychologie nach genetischer Methode. Wien: Cilli

Ludwig J. Pongratz (1983) Hauptströmungen der Tiefenpsychologie. Stuttgart: Kröner

Alfred Schöpf (1989) Das Problem des Unbewußten in Brentanos „Psychologie vom empirischen Standpunkte“. Brentano Studien I, 89–95

Alfred Schöpf (1993) Das Unbewußte. In: Mertens (Hg.) Schlüsselbegriffe der Psychoanalyse. Stuttgart: Klett, 159–168

Alfred Schöpf (1998) Sigmund Freud und die Philosophie der Gegenwart. Würzburg: Königshausen & Neumann

Lujo Brentano (1844–1931)

Nationalökonom und bürgerlicher Sozialreformer

Hans-Christof Kraus

I.

Als führender Nationalökonom und international renommierter Wirtschaftshistoriker zählte Lujo Brentano zu den bekanntesten und schillerndsten Gelehrtenpersönlichkeiten in der Zeit des zweiten Deutschen Kaiserreichs[1]. Er war ebenso angesehen wie umstritten, er wurde von

1 Den aufschlußreichsten und in der Sache eindrucksvollsten Überblick über Leben und Werk vermittelt immer noch die im Todesjahr veröffentlichte Autobiographie: Lujo Brentano: Mein Leben im Kampf um die soziale Entwicklung Deutschlands, Jena 1931. – Eine knappe Einführung bietet Werner Barich: Lujo Brentano als Sozialpolitiker, sozialwiss. Diss. Frankfurt a. M. 1936; den Vergleich mit der katholischen Soziallehre hat im Blick die Arbeit von Paul Becher: Vergleich und Kritik der sozialpolitischen Auffassungen bei Lujo Brentano, Adolph Wagner, Georg von Hertling und Frantz Hitze, staatswiss. Diss. München 1965, bes. S. 1 ff. u. passim; die bisher einzige Gesamtdarstellung ist verfaßt von James J. Sheehan: The Career of Lujo Brentano. A Study of Liberalism and Social Reform in Imperial Germany, Chicago – London 1966 (dort auch S. 211 ff. weitere Literaturangaben); siehe auch derselbe: Lujo Brentano, in: Deutsche Historiker, hrsg. v. Hans-Ulrich Wehler, Bd. VIII, Göttingen 1982, S. 24–39; zur Familie im engeren Sinne siehe den instruktiven und materialreichen Sammelband: Die Aschaffenburger Brentanos. Beiträge zur Geschichte der Familie aus unbekanntem Nachlaß-Material (Veröffentlichungen des Geschichts- und Kunstvereins Aschaffenburg, Bd. 25), Aschaffenburg 1984; eine Reihe biographischer Aufsätze zu Lujo Brentano, die auf den Materialien des Aschaffenburger Teilnachlasses beruhen, veröffentlichte seit 1986 Martin Goes; siehe dazu die Angaben unten in den Anm. 4, 6, 13, 28, 67, 74. – Bereits zu Lebzeiten erschien: Hans Neisser/Melchior Palyi: Lujo Brentano. Eine Bio-Bibliographie, Berlin 1924 (mit umfassendem – allerdings nicht ganz vollständigem – Schriftenverzeichnis bis Ende 1924). Wichtig auch die Beiträge in: Lujo Brentano. Grußworte und Reden bei der Feier der 110. Wiederkehr seines Geburtstages in der Ludwig-Maximilians-Universität zu München am 14. Dezember 1954, Berlin 1956. – Zur Wirkung Brentanos und seiner Schule siehe auch: Dieter Krüger: Nationalökonomen im wilhelminischen Deutschland (Kritische Studien zur Geschichtswissenschaft, Bd. 58), Göttingen 1983, der sich hauptsächlich mit Gerhart von Schulze-Gävernitz, Johann Plenge und Philipp Jaffé befaßt.

einem großen Kreis seiner Schüler und Bewunderer ebenso glühend verehrt wie er andererseits von einer vermutlich noch größeren Zahl wissenschaftlicher Kritiker und politischer Gegner bekämpft und angefeindet wurde. Lujo Brentano war in seiner Zeit vielleicht der Idealtypus dessen, was man heute als einen „streitbaren Gelehrten" bezeichnen würde; er ist zeitlebens keiner wissenschaftlichen Kontroverse aus dem Weg gegangen und hat erst recht keine politische Auseinandersetzung gescheut. Unter den Wissenschaftlern seiner Zeit galt er als einer der fulminantesten Polemiker, und man sagt wohl nicht zu viel, wenn man bemerkt, daß der gelehrte Streit und der publizistische Kampf für die eigenen ökonomischen und politischen Ideale geradezu eine Art Lebenselixier für Brentano darstellten.

Doch nicht nur als wissenschaftlicher Autor, nicht nur als Publizist, der sich zeitlebens immer wieder des Mediums der Tagespresse bediente, sondern ebenfalls als akademischer Lehrer hat Lujo Brentano eine ungewöhnliche Faszination ausgestrahlt und einen überragenden Einfluß auf zwei Generationen deutscher Wirtschaftswissenschaftler, aber auch Historiker und Juristen ausgeübt. Einer seiner wichtigsten Schüler, Moritz Julius Bonn, hat in seinen Memoiren etwas von dieser Faszination lebendig werden lassen, wenn er in seiner Erinnerung an das Sommersemester 1893 das Auftreten des gerade vor zwei Jahren nach München berufenen Lujo Brentano in der folgenden Weise schilderte: „Eines Morgens ... saß ich auf einer der harten Bänke in einem Hörsaal der alten Münchner Universität. Die Uhr schlug ein Viertel nach elf; ein elegant aussehender Mann mittleren Alters in hellen Beinkleidern und dunklem Jackett kam herein, stieg auf das Katheder und zog seine zitronenfarbenen Handschuhe aus. Ein dunkler Bart umrahmte ein scharf wie eine Kamee geschnittenes Gesicht. Seine frische Gesichtsfarbe ließ ihn viel jünger erscheinen, als er war. Zwei dunkle, feurige Augen blitzten hinter den starken Brillengläsern. Seine Nase war stark und schön geformt, sein Mund sehr kräftig. Einen solchen Professor hatte keiner von uns bisher gesehen. Im Talar eines Dekans oder Rektors hätte er geradewegs aus dem Dogenpalast in Venedig kommen können. Wir alle starrten ihn an – bis er zu sprechen anfing. Der Bann war gebrochen. Seine Stimme lag irgendwie zu hoch. Sobald jedoch unsere Ohren sich an ihren Klang gewöhnt hatten, riß uns alle die Klarheit des Ausdrucks, der Bau der Sätze und die ganze Konstruktion der Vorlesung hin. Er war ein Meister, der längstvergangene Zeiten zu neuem Dasein erwecken, der leblose Institutionen als lebendige Organismen erscheinen lassen konnte und der in seine Darstellung vom Wesen und Werden der Dinge scharfumrissene Porträts einzeichnete. Wir saßen atemlos; ich stand mein ganzes Leben unter seinem Zauber. Ich hatte nicht nur einen Lehrer entdeckt; ich hatte einen Meister gefunden, der mein Führer und Freund wurde“[2].

Lujo Brentano war also als Gelehrter und Professor in mehr als einer Hinsicht eine Ausnahmeerscheinung, eine Persönlichkeit, von der eine ungemein große Ausstrahlung vor allem auf die akademische Jugend der Zeit und nicht weniger auf viele Zeitgenossen innerhalb und außerhalb von Wissenschaft und Politik ausging[3]. Und dies hing fraglos nicht nur mit seinem Auftreten und seiner Erscheinung, nicht nur mit seinen vielfältigen gelehrten und publizistischen Aktivitäten, sondern auch mit seiner Herkunft aus einer der berühmtesten deutschen Familien zusammen.

II.

Ludwig Joseph Brentano, genannt Lujo, wurde am 14. Dezember 1844 in Aschaffenburg als Sohn Christian Brentanos geboren. Sein Vater war das sechste Kind aus der Ehe Peter Anton Brentanos und dessen zweiter Ehefrau Maximiliane, geborene von La Roche. Im Gegensatz zu den berühmten Geschwistern, dem sechs Jahre älteren Clemens und der ein Jahr jüngeren Bettine vermochte es Christian nicht, seine vielfältigen Begabungen zu bündeln; er verschwendete seine Talente, bevor er sich schließlich in seinem großen und gastfreien Aschaffenburger Haus ganz der Pflege der Interessen des katholischen Deutschland widmete[4]. Erst seine beiden Söhne Franz und Lujo sollten die geistige und intellektuelle Tradition der Familie fortsetzen. Es war für Lujo Brentano von Kindheit an selbstverständlich, sich mit der Geschichte und den Überlieferungen

---

2 Moritz Julius Bonn: So macht man Geschichte. Bilanz eines Lebens, München 1953, S. 58 f.

3 Siehe dazu auch die charakteristischen Erinnerungen an Brentano von Walter Goetz: Lujo Brentano (1924), in: derselbe: Historiker in meiner Zeit. Gesammelte Aufsätze, hrsg. v. Herbert Grundmann, Köln – Graz 1957, S. 270–276, bes. S. 271, 273 f.

4 Vgl. Klaus Günzel: Die Brentanos – Eine deutsche Familiengeschichte, 2. Aufl., Zürich 1994, passim; zu Christian Brentano ebenda, S. 124 ff.; zur Familiengeschichte siehe auch die Sammlung: Die Brentano – Eine europäische Familie, hrsg. v. Konrad Feichenfeldt/Luciano Zagari (Reihe der Villa Vigoni, Bd. 6), Tübingen 1992; speziell zum Aschaffenburger Zweig der Familie siehe Martin Goes: Aschaffenburg, eine Brentanostadt?, in: Mitteilungen aus dem Stadt- und Stiftsarchiv Aschaffenburg 3 (1992), S. 492–497.

der eigenen Familie zu beschäftigen; noch in seiner im hohen Alter verfaßten Selbstbiographie hat er einen knappen, aber wohlinformierten Abriß der Familiengeschichte gegeben[5]. Mit den Dichtungen seines Onkels Clemens war er ebenfalls von früh an vertraut, und noch in späteren Jahren geriet er in heftige Auseinandersetzungen mit der Preußischen Staatsbibliothek zu Berlin, die er des unrechtmäßigen Besitzes von Brentano-Manuskripten aus dem Varnhagen-Nachlaß bezichtigte[6].

Nichtsdestoweniger hat er sich bereits früh von den Auffassungen seiner, wie er selbst es formulierte, „streng katholischen und hochkonservativen Familie“[7] getrennt. Zwar verlief seine Schulausbildung in Augsburg und Aschaffenburg noch in den herkömmlichen Bahnen, die ihm sein Vater Christian vorgezeichnet hatte, doch ein einjähriger Aufenthalt, den er bei Verwandten in Dublin zubrachte, eröffnete ihm einen Ausblick auf die angelsächsische Welt, der für seine künftige Laufbahn als Gelehrter von großer Bedeutung werden sollte[8]. Nach dem Abitur studierte er Rechtswissenschaften, zuerst in Münster, anschließend in Leipzig, wo er 1866 zum Doktor der Rechte promovierte. Doch seiner Neigung für das römische Recht folgte er nicht, sondern er ging anschließend nach Göttingen, um bei dem Nationalökonomen von Helferich seine staats- und wirtschaftswissenschaftlichen Kenntnisse zu vertiefen; schon 1867 promovierte er hier zum Doktor der Staatswissenschaften[9].

Der bedeutende Ruf des Berliner Statistikers Ernst Engel, der 1867 das erste Staatswissenschaftliche Seminar in Deutschland eröffnete, veranlaßten Brentano, in die preußische Hauptstadt zu gehen, um dort seine Arbeiten fortzusetzen; von Engel wurde der junge Gelehrte besonders nachdrücklich auf das Studium der ökonomischen Verhältnisse Großbritanniens hingewiesen. 1868 begleitete Brentano seinen Lehrer Engel auf einer Studienreise nach England; hier wandte der junge Staatswissen-

5 Vgl. Brentano: Mein Leben (wie Anm. 1), S. 3 ff.
6 Vgl. ebenda, S. 265 ff., sowie die auf ungedruckten Quellen beruhende Abhandlung von Martin Goes: „Clemens Brentano ein gutes Ansehen zu sichern ...“ – Zur Tauschaktion der Familie Brentano mit der Königlichen Bibliothek in Berlin, in: Aschaffenburger Jahrbuch für Geschichte, Landeskunde und Kunst des Untermaingebietes 10 (1986), S. 245–274.
7 Brentano: Mein Leben (wie Anm. 1), S. 17.
8 Vgl. Sheehan: The Career of Lujo Brentano (wie Anm. 1), S. 9 ff.
9 Lujo Brentano: Über J. H. Thünens naturgemäßen Zinsfuß im isolierten Staate, Diss. Göttingen 1867.

Abb. 31: Lujo Brentano (1844–1931) als Student. *Fotografie zwischen 1862 und 1866*

schaftler seine besondere Aufmerksamkeit der dortigen Gewerkschaftsbewegung und überhaupt der Untersuchung der Geschichte und Entwicklung der organisierten Arbeiterschaft zu[10]. Das von ihm gesammelte Material verarbeitete er zu seinem ersten großen wissenschaftlichen Werk, das 1871 bis 1872 in zwei Bänden unter dem Titel „Die Arbeitergilden der Gegenwart" erschien und eine ausführliche Geschichte der britischen „Trades-Unions" enthielt[11]. Diese bahnbrechende Arbeit erregte nicht nur in Deutschland, sondern auch in England einiges Aufsehen; mit dem ersten Band konnte er sich schon 1871 an der Berliner Universität bei dem Nationalökonomen Adolph Wagner habilitieren[12].

---

10 Vgl. Sheehan: The Career of Lujo Brentano (wie Anm. 1), S. 25 ff.

11 Lujo Brentano: Die Arbeitergilden der Gegenwart, Bd. I: Zur Geschichte der englischen Gewerkvereine, Bd. II: Zur Kritik der englischen Gewerkvereine, Leipzig 1871–1872.

12 Vgl. Sheehan: The Career of Lujo Brentano (wie Anm. 1), S. 53; siehe auch die charakteristische Schilderung bei Brentano: Mein Leben (wie Anm. 1), S. 63 ff.

Seine akademische Karriere schritt schnell voran: Schon 1872, also mit achtundzwanzig Jahren, wurde er nach Breslau berufen, wo er bald einen breiten Wirkungskreis entfalten konnte[13]; zehn Jahre später folgte er einem Ruf an die damals noch neue Universität Straßburg als Nachfolger seines Freundes Gustav Schmoller. Bereits hier kam es zu manchen Konflikten mit der Administration des Reichslandes Elsaß-Lothringen[14], so daß man in Berlin nichts unternahm, als Brentano 1888 als Nachfolger des berühmten Lorenz von Stein auf dessen Wiener Lehrstuhl berufen wurde. Obwohl er sich in der Hauptstadt des Habsburgerreichs sehr wohl fühlte, ging er doch – angesichts der ungewöhnlich hohen Wiener Anforderungen an Lehr- und Prüfungstätigkeit – bereits im folgenden Jahr nach Deutschland zurück, um an der Universität Leipzig zu lehren; 1891 wiederum folgte er einem Ruf nach München, wo er bis zu seiner Emeritierung im Jahre 1916 gewirkt hat.

Brentano vertrat zeitlebens ein hohes Ideal vom Sinn und Zweck der Wissenschaften im allgemeinen und der Universitäten im besonderen. Zu den vielen Kämpfen und öffentlichen Kontroversen, die er ausfocht, zählte auch seine unnachsichtige Fehde gegen außeruniversitäre Einflüsse auf Lehrstuhlbesetzungen. Gegen die im späten 19. Jahrhundert an einigen Universitäten errichteten konfessionell gebundenen Lehrstühle der Geschichte und der Philosophie, die den damals unterrepräsentierten Katholiken eine Möglichkeit zu akademischer Tätigkeit bieten sollten, legte er – obwohl von Herkunft selbst Katholik – vehementen Protest ein. Die deutschen Universitäten sollten nach seiner Auffassung „Hochburgen des deutschen Geistes" sein, „wo dieser eine Stätte findet zu freier Forschung und unbehinderter Verbreitung des als wahr Erkannten". Durch eine starke öffentliche Meinung innerhalb der wissenschaftlichen Welt wollte Brentano verhindert wissen, „daß die Regierungen in direktem Entgegenkommen gegen parlamentarische und wirtschaftliche

13 Vgl. Brentano: Mein Leben (wie Anm. 1), S. 85 ff. Während seiner Breslauer Zeit heiratete Brentano die Beamtentochter Valeska Erbreich; der – nicht unproblematisch verlaufenden – Ehe entsprang eine Tochter, Sophie Brentano, genannt Sissi, die erst 1956 verstarb; siehe dazu auch Martin Goes: Die Familie des Lujo Brentano, in: Mitteilungen aus dem Stadt- und Stiftsarchiv Aschaffenburg 2 (1988), S. 111–120.

14 Siehe hierzu neben der knapp zuammenfassenden Darstellung in Brentano: Mein Leben (wie Anm. 1), S. 119 ff. auch die ausführliche Schilderung der Straßburger Zeit in: Lujo Brentano: Elsässer Erinnerungen, Berlin 1917.

Parteien und höfische Einflüsse Professuren so oder anders"[15] besetzten. Was er im Alter als ein spezifisches Problem der Zeit *vor* 1918 ansah, hat sich später doch als ein die Epochen überdauerndes Phänomen erwiesen.

Trotz seiner Neigung zur gelehrten Polemik und zur öffentlich ausgetragenen Kontroverse hat Brentano den bedeutenden unter seinen wissenschaftlichen Gegnern doch niemals Hochachtung und Respekt versagt. So hat er in seinem späteren Nachfolger auf dem Münchener Lehrstuhl, Max Weber, wie Brentano selbst es formulierte, „einen Mann von ungewöhnlichem Geiste, außerordentlicher Gelehrsamkeit und unerbittlichem Ernst"[16] verehrt – und dies, obwohl er dessen zentrale These über den Ursprung des modernen Kapitalismus strikt abgelehnt und vehement kritisiert hat.

III.

In seinen wissenschaftlichen Grundüberzeugungen war Lujo Brentano in erster Linie empirisch-historisch orientiert; sein Hauptinteresse richtete sich auf das konkret Gegebene als das geschichtlich Gewordene. Trotz seiner frühen Schulung an den Grundsätzen der klassischen, von Adam Smith und den schottischen Aufklärern des 18. Jahrhunderts ausgehenden Nationalökonomie legte Brentano bereits in seiner Wiener Antrittsvorlesung von 1888 seine Überzeugung dar, daß es „keine allgemeine Wirtschaft" gebe und geben könne, und er fuhr fort: „Somit ergab sich auch für mich als die vornehmste wissenschaftliche Aufgabe die Erforschung der konkreten Grundbedingungen, welche wie das Territorium, die Bevölkerung, die Religion und Sitte, der Staat, das Recht, die gesellschaftliche Klassenbildung und die geistige und materielle Kultur-

15 Die Zitate aus Brentano: Mein Leben (wie Anm. 1), S. 284 f. – Zu Brentanos Aktivität und Taktik im Streit um den „Falls Spahn" siehe jetzt auch die Ausführungen von Stefan Rebenich: Theodor Mommsen und Adolf Harnack. Wissenschaft und Politik im Berlin des ausgehenden 19. Jahrhunderts, Berlin – New York 1997, S. 414 ff. u. passim; der diese Angelegenheit betreffende Briefwechsel zwischen Brentano und Theodor Mommsen ist abgedruckt ebenda, S. 836 ff.

16 Lujo Brentano: Judentum und Kapitalismus, in: derselbe: Der wirtschaftende Mensch in der Geschichte. Gesammelte Reden und Aufsätze, Leipzig 1923, S. 428; vgl. dagegen aber die ebenda, S. 429 f. Werner Sombart erteilte Abfuhr!

stufe die Wirtschaft der Völker bestimmen"[17]. Er bekannte sich damit zu den Grundsätzen der historischen Schule unter den deutschen Nationalökonomen, und er selbst hat in den langen Jahrzehnten seines Lebens als Gelehrter und führender Vertreter der „jüngeren historischen Schule"[18] eine Fülle von wirtschaftsgeschichtlichen Untersuchungen vorgelegt, deren Thematik sich von der Antike bis zur unmittelbaren Zeitgeschichte erstreckte. Noch sein großes Alterswerk, die vierbändige, zwischen 1927 und 1929 erschienene „Geschichte der wirtschaftlichen Entwicklung Englands", war einem historischen Gegenstand gewidmet.

Bei all seinen geschichtlichen Interessen und Studien verfiel Lujo Brentano doch keinem historischen Relativismus, der nur das Besondere sieht, das Allgemeine aber verleugnet oder geringschätzt; dies zeigt gerade die Bedeutung, die das Beispiel Englands für ihn besaß. Ebenso wie nicht wenige andere seiner Zeitgenossen sah er in der ökonomischen wie auch der politischen Entwicklung des Inselreichs eine Art „Laboratorium der bürgerlichen Welt", in dem die Entfaltung moderner Formen des wirtschaftlichen und politischen Lebens gewissermaßen erprobt und damit vorweggenommen wurde[19]. Sein lebenslanges Interesse für Großbritannien, seine Reisen dorthin, auch seine vielfältigen persönlichen Kontakte, die er zu englischen Wissenschaftlern, Politikern und vor allem Gewerkschaftern unterhielt, gründen in eben dieser Überzeugung. Darin war Brentano, wie in manchem anderen auch, ein typisches Kind des fortschrittsgläubigen 19. Jahrhunderts, und er hat seinen tief verwurzelten Optimismus, seinen Glauben an die Aufwärtsentwicklung der Menschheit auch in seinen letzten Lebensjahren nicht verloren[20].

---

17 Lujo Brentano: Die klassische Nationalökonomie (1888), in: derselbe: Der wirtschaftende Mensch (wie Anm. 16), S. 31 f.

18 Vgl. die gut zusammenfassende Darstellung von Harald Winkel: Die deutsche Nationalökonomie im 19. Jahrhundert (Erträge der Forschung, Bd. 74), Darmstadt 1977, S. 101 ff.; zu Brentano ebenda, S. 106 f.; siehe auch Günter Schmölders: Geschichte der Volkswirtschaftslehre, Reinbek bei Hamburg 1962, S. 64 ff.; wichtig auch Albert Müssiggang: Die soziale Frage in der historischen Schule der deutschen Nationalökonomie (Tübinger wirtschaftswissenschaftliche Abhandlungen, Bd. 2), Tübingen 1968, S. 118 ff.

19 Treffend hierzu die Feststellungen bei Sheehan: Lujo Brentano (wie Anm. 1), S. 27 f.

20 Vgl. dazu die Bemerkungen von Otto von Zwiedineck-Südenhorst: Erinnerungen an Lujo Brentano, in: Lujo Brentano. Grußworte und Reden (wie Anm. 1), S. 25 f.

Und gegenüber seinem hauptsächlich historisch arbeitenden Kollegen und Freund Gustav Schmoller[21] hat Brentano wiederum am Anspruch der Nationalökonomie festgehalten, auf der Grundlage empirischer Untersuchungen zu allgemeinen Aussagen, ja zur Formulierung wissenschaftlicher Gesetze zu gelangen. Im Oktober 1878 schrieb er an Schmoller: „Ich bin kein Dogmatiker, wie Sie anzunehmen den Anschein haben; ich glaube sogar historischer zu sein als Sie. Was ich wissenschaftlich an Ihnen auszustellen habe, ist daß Sie erstens zu sehr über der historischen Beschreibung auf Eruierung des Gesetzmäßigen verzichten. Die Feststellung von Gesetzen, das heißt des Allgemeinen im Besonderen, scheint mir aber das allein stets wissenschaftlich Interessante. Das übrige ist eigentlich so gleichgültig wie ob Salomo grüne oder rote Hosen getragen hat."[22]

Noch entschiedener als diese Feststellung trennte Brentano sein ausdrückliches Bekenntnis zu einem sozialen Liberalismus von seinen beiden Kollegen Adolph Wagner und Gustav Schmoller, mit denen er meist zusammen als einer der deutschen akademischen „Kathedersozialisten" dieser Zeit bezeichnet wird[23]. Durch das Studium des römischen Rechts sei er, wie Brentano in der Rückschau betont, „ausgesprochener Individualist geworden; politisch war ich ... Liberaler und stand auf dem Boden der in der Verfassung anerkannten Rechtsgleichheit aller Staatsbürger. Meine nationalökonomische Bildung hatte ich ... durch das Studium von Adam Smith, David Ricardo und der Schriften ihrer Schule, einschließlich derer der sie im einzelnen korrigierenden Deutschen ... erhalten. Ich hatte ... deren Lehren, soweit sie das Arbeitsverhältnis betrafen, weiter ausgebildet und aus meinen Verbesserungen die prakti-

---

21 Vgl. jetzt die guten, wenn auch nur knappen Darstellungen von Karl Heinrich Kaufhold: Gustav von Schmoller (1838–1917) als Historiker, Wirtschafts- und Sozialpolitiker und als Nationalökonom, in: Vierteljahrschrift für Sozial- und Wirtschaftsgeschichte 75 (1988), S. 217–252, sowie Harald Winkel: Gustav von Schmoller (1838–1917), in: Klassiker des ökonomischen Denkens, Bd. II: Von Karl Marx bis John Maynard Keynes, hrsg. v. Joachim Starbatty, München 1989, S. 97–118.

22 Walter Goetz: Der Briefwechsel Gustav Schmollers mit Lujo Brentano, in: Archiv für Kulturgeschichte 30 (1941), S. 199 (Brentano an Schmoller, 27.10.1878).

23 Zu Wagner siehe die Edition von Heinrich Rubner (Hrsg.): Adolph Wagner. Briefe – Dokumente – Augenzeugenberichte 1851–1917, Berlin 1978, mit einer Reihe von Hinweisen auf Wagners Verhältnis zu Brentano. Kritisch zum politischen Denken der Kathedersozialisten, allerdings fast ausschließlich zu Wagner und Schmoller, auch der Aufsatz von Abraham Ascher: Professors as propagandists: The Politics of the Kathedersozialisten, in: Journal of Central European Affairs 23 (1963), S. 282–302.

schen Folgerungen gezogen, damit das, was sowohl Adam Smith als auch Ricardo als Ideal vorgeschwebt hatte, das größte Glück der größten Zahl, zur Wahrheit werde."[24]

Zwei bis dahin in der klassischen Tradition weitgehend vorherrschende ökonomische Theoreme hatte der junge Brentano schon in den 1870er Jahren zurückgewiesen: Zuerst die sogenannte „Lohnfondstheorie", die besagte, daß es mangels einer entsprechenden Kapitaldecke niemals möglich sein werde, dem Arbeiter einen über das Existenzminimum hinausgehenden Lohn zu zahlen, und, daran anknüpfend, zum zweiten die Idee, daß die Leistung des Arbeiters bei Verringerung der Arbeitszeit und ansteigenden Löhnen sinken werde. In seiner zuerst 1876 erschienenen und mit Recht berühmt gewordenen Abhandlung über „Das Verhältnis von Arbeitslohn und Arbeitszeit zur Arbeitsleistung" stellte Brentano vielmehr die mit umfangreichem empirischem Material untermauerte These auf, daß besserer Lohn und Achtstundentag den Arbeiter in den Stand versetzten, sich seiner Arbeit mit größerer Intensität zu widmen, weil er nun in der Lage sei, ein Interesse an der Erhaltung oder sogar weiteren Anhebung seines Lebensstandards zu entwickeln[25].

Vorbedingung einer solchen Entwicklung sei aber – so lautete die zentrale wirtschaftspolitische Lehre Brentanos –, daß die Arbeiter die volle und uneingeschränkte Freiheit zur erfolgreichen Vertretung ihrer ureigensten ökonomischen Interessen erhielten. Gerade auf dem Hintergrund seiner liberalen Orientierung forderte er „die ehrliche, rückhaltlose und folgerichtige Durchführung der im heutigen Wirtschaftsleben geltenden Prinzipien der Freiheit auch gegenüber den Arbeitern"[26]. Das zentrale Gebrechen der deutschen ökonomisch-sozialen Ordnung bestehe gerade darin, daß man nur den oberen Klassen das Recht auf eine freie Entfaltung ihrer Wirtschaftskräfte zugestehe, nicht jedoch den Arbeitern[27]. Diese Kritik zielte auf das außerordentlich streng gehandhabte Koalitionsverbot, das den Arbeitern die Bildung von Gewerkschaften und beruflichen Interessenvereinen weitgehend untersagte – und zwar aus

24 Brentano: Mein Leben (wie Anm. 1), S. 98.

25 Lujo Brentano: Über das Verhältnis von Arbeitslohn und Arbeitszeit zur Arbeitsleistung, Leipzig 1876; 2. umgearbeitete und stark erweiterte Aufl. ebenda 1893; Vgl. auch Lujo Brentano: Das Arbeitsverhältnis gemäß dem heutigen Recht. Geschichtliche und ökonomische Studien, Leipzig 1877, S. 232 ff.; siehe ebenfalls Müssiggang: Die soziale Frage (wie Anm. 18), S. 166 ff.

26 Brentano: Mein Leben (wie Anm. 1), S. 83.

27 Vgl. Brentano: Das Arbeitsverhältnis gemäß dem heutigen Recht (wie Anm. 25), passim.

politischen Gründen, da man in jedem Organisationsversuch des Vierten Standes, vor allem des modernen Industrieproletariats, eine revolutionäre Gefahr erblickte.

Nach dem Vorbild Englands, dessen Gewerkschaftsbewegung er über Jahrzehnte hinweg beobachtet und erforscht hat, forderte Lujo Brentano deshalb die Aufhebung des Koalitionsverbots und das uneingeschränkte Recht der Arbeiter auf die Etablierung eigener Interessenorganisationen[28]. Er sah hierin nichts weniger als die Durchführung eines liberalen Prinzips, denn auch der Arbeiter müsse die volle Freiheit besitzen, seine Arbeitskraft gewissermaßen als Ware auf dem Arbeitsmarkt anzubieten und dem Arbeitgeber zu einem möglichst hohen Preis zu vermieten. „Es besteht", bemerkte Brentano rückblickend in seinen Memoiren, „in der wirtschaftlichen Entwicklung des Arbeiters aus dem Sklaven zum Warenverkäufer und Unternehmer, der wie andere Unternehmer eine Ware für eigenen Gewinn und Verlust zu Markt bringt und einen ihrem konkreten Gebrauchswert entsprechenden Preis dafür erhält, die Entwicklung der großen Masse des Volkes von der Unfreiheit zur persönlichen Freiheit und Rechtsgleichheit". Und er fügte ausdrücklich hinzu: „Es war der Liberalismus, der, indem er diese Auffassung vertrat, die Freiheit und Rechtsgleichheit des Arbeiters zur Geltung gebracht hat, und darin liegt sein großes Verdienst um den Arbeiter."[29]

Gewerkschaftliche Zusammenschlüsse seien aber gerade deshalb notwendig, um der ökonomischen und nicht zuletzt auch politischen Macht der Unternehmer eine wirtschaftlich-organisatorisch starke Gegenmacht entgegenzustellen, die imstande sein müsse, die berechtigten Interessen der Arbeiter angemessen zu vertreten und ihre Forderungen gegebenenfalls auch auf dem Wege von Arbeitskämpfen durchzusetzen. Freilich bevorzugte Brentano allerdings den Weg einer friedlichen Einigung zwischen Arbeitgebern und Arbeitnehmern. Er selbst und seine Schüler haben deshalb besonders intensiv die bereits seit den 1870er Jahren üblichen Schieds- und Einigungsverfahren in der nordenglischen Kohle- und Stahlindustrie erforscht und untersucht – natürlich mit dem

28 Ebenda, S. 336 sieht er in den „beiden sich ergänzenden Ordnungen des Arbeitsverhältnisses durch die Gesetzgebung und durch die Selbsthülfe der vereinten Arbeiter" die zentralen Forderungen, deren Durchsetzung eine Lösung der Arbeiterfrage ermöglichen könne. – Siehe hierzu auch Müssiggang: Die soziale Frage (wie Anm. 18), S. 161 ff.; Martin Goes: „Schutzpatron auf dem Katheder" – Lujo Brentano, in: Mitteilungen aus dem Stadt- und Stiftsarchiv Aschaffenburg 2 (1989), S. 222–224.

29 Müssiggang: Die soziale Frage (wie Anm. 18), S. 102.

Ziel, nach Mitteln und Wegen zu suchen, ähnliche Formen der Tarifverhandlungen auch in das deutsche Wirtschaftsleben einzuführen[30]. Natürlich betonte er – und hier wird erneut seine liberale Grundhaltung sichtbar –, daß nur diejenigen Schiedssprüche durchführbar seien, die der Marktlage entsprächen; werde der Lohn nicht in Übereinstimmung mit der Marktlage festgestellt, so sei er ökonomisch nicht zu halten[31].

Ganz im Gegensatz zu den beiden anderen prominenten Vertretern des „Kathedersozialismus", Adolph Wagner und Gustav Schmoller, wollte Lujo Brentano die Eingriffe des Staates in das Wirtschaftsleben im allgemeinen strikt beschränkt wissen. Der Staat sollte nur zwei zentrale Grundbedingungen für die Entfaltung des Wirtschaftslebens sicherstellen: Erstens sollte er die Koalitionsfreiheit einführen und damit die volle Gleichberechtigung zwischen Arbeitgebern und Arbeitnehmern rechtlich und institutionell absichern, und zweitens sollte es Aufgabe der Staatsgewalt sein, zur Verhütung kostspieliger Arbeitskämpfe Einigungsämter oder Schiedskammern einzurichten und „die Lohnfindung der Marktparteien insofern zu überwachen, als sie mit Materialien, mit Unterlagen, mit Instanzen zur Verfügung steht"[32].

Ein einziges Mal ging Brentano jedoch über seine liberale Grundhaltung deutlich hinaus: In einem – großes Aufsehen erregenden – Vortrag auf der Generalversammlung des Vereins für Sozialpolitik im September 1905 in Mannheim machte er den Vorschlag einer staatlich durchgeführten organisatorischen Zusammenfassung der deutschen Arbeiterschaft. Da die deutsche Gewerkschaftsbewegung noch immer unterentwickelt und gegenüber den Interessenverbänden von Industrie und Handel in jeder Hinsicht unterlegen sei, ja zum großen Teil nicht einmal als Verhandlungspartner anerkannt werde, sei es Aufgabe des Staates, sich der Organisierung der Interessen der arbeitenden Bevölkerung anzunehmen. Brentano erhob die Forderung, die bereits bestehenden Gewerkschaften und Interessenvereine unter der Oberleitung einer amtlichen Organisation zusammenzufassen. Ein Ausschuß dieser Organisation, zu dem auch die Vertreter der einzelnen Arbeiterverbände gehören sollten, hätte dann die Aufgabe zu übernehmen, zusammen mit den Vertretern

30 Lujo Brentano: Über Einigungsämter, Leipzig 1873; zu den einschlägigen Arbeiten seiner Schüler Emil Auerbach und Walter Lotz siehe die Hinweise in Brentano: Mein Leben (wie Anm. 1), S. 155 f.

31 Vgl. Brentano: Mein Leben (wie Anm. 1), S. 156.

32 Bernhard Pfister: Lujo Brentano, in: Lujo Brentano. Grußworte und Reden (wie Anm. 1), S. 29–45, hier S. 37.

der Arbeitgeber die Arbeitsbedingungen und die Lohnhöhe für eine bestimmte Zeit zu vereinbaren: Dieser *gemeinsame* Ausschuß sollte also die Funktion eines Einigungsamtes und Schiedsgerichts im Rahmen der Tarifverhandlungen für einen bestimmten Wirtschaftszweig übernehmen[33]. – Es verwundert nicht, daß die Arbeitgeberseite gegen Brentano anschließend den Vorwurf erhob, seine Vorschläge bedeuteten ein direktes „Hineinspringen" in den „sozialistischen Staat".[34]

Bedeuteten diese Vorschläge in der Tat eine Annäherung an die „kathedersozialistischen" Gedankengänge eines Schmoller oder Wagner, so lehnte Brentano wiederum – in unüberbrückbarem Gegensatz zu diesen beiden Kollegen – die Bismarcksche Sozialgesetzgebung der 1880er Jahre strikt ab[35]. Er entwickelte ein eigenes Modell einer auf privater und gewerkschaftlicher Basis aufruhenden Sozialversicherung für die Arbeiter: Die Krankenversicherung sollte von überbetrieblichen Berufskrankenkassen übernommen werden; eine Alters-, Begräbnis-, Invaliditäts- und Hinterbliebenenversicherung sollten die Arbeiter im Rahmen schon bestehender Privatversicherungen abschließen können, und eine – freiwillige – Arbeitslosenversicherung wiederum sollte von den Gewerkschaften getragen werden. Im deutschen Modell eines staatlichen Sozialversicherungszwangs für die unteren Schichten vermochte Brentano nichts anderes zu sehen als eine etwas andere Version des traditionellen Sozialpatriarchentums ostelbischer Junker und bestimmter deutscher Großunternehmer wie Krupp oder Stumm. In Bismarck sah Brentano den „gewaltigste[n] Gegner der Sozialpolitik, die wir erstrebten", und auch der alte Reichskanzler selbst hat die sozialpolitischen Ideen Brentanos gelegentlich scharf kritisiert[36].

---

33 Vgl. den in Brentano: Mein Leben (wie Anm. 1), S. 250 ff. abgedruckten Brief Brentanos an Schmoller, Ende Februar 1905.

34 Brentano: Mein Leben (wie Anm. 1), S. 254; vgl. auch Zwiedineck-Südenhorst: Erinnerungen an Lujo Brentano (wie Anm. 20), S. 25.

35 Lujo Brentano: Der Arbeiterversicherungszwang, seine Voraussetzungen und seine Folgen, Berlin 1881; siehe auch schon die frühere Schrift: Lujo Brentano: Die Arbeiterversicherung gemäß der heutigen Wirtschaftsordnung, Leipzig 1879; zu Brentanos Vorstellungen auch die Zusammenfassung von Pfister: Lujo Brentano (wie Anm. 32), S. 39 f., sowie Müssiggang: Die soziale Frage (wie Anm. 18), S. 170 ff.

36 Vgl. Brentano: Mein Leben (wie Anm. 1), S. 156 f. (das Zitat S. 156); siehe dagegen Gustav Schmoller: Vier Briefe über Bismarcks sozialpolitische und volkswirtschaftliche Stellung (1898), in: derselbe: Charakterbilder, München – Leipzig 1913, S. 27–76.

Lujo Brentanos sozialpolitische Ansichten, Ideen und Lösungsvorschläge, nicht zuletzt auch seine Kritik an den bestehenden sozialen Zuständen im Deutschen Kaiserreich, haben auf die bürgerliche akademische Jugend der Zeit vor und um die Jahrhundertwende einen bedeutenden Einfluß ausgeübt. Wie nachhaltig der Eindruck war, den man in seinen Vorlesungen erhalten konnte, hat der Historiker Walter Götz, der Ende der 1880er Jahre in Leipzig studierte, 1924 in einem Artikel zum 80. Geburtstag Brentanos eindringlich geschildert: „Eine neue Welt erschloß sich uns: das Bismarcksche Zeitalter verlor einen Teil seines Glanzes, wir sahen seine bedenkliche Kehrseite und sahen die tiefen Nöte unseres Volkes. Es war die stärkste Erweckung, die man sich denken konnte, die stärkste Ernüchterung einer Stimmung, die immer nur von deutschen Siegen, deutscher Größe und deutscher Selbstgerechtigkeit träumte. Wir lernten die Wirklichkeit sehen und mitfühlen. So bildete er die damalige akademische Jugend zu neuer Stellungnahme um."[37]

Versucht man nun, die wissenschaftlich-politische Position Lujo Brentanos im Kontext seiner Epoche etwas näher zu bestimmen, dann wird man feststellen müssen, daß er als sozialliberaler Kathedersozialist eine eigentümliche Zwischenstellung einnahm. Von seinen eher sozialkonservativ orientierten Kollegen Schmoller und Wagner unterschied sich Brentano vor allem durch seine Forderung nach strikter Begrenzung der ökonomischen Staatstätigkeit. Der Staat sollte nur die Rahmenbedingungen für eine freie und sozialpartnerschaftlich gleichberechtigte Wirtschaftstätigkeit herstellen und absichern – mehr aber nicht. Von den „Manchesterliberalen", den Anhängern der reinen Lehre der klassischen Nationalökonomie, setzte sich Brentano wiederum mit seiner Forderung nach staatlicher Regulierung des Marktes ab: die Idee eines *völlig freien* Marktes sei solange als absurd anzusehen, wie eine eindeutige Ungleichheit zwischen Arbeitern und Unternehmern bestehe; insofern sei es Aufgabe des Staates, durch bestimmte politische und wirtschaftliche Maßnahmen diese Gleichheit herzustellen. Und von der marxistischen Arbeiterbewegung wiederum wurde Brentano als besonders gefährlicher Feind angesehen, zielte seine Forderung nach Gewerkschaftsfreiheit und freier Aushandlung von Lohntarifen doch langfristig auf eine feste Einbindung der Arbeiterschaft in das kapitalistische Wirtschafts- und Sozialsystem. Aus der Sicht der Marxisten dienten Brentanos sozialpoliti-

37 Goetz: Lujo Brentano (wie Anm. 3), S. 271.

Abb. 32: Lujo Brentano beim Lesen der Zeitung.
Foto von 1926

sche Ideen und Vorschläge nur dazu, die Arbeiterklasse ihres revolutionären Elans zu berauben[38].

Hiermit lagen sie nicht einmal falsch, denn genau in diesem Sinne hat Brentano seine wissenschaftlich-politische Aufgabe verstanden, und so konnte er später im Rückblick auf die Loyalität der deutschen Arbeiterschaft im Ersten Weltkrieg die Bemerkung wagen, der Krieg habe „den Triumph derjenigen Kathedersozialisten gebracht, die weit über ein Menschenalter unter Schmähungen und Verleumdungen für die Aner-

38 Diesen Tenor enthält noch die Ende der 1950er Jahre in der DDR erschienene Darstellung der Kathedersozialisten von Fritz Völkerling: Der deutsche Kathedersozialismus, Berlin(-Ost) 1959, in der nicht nur der angebliche „Klassencharakter des deutschen Kathedersozialismus" betont, sondern sogar dessen „Rechtfertigung des Imperialismus und ideologische Vorbereitung des Faschismus" behauptet wird (ebenda, S. 56, 130). – Zu Brentanos Kontakten zur marxistischen Arbeiterbewegung siehe neuerdings auch die Hinweise in: Ursula Ratz: Arbeiteremanzipation zwischen Karl Marx und Lujo Brentano. Studien zur Geschichte der Arbeiterbewegung und der Bürgerlichen Sozialreform in Deutschland (Sozialpolitische Schriften, Bd. 73), Berlin 1997, bes. S. 241 ff. (Briefwechsel mit Franz Mehring).

kennung der Gewerkschaften als Vertretung der Arbeiter ... gekämpft hatten". Und er stellte die Frage: „Wo wäre das Deutsche Reich geblieben, wären die deutschen Gewerkschaften, als der Krieg erklärt wurde, die vaterlandslosen Gesellen gewesen, als welche sie diejenigen verdächtigt hatten, die ihnen die Rechte verweigern wollten, deren sich die Unternehmerverbände anstandslos erfreuten!" Nur durch die Etablierung und Absicherung gewerkschaftlicher Rechte hätten „die Arbeiter das Bewußtsein erlangt ..., daß sie im Rahmen der gegenwärtigen Wirtschaftsorganisation ihre wirtschaftliche und soziale Lage zu heben vermögen. Das ists, was sie in der Stunde von des Vaterlandes höchster Gefahr alle erlittene Unbill vergessen ließ. Hätten sie anders gehandelt, ... das Deutsche Reich wäre an der Schwelle des Krieges zusammengebrochen."[39]

IV.

Lujo Brentano ist sein Leben lang ein „politischer Professor" gewesen, also ein Gelehrter, der seine Aufgabe nicht nur in der universitären Lehre und in der wissenschaftlichen Forschung gesehen hat, sondern ebenfalls im publizistischen Eingreifen in die großen sozialen und politischen Auseinandersetzungen seiner Zeit.

So gehörte er 1872 zu den Mitbegründern und jahrzehntelang zu den führenden Mitgliedern des „Vereins für Sozialpolitik"[40]. An der Seite Gustav Schmollers und anderer Nationalökonomen und Juristen, die von

39 Alle Zitate aus: Brentano: Mein Leben (wie Anm. 1), S. 312 f.

40 Vgl. Franz Boese: Geschichte des Vereins für Sozialpolitik, Berlin 1939; einzige umfassende neuere Darstellung: Dieter Lindenlaub: Richtungskämpfe im Verein für Sozialpolitik, Bde. I–II, Wiesbaden 1967; die Anfänge in der Bismarckzeit behandelt Marie-Louise Plessen: Die Wirksamkeit des Vereins für Socialpolitik von 1872–1890. Studien zum Katheder- und Staatssozialismus (Beiträge zur Geschichte der Sozialwissenschaften, Bd. 3), Berlin 1975; allgemein zur Gelehrtenpolitik im Kaiserreich – mit vielen Hinweisen zum Verein für Sozialpolitik und zu Brentano – die grundlegende Studie von Rüdiger vom Bruch: Wissenschaft, Politik und öffentliche Meinung. Gelehrtenpolitik im Wilhelminischen Deutschland (1890–1914) (Historische Studien, Bd. 435), Husum 1980; einzelne Bemerkungen zu Brentano auch in dem wichtigen Aufsatz von Dieter Krüger: Max Weber und die „Jüngeren" im Verein für Sozialpolitik, in: Max Weber und seine Zeitgenossen, hrsg. v. Wolfgang J. Mommsen/Wolfgang Schwentker (Veröffentlichungen des Deutschen Historischen Instituts London, Bd. 21), Göttingen – Zürich 1988, S. 98–118; für den Zusammenhang auch wichtig Rüdiger vom Bruch (Hrsg.): Weder Kommunismus noch Kapitalismus. Bürgerliche Sozialreform in Deutschland vom Vormärz bis zur Ära Adenauer, München 1985.

ihren Gegnern als „Kathedersozialisten" geschmäht wurden, kämpfte er hier für umfassende Sozialreformen in Staat und Gesellschaft. Nach Brentanos Auffassung sollte der Verein zuerst nur eine Art Ausschuß darstellen, „der der friedlichen Entwicklung der Arbeiterfrage die Wege ebne, indem er die berechtigten Ansprüche der Arbeiterbewegung in der Öffentlichkeit vertrete und die unentbehrlichen Gesetze vorbereiten und erkämpfen helfe"[41]. Doch Schmoller, Wagner und der Jurist Rudolf Gneist verfochten ein breiteres Konzept, das auch die Bereiche der empirischen Erforschung zentraler ökonomischer Probleme der Gegenwart sowie langfristig das Ziel einer umfassenden sozialpolitischen Politikberatung umfaßte; sie konnten sich damit durchsetzen. Nach vielen Jahrzehnten publizistischer und wissenschaftlicher Aktivitäten im Dienste dieser zeitweilig überaus einflußreichen Vereinigung ist Brentano allerdings drei Jahre vor seinem Tod, im Mai 1929, aus dem Verein für Sozialpolitik ausgetreten; der neuen Generation der in ihm organisierten Nationalökonomen und Sozialpolitiker machte Brentano den Vorwurf, sie vernachlässigten in ihren wissenschaftlichen und praktischen Bestrebungen das immer drängender werdende Problem der Massenarbeitslosigkeit[42].

An fast allen großen Kontroversen der wirtschaftshistorischen Forschung, aber auch der Sozial- und Wirtschaftspolitik seiner Gegenwart hat Lujo Brentano mit dem ihm eigenen polemischen Talent teilgenommen. – Eine der großen Streitfragen richtete sich kurz nach der Jahrhundertwende auf das Problem des geschichtlichen Ursprungs des modernen Kapitalismus. Max Weber vertrat bekanntlich die bis heute diskutierte These, daß in der Wirtschaftsethik des frühen Protestantismus, insbesondere des angelsächsischen Puritanismus, die eigentliche Wurzel kapitalistischer Lebens- und Wirtschaftsformen zu suchen sei[43], während Werner Sombart die Wirtschaftstätigkeit der Juden und das zunehmende Luxusbedürfnis seit Beginn der frühen Neuzeit an den Anfang der Geschichte des modernen Kapitalismus stellte[44]. Beide Thesen hat Brentano ent-

41 Brentano: Mein Leben (wie Anm. 1), S. 93.

42 Vgl. ebenda, S. 402f.

43 Max Weber: Die protestantische Ethik und der Geist des Kapitalismus (1904/05), in: derselbe: Gesammelte Aufsätze zur Religionssoziologie, Bd. I, Tübingen 1920 u. ö., S. 17–206; zum Zusammenhang der zeitgenössischen Diskussion siehe Wolfgang Schluchter: Religion und Lebensführung, Bd. II, Frankfurt a. M. 1988, sowie Hartmut Lehmann: Max Webers „Protestantische Ethik". Beiträge aus der Sicht eines Historikers, Göttingen 1996.

44 Werner Sombart: Die Juden und das Wirtschaftsleben, Leipzig 1911; derselbe: Luxus und Kapitalismus, München – Leipzig 1912.

schieden zurückgewiesen[45]; statt dessen verlegte er den Beginn der kapitalistischen Wirtschaftsform in das hohe und späte Mittelalter: Der moderne Kapitalismus habe „im Handel, der Geldleihe und dem Kriegswesen seinen Anfang genommen; die auf kapitalistischer Grundlage organisierten Kriegszüge der Kreuzfahrer hatten als Rückwirkung das Eindringen der kapitalistischen Wirtschaftsordnung auch in das Gewerbe und die Landwirtschaft Italiens und anderer Länder mit aufblühendem Städtewesen"[46]. Von hier aus habe sich anschließend der Kapitalismus im Laufe der Jahrhunderte nach und nach über ganz Europa und Nordamerika verteilt.

In stärkerem Maße gegenwartspolitisch orientiert waren andere Studien: So stellte Brentano umfangreiche Untersuchungen zur Geschichte des Erbrechts in Frankreich, England und Deutschland an, mit dem Ziel, den in dieser Zeit noch gültigen Formen familiär oder personal gebundenen Eigentums entgegenzutreten[47]. Das sogenannte Anerbenrecht, das Erbhöfe konstituierte, die unteilbar an nur einen Nachkommen weitergegeben werden mußten, hat er ebenso wie die adlige Institution des Familienfideikommisses nachhaltig kritisiert. Hier argumentierte er ganz aus der Perspektive eines liberalen Wirtschaftsverständnisses heraus, das diese familiäre Einbindung bestimmter Eigentumsformen als wirtschaftlich sinnlos und politisch bedenklich ablehnte. Eine – wie auch immer im einzelnen geartete – künstliche Festigung der sozial und politisch vorherrschenden Stellung des Adels, vor allem im ostelbischen Preußen, konnte nach Brentanos Auffassung nicht im Interesse der Allgemeinheit liegen.

---

45 Lujo Brentano: Puritanismus und Kapitalismus, in: Brentano: Der wirtschaftende Mensch (wie Anm. 16), S. 363–425; derselbe: Judentum und Kapitalismus, in: ebenda, S. 426–490; dazu auch die knappen Bemerkungen bei Lehmann: Max Webers „protestantische Ethik" (wie Anm. 43), S. 107 f., 133.

46 Lujo Brentano: Die Anfänge des modernen Kapitalismus (1913), in: derselbe: Der wirtschaftende Mensch (wie Anm. 16), S. 204–260, hier S. 258 f.; siehe auch die ebenda, S. 282–300 abgedruckte Abhandlung „Über den vierten Kreuzzug".

47 Diese Arbeiten sind zusammengefaßt in: Lujo Brentano: Alte und neue Feudalität. Gesammelte Aufsätze zur Erbrechtspolitik, Stuttgart 1899, 2. Aufl. Leipzig 1924 (der Band – er ist mit einer ausführlichen Widmungsrede Georg Friedrich Knapp zugeeignet – enthält u. a. Studien zum französischen „droit d'aînesse" seit der Restauration sowie zum bäuerlich-agrarischen Erbrecht in England, Preußen und Bayern). – Zum Zusammenhang des Themas siehe die neue Studie von Bernhard Bayer: Sukzession und Freiheit. Historische Voraussetzungen der rechtstheoretischen und rechtspolitischen Auseinandersetzungen um das Institut der Familienfideikommisse im 18. und 19. Jahrhundert (Schriften zur Europäischen Rechts- und Verfassungsgeschichte, Bd. 25), Berlin 1999.

Ähnlich begründete Brentano seinen langjährigen publizistischen Kampf gegen die seit Ende der 1870er Jahre stufenweise durchgesetzte Schutzzollpolitk des Deutschen Reiches. Die Regierung Bismarck hatte die Schutzzölle verhängt, um zum einen diejenigen Teile der deutschen Industrie, die zu jener Zeit international noch nicht konkurrenzfähig waren, vor ausländischen Billigimporten zu schützen, und um – zum anderen – auch die deutsche Landwirtschaft vor der Konkurrenz massenhaft eingeführter ausländischer Agrarprodukte zu bewahren[48]. Diese Regelungen waren freilich mit dem Nachteil einer deutlichen Behinderung des deutschen Exports verbunden, der nun seinerseits mit den hohen Einfuhrzöllen anderer Länder zu kämpfen hatte.

Ein zweiter Nachteil, auf den Brentano immer wieder hinwies, bestand in einer massiven – und nach seiner Auffassung unnötigen – Verteuerung inländischer Agrarprodukte. Das starke deutsche Bevölkerungswachstum und die damit zusammenhängende Vermehrung derjenigen Bevölkerungsteile, die in Handel und Industrie tätig waren, riefen eine immer größer werdende Nachfrage nach landwirtschaftlichen Produkten hervor. Deren Verteuerung wiederum erhöhten die Lebenshaltungskosten und ließen deshalb Löhne und Produktionskosten in der Industrie unverhältnismäßig hoch ansteigen.

Mit diesen Argumenten hat Brentano die deutsche Schutzzollpolitik über Jahrzehnte hinweg leidenschaftlich bekämpft[49]. Sein Hauptargument bestand in dem Hinweis darauf, daß lediglich Teile der Industrie und der Landwirtschaft von den Hochzöllen profitierten, die Allgemeinheit aber die Hauptlast dieser Politik zu tragen hätte. Die Zahl seiner politischen und akademischen Gegner verringerte sich durch diese entschiedene Stellungnahme indes keineswegs[50]; vor allem war es nun sein ehemaliger Berliner Lehrer Adolph Wagner, der dem „Freihandelsargument" Brentanos[51] entschieden entgegentrat und den staatlichen Schutz der Landwirtschaft forderte. Für Wagner stellte eine gesunde Mischung zwischen industrieller und agrarischer Produktion, eine Art von staatlich abgesicherter nationaler Arbeitsteilung das anzustrebende volks-

48 Vgl. dazu jetzt die zusammenfassende Darstellung bei Otto Pflanze: Bismarck, Bd. II: Der Reichskanzler, München 1998, S. 196 ff.
49 Vgl. Sheehan: The Career of Lujo Brentano (wie Anm. 1), S. 124 ff.
50 Vgl. Brentano: Mein Leben (wie Anm. 1), S. 171 f., 210 ff., 274 u. a.
51 Lujo Brentano: Das Freihandels-Argument, Berlin-Schöneberg 1901.

wirtschaftliche Ideal dar, das er durch Brentanos Propaganda für die Segnungen des Freihandels gefährdet sah[52].

Immer wieder verwies Brentano auch hier auf das englische Beispiel, indem er darlegte, daß die Briten erst nach der Aufhebung der Kornzölle in den frühen 1840er Jahren einen phänomenalen wirtschaftlichen Aufstieg erlebt hätten; nur in der Nachahmung dieses großen Beispiels liege der Königsweg zur ökonomischen Prosperität und zur Vermehrung des Reichtums der Nation[53]. Hier konnte man freilich gegen Brentano einwenden, daß die Erfolge der Engländer nicht zuletzt darauf zurückzuführen waren, daß sie in den Anfängen der industriellen Warenproduktion aufgrund ihres technischen Vorsprungs noch weitgehend konkurrenzlos den Markt hatten beherrschen können, und daß zweitens der landwirtschaftliche Sektor bei ihnen – dank der Einfuhren aus ihren ausgedehnten kolonialen Ländereien – bereits früh nicht mehr diejenige Bedeutung besaß wie etwa in Deutschland oder auch in Frankreich.

Zeit seines Lebens hat Brentano vielfältige politische Kontakte unterhalten und gepflegt. Eine Zeitlang fühlte er sich Friedrich Naumann, dem Begründer des Nationalsozialen Vereins und späteren linksliberalen Parlamentarier, eng verbunden[54]. Naumanns Kampf gegen die sog. „Zuchthausvorlage" von 1899, die sich explizit gegen das gewerkschaftliche Streikrecht richtete und bereits die Aufstellung von Streikposten unter Strafe zu stellen versuchte, hatte die beiden zusammengeführt[55]. Und

52 Adolph Wagner: Agrar- und Industriestaat. Eine Auseinandersetzung mit den Nationalsozialen und mit Professor L. Brentano über die Kehrseite des Industriestaats und zur Rechtfertigung agrarischen Zollschutzes, Jena 1901; Brentano replizierte mit der Schrift: Die Schrecken des überwiegenden Industriestaats, Berlin 1901, in der er, wie gewohnt, kein Blatt vor den Mund nahm: Seine Gegner, heißt es (ebenda, S. 47) „empfehlen dem deutschen Volke den Selbstmord, damit es nicht Gefahr laufe, getödtet zu werden". – Siehe zur Kontroverse Brentano-Wagner auch den Brief Wagners an Brentano vom 20.3.1901, in: Rubner (Hrsg.): Adolph Wagner (wie Anm. 23), S. 352 f., sowie die Ausführungen in: Brentano: Mein Leben (wie Anm. 1), S. 211 ff.

53 Im Januar 1892 hielt Brentano einen Vortrag über „Anfang und Ende der englischen Kornzölle" (veröffentlicht in der Augsburger „Allgemeinen Zeitung" vom 15./16.1.1892); vgl. den Hinweis in Brentano: Mein Leben (wie Anm. 1), S. 172.

54 Vgl. dazu neben der Darstellung bei Brentano: Mein Leben (wie Anm. 1), S. 227 ff. u. passim, auch Sheehan: The Career of Lujo Brentano (wie Anm. 1), S. 144 ff., 180 ff. u. a.; Theodor Heuss: Friedrich Naumann. Der Mann, das Werk, die Zeit, 2. Aufl., Stuttgart – Tübingen 1949, S. 161, 168, 174f. u. a.; Peter Theiner: Sozialer Liberalismus und deutsche Weltpolitik. Friedrich Naumann im Wilhelminischen Deutschland (1860–1919), Baden-Baden 1983, S. 96 ff., 115 ff. u. a.

55 Lujo Brentano: Reaktion oder Reform? Gegen die Zuchthausvorlage, Berlin-Schöneberg 1899.

Naumanns Konzept einer starken, aber demokratisch fundierten Monarchie, das er in seinem im Jahre 1900 veröffentlichten Buch „Demokratie und Kaisertum“ formuliert hatte, wurde von Brentano nachdrücklich begrüßt; seine Stellungnahme hierzu läßt einige Rückschlüsse auf die eigenen politischen Vorstellungen Brentanos zu. Er war davon überzeugt, „die Masse könne nicht herrschen; sie könne nur die Gesichtspunkte angeben, nach denen sie geherrscht zu sehen wünsche, und müsse dem, in welchem sie die Verkörperung ihrer Aspirationen erblickt, die Verwirklichung derselben anvertrauen“. Freilich komme es ebenfalls darauf an, „daß der Monarch die leitenden Zielpunkte seiner Politik den Interessen der Massen entnehme und diese die Möglichkeit haben, Kontrolle zu üben, damit dies geschehe“[56].

Lange Zeit hat sich Brentano, der „den Beitritt zu einer Partei mit der Wissenschaft für unvereinbar hielt“, von der Parteipolitik im engeren Sinne ferngehalten, doch im Sommer 1903 trat er zusammen mit Naumann in die linksliberale Deutschfreisinnige Partei ein. Das größte Verdienst Naumanns sah Brentano darin, der deutschen Jugend neue Ideale gegeben zu haben; vor Naumanns Auftreten habe es, so die Formulierung Brentanos, „unter der deutschen Jugend, abgesehen von frühzeitigen Strebern, nur reaktionär oder sozialdemokratisch Gesinnte gegeben. Naumanns Lehre, daß die Zukunft des deutschen Volkes und die der deutschen Arbeiter auf das innigste verbunden seien, daß es, um beider Glück zu verwirklichen, notwendig sei, das Deutsche Reich sozial und die deutschen Arbeiter national denkend zu machen, ... hatte ein neues Ziel gesteckt, das die Besten der deutschen Jugend beseelte“[57]. – Doch spätere politische Differenzen haben die beiden allerdings wieder voneinander getrennt, und Naumanns berühmtes „Mitteleuropa“-Buch aus dem Ersten Weltkrieg hat der streitbare politische Professor Brentano kurz und knapp für „unsinnig“ erklärt[58]. Das hinderte ihn indes nicht daran, dem Politiker und vor allem dem glänzenden Publizisten Naumann ein ehrenvolles Andenken zu bewahren.

Aus heutiger Sicht mag es überraschen, daß der überzeugte Liberale und zeitlebens anglophil orientierte Lujo Brentano die Flottenpolitik des Deutschen Reiches vor dem Ersten Weltkrieg bejaht und vor allem seinen

56 Die Zitate aus Brentano: Mein Leben (wie Anm. 1), S. 227 f.; vgl. auch die Bemerkungen bei Heuss: Friedrich Naumann (wie Anm. 53), S. 128.
57 Die Zitate aus Brentano: Mein Leben (wie Anm. 1), S. 229 f.; vgl. auch Sheehan: The Career of Lujo Brentano (wie Anm. 1), S. 150 ff.
58 Vgl. Brentano: Mein Leben (wie Anm. 1), S. 279 f., 325.

englischen Gesprächspartnern gegenüber immer wieder vehement verteidigt hat[59]. Hier argumentierte er – unter ausdrücklicher Zurückweisung nationalistischer Agitatoren beider Seiten – auf streng ökonomischer und politischer Grundlage. Seine englischen Freunde, die sich ihm gegenüber besorgt über die deutsche Flottenrüstung äußerten, wies er darauf hin, „daß England es gewesen sei, an dessen Widerstand die Beseitigung des Blokaderechts, des Besichtigungs- und des Prisenrechts, kurz, der Schutz des Privateigentums zur See im Jahre 1856 gescheitert"[60] war. Großbritannien sei mit seiner allen anderen Nationen überlegenen Kriegsmarine in der Lage, den Handel aller im Krieg mit ihm befindlichen Staaten innerhalb kürzester Zeit zu ruinieren.

Da nun mittlerweile die große Mehrheit der deutschen Bevölkerung nicht von der Landwirtschaft, sondern von Handel und Industrie lebe, stelle ein funktionierender Überseehandel für das deutsche Volk eine Überlebensfrage dar. „Wir verlangten", so formulierte Brentano sein Resümee, „eine Flotte entsprechend unserem großen Handel zur Verteidigung unseres Eigentums, unserer Schiffe und unserer Seeleute, gegen drohende Vernichtung"[61]. Seine Zeitungsartikel, die dieser Frage gewidmet waren, erregten großes Aufsehen und wurden auch ins Englische übersetzt. Zweifellos ging es Brentano – obwohl ihm Admiral Tirpitz ausdrücklich für seinen Einsatz in dieser Frage dankte[62] – nicht in erster Linie um die propagandistische Unterstützung der deutschen Flottenrüstung und damit der allgemeinen Aufrüstung in der Zeit vor dem Ersten Weltkrieg, sondern im Kern um die „Ergänzung des Freihandels durch Anerkennung der Unverletzlichkeit des Privateigentums zur See" und damit um den Kampf „gegen die Aufrechterhaltung des Rechts auf Aneignung von schwimmendem Privateigentum im Kriegsfall". Allerdings war er der Überzeugung – und er hat ihr auch in der englischen Presse mehrfach Ausdruck verliehen –, daß die Weigerung Großbritanniens, einer Neuregelung des internationalen Seerechts zur Sicherung fremden Eigentums zuzustimmen, „den Weltfrieden bedrohe"[63].

59 Vgl. Sheehan: The Career of Lujo Brentano (wie Anm. 1), S. 180f.; vom Bruch: Wissenschaft, Politik und Öffentliche Meinung (wie Anm. 39), S. 66 ff., 86 ff.

60 Brentano: Mein Leben (wie Anm. 1), S. 303.

61 Ebenda, S. 304.

62 Vgl. Sheehan: The Career of Lujo Brentano (wie Anm. 1), S. 180.

63 Die Zitate Brentano: Mein Leben (wie Anm. 1), S. 305; vgl. auch die entsprechenden Passagen in Lujo Brentano: Die Schrecken des überwiegenden Industriestaates, Berlin 1901, S. 31 u. a.

Daher verwundert es nicht, daß für Brentano die englische Kriegserklärung an Deutschland eine besonders schwere Enttäuschung gewesen ist. In einem Anfang November 1914 veröffentlichten Aufsatz führte er denn auch aus, daß von allen Kriegserklärungen keine das deutsche Volk mehr erbittert habe als diejenige Englands: „Daß Rußland uns haßt, hatte man gewußt. Daß die Franzosen die Gelegenheit der russischen Kriegserklärung zu einem Versuche, Elsaß und Metz wiederzugewinnen, nützen würden, hatte man erwartet. Daß aber die in England am Ruder befindliche liberale Partei, nachdem sie uns noch soeben mit tausend Zungen versichert hatte, daß England und Deutschland kein Gegensatz trenne, sich nicht scheut, sich mit dem russischen Reiche, dem Knechter aller freiheitlichen Bestrebungen, gegen uns zu verbünden, auf die Gefahr hin, Rußland seine besten Interessen in Asien auszuliefern, ist allen, welche in England den vielhundertjährigen Pionier bürgerlicher Freiheit verehrt haben, eine bittere Enttäuschung gewesen“[64]. Am Beispiel dieser sehr aufschlußreichen Stellungnahme wird ein weiteres Mal der idealistische und im Kern optimistische Charakter von Brentanos Denken erkennbar: Daß die Briten nicht den hehren freiheitlichen Idealen, die ihre Politiker gerne im Munde führten, zu folgen entschlossen waren, sondern den Gesetzen traditioneller Macht- und Interessenpolitik, bedeutete für den erklärten Anglophilen Brentano eine vorher nicht erlebte, schwere Enttäuschung, die er auch nach 1918 nicht vollständig überwinden konnte.

Während des Krieges, im Jahre 1916, ließ sich Brentano als Professor der Münchener Ludwig-Maximilians-Universität entpflichten; er hat aber von seinem Recht, weiterhin Vorlesungen halten zu können, bis zu seinem Tode wiederholt Gebrauch gemacht. Mehr Zeit als vorher konnte er nun seiner schriftstellerischen und publizistischen Tätigkeit widmen. Im gleichen Jahr veröffentlichte er eine Flugschrift mit dem Titel „Das ganze deutsche Volk, unser Schlachtruf und Kriegsziel“, und bereits diese Formulierung kennzeichnet den Tenor seiner Kriegspublizistik. Es komme nicht darauf an, so betonte er, diese oder jene Friedensbedingungen durchzusetzen, sondern es müsse vor allem darum gehen, die beim Kriegsausbruch 1914 errungene *innere Einheit* zu bewahren und zu einem dauerhaften Zustand zu machen: die unter dem Druck auswärtiger

64 Lujo Brentano: Deutschland und seine Gegner, insbesondere England, in: Internationale Monatsschrift für Wissenschaft, Kunst und Technik, 9. Jhg., H. 3, 1. 11. 1914, Sp. 146–162, hier Sp. 152; die zitierte Passage ist fast gleichlautend übernommen in: Brentano: Mein Leben (wie Anm. 1), S. 315.

Bedrohung hergestellte Einigkeit des gesamten Volkes müsse auch nach dem Wegfall der Gefahr erhalten bleiben[65]. In diesem Sinne hat sich Brentano vor allem für eine Reform des preußischen Dreiklassenwahlrechts und für eine Parlamentarisierung der Reichsverfassung eingesetzt[66], um auf diese Weise eine positive Identifikation der Arbeiterschaft und der unteren Schichten mit den politischen Institutionen des Deutschen Kaiserreichs zu ermöglichen.

Auch nach dem Zusammenbruch der alten Ordnung im November 1918 hat es Lujo Brentano niemals unterlassen, zu den großen Zeitfragen entschieden und pointiert öffentlich Stellung zu beziehen. Das Angebot des Auswärtigen Amtes, 1921 als Botschafter des Reiches nach Washington zu gehen, lehnte er nach eingehender Überlegung ab[67], doch auf der publizistischen Bühne blieb er weiterhin präsent. Namentlich kämpfte er gegen die von den Siegermächten verkündete These von der angeblichen Alleinschuld Deutschlands am Ersten Weltkrieg[68] sowie gegen die Bestimmungen des „Versailler Diktats"[69], wie er selbst es nannte. Die Regelungen des Friedensvertrages seien nicht nur ökonomisch sinnlos und verhinderten auf weite Sicht jeden Ansatz dringend notwendiger Sozialreformen in Deutschland, sondern würden sich auf die gesamte Weltwirtschaft über kurz oder lang verheerend auswirken. Da der Lebensstandard der deutschen Arbeiter sinken müsse, um die Vertragsbedingungen zu erfüllen, sei damit auch die Lebenshaltung der Arbeiter in den Konkurrenzländern Deutschlands bedroht. Diesen Gedanken versuchte Brentano im Oktober 1924 in einer aufsehenerregenden Rede auf dem Internationalen Kongreß für Sozialpolitik in Prag namentlich den Gewerkschaftern Englands und Frankreichs verständlich zu machen, in der Hoffnung, daß von ihnen ein entsprechender Druck auf die Regierungen in London und Paris ausgeübt werden würde[70].

---

65 Lujo Brentano: Das ganze deutsche Volk, unser Schlachtruf und Kriegsziel. Zum 1. August 1916, München 1916.

66 Vgl. Brentano: Mein Leben (wie Anm. 1), S. 328 f., 333 f.

67 Vgl. ebenda, S. 390 f.; zu den Hintergründen dieser Entscheidung siehe auch Martin Goes: Lujo Brentano und das Auswärtige Amt in Berlin, in: Aschaffenburger Jahrbuch für Geschichte, Landeskunde und Kunst des Untermaingebietes 11/12 (1988), S. 393–403.

68 Vgl. Lujo Brentano: Der Weltkrieg und E. D. Morel. Beiträge zur englischen Vorgeschichte des Krieges, München 1921; derselbe: Die Urheber des Weltkrieges, München 1922; siehe auch Brentano: Mein Leben (wie Anm. 1), S. 391.

69 Brentano: Mein Leben (wie Anm. 1), S. 400.

70 Lujo Brentano: Rede über den internationalen Achtstundentag auf dem Prager Congress, in: Soziale Praxis 33 (1924), S. 883–887; vgl. auch die aufschlußreiche Schilderung in Brentano, Mein Leben (wie Anm. 1), S. 394 ff.

Abb. 33: Lujo Brentano als älterer Mann.
Foto von ca. 1930

Seine letzten Lebensjahre waren überschattet von der Sorge um die künftige Wirtschaftsentwicklung Deutschlands. Die Auswirkungen der 1929 ausbrechenden Weltwirtschaftskrise, insbesondere die Massenarbeitslosigkeit, hat er in seiner 1931, im Jahr seines Todes, veröffentlichten Autobiographie zwar nicht als Menetekel kommenden Unheils angesehen – dafür war und blieb er auch jetzt noch seinem im Kern optimistischen Weltbild verhaftet –, doch seine großen Sorgen hat er dennoch nicht verschwiegen. Als Ausweg aus der Krise bot er noch einmal seine alte, seit Jahrzehnten und jetzt erneut öffentlich erhobene Forderung nach Senkung der Zölle an, um durch die ausländische Nachfrage nach preiswerten deutschen Waren den Export anzukurbeln und auf diese Weise die Neueinstellung Arbeitsloser möglich zu machen[71].

Die Dinge entwickelten sich, wie man weiß, anders. Es ist schwer zu sagen, welche Stellung Brentano zu der keynesianischen Wirtschaftspolitik bezogen hätte, mit der man in den dreißiger Jahren und teilweise auch in späterer Zeit die Folgen der Wirtschaftskrise bewältigte: Hätte er, der immer wieder für die staatliche Regelungskompetenz im wirtschaftlichen

71 Vgl. Brentano: Mein Leben (wie Anm. 1), S. 403 f.

Bereich eingetreten ist, das von Keynes formulierte Rezept einer Ankurbelung der Wirtschaft durch großangelegte Staatsaufträge gutgeheißen? Oder hätte er weiterhin die liberale These einer Erholung und Erneuerung der Weltwirtschaft durch Beseitigung der bestehenden Handelsschranken vertreten? Eine klare Antwort auf diese Frage dürfte kaum möglich sein.

V.

Lujo Brentano starb am 9. September 1931, kurz vor seinem 87. Geburtstag; seine letzte Ruhe fand er im Familiengrab zu Aschaffenburg[72]. Als einer der höchstdekorierten und meistausgezeichneten deutschen Gelehrten seiner Zeit verfügte er über fünf Ehrendoktorate und eine Reihe von Akademiemitgliedschaften; schließlich war er Ritter des bayerischen Maximiliansordens für Wissenschaft und Kunst und Träger des vom Reichspräsidenten verliehenen Adlerschildes des Deutschen Reiches[73]. Der Ablauf einer letzten posthumen Ehrung warf freilich bereits den Schatten auf kommende Ereignisse voraus: Als die Universität München im Frühjahr 1932 im Rahmen einer Gedenkfeier für das langjährige Mitglied des eigenen Lehrkörpers eine Brentano-Büste in ihrem Hauptgebäude aufzustellen sich anschickte, wurde eine würdige Universitätsfeier von nationalsozialistischen Studenten verhindert[74]. Erst zum 110. Geburtstag konnte Brentano von seiner Universität am 14. Dezember 1954 angemessen geehrt werden[75].

Dem Bewußtsein der Gegenwart ist er indes nur noch eine Gestalt von rein historischem Interesse. Andere seiner Kollegen und Zeitgenossen, so vor allem Max Weber, aber neuerdings auch Gustav Schmoller, haben Brentano gegenüber eine Aufwertung erfahren, die man um 1930 nicht

72 Dazu siehe Werner Krämer: Lujo Brentanos Beisetzung in Aschaffenburg, in: Mitteilungen aus dem Stadt- und Stiftsarchiv Aschaffenburg 4 (1993/95), S. 36–40.

73 Vgl. Alfred Marchionini: Lujo Brentanos 110. Geburtstag. Begrüßung und Einführung, in: Lujo Brentano. Grußworte und Reden (wie Anm. 1), S. 18 f.; Brentano: Mein Leben (wie Anm. 1), S. 404.

74 Vgl. Sheehan: The Career of Lujo Brentano (wie Anm. 1), S. 203; zu den Angriffen der Nationalsozialisten auf Brentano siehe auch Martin Goes: Lujo Brentano der Typus des liberalen deutschen Professors seiner Zeit, in: Aschaffenburger Jahrbuch für Geschichte, Landeskunde und Kunst des Untermaingebietes 13 (1990), S. 411–415, hier S. 411.

75 Lujo Brentano. Grußworte und Reden (wie Anm. 1).

erwartet hätte[76]. Trotz allem sollte die Leistung Brentanos als bürgerlicher Sozialreformer jenseits vom traditionellen Manchesterliberalismus und naiver Marktgläubigkeit, aber ebenfalls jenseits aller marxistischen Illusionen, nicht allzu gering bewertet werden. Sein Kampf für die Rechte der Gewerkschaften auf Teilhabe am Wirtschaftsleben, sein Einsatz für Tarifautonomie und für dasjenige, was man heute mit dem – sicherlich nicht ganz unproblematischen – Begriff der Sozialpartnerschaft umschreibt, machen ihn durchaus zu einem bedeutenden Wegbereiter gegenwärtiger Formen wirtschaftlichen und sozialen Lebens und Denkens.

Abb. 34: Sophie Brentano, genannt Sissi (1875–1956), einzige Tochter von Lujo Brentano, die in ihrem Testament den dichterischen Nachlaß von Clemens Brentano dem Freien Deutschen Hochstift vermachte. Den wissenschaftspolitischen Nachlaß ihres Vaters Lujo gab sie ans Bundesarchiv nach Koblenz.
Fotografie etwa um 1892

Wenngleich die Zeitgebundenheit fast aller seiner Veröffentlichungen heute offenkundig ist und obwohl uns in wissenschaftsgeschichtlicher Hinsicht die theoretischen Arbeiten Max Webers oder die historischen Untersuchungen Gustav Schmollers weit mehr zu sagen haben als die

76 So ist Brentano, im Gegensatz zu Schmoller, nicht in dem 1989 von Joachim Starbatty herausgegebenen zweibändigen Sammelwerk „Klassiker des ökonomischen Denkens“ (wie oben, Anm. 21) vertreten.

entsprechenden Publikationen Brentanos, bleibt doch die Erinnerung an einen der eindrucksvollsten Universitätslehrer bestehen, die Deutschland je besessen hat. „Brentano war“, so formulierte es sein Schüler Moritz Julius Bonn, „der letzte und vielleicht der formbegabteste der großen akademischen Lehrer, die das zu Ende gehende neunzehnte Jahrhundert hervorgebracht hatte. Er war Gelehrter und Künstler. ... Er durchleuchtete das Wissen des Forschers mit der Intuition des Dichters. So konnte er den Tatsachen, die er mit unermüdlichem Fleiß gesammelt und gruppiert hatte, den tiefern Sinn entlocken ... Er war ein Künstler, der den Stoff der Weltgeschichte, ohne ihm Gewalt anzutun, so zu gliedern wußte, daß alles an dem ihm gebührenden Platz stand. Er sah alles im Fluß der Zeiten und wußte es so darzustellen, daß das Dauernde, was dem Nachfolgenden Richtung und Bestimmtheit gab, sich scharf von dem bloß Vorübergehenden abhob.“[77]

Auch wenn diese Formulierungen Moritz Bonns, aus heutiger Sicht betrachtet, ein eher antiquiertes Verständnis von dem zum Ausdruck bringen, was Wissenschaft ist oder doch wenigstens sein sollte – *eines* aber machen sie wohl hinreichend deutlich: daß nicht nur Kunst, sondern auch Wissenschaft etwas mit „Können“ – im Sinne formaler Fertigkeiten und Fähigkeiten – zu tun hat. Und wenigstens in *dieser* Hinsicht vermögen auch die Menschen der Gegenwart noch etwas von Lujo Brentano zu lernen.

77 Bonn: So macht man Geschichte (wie Anm. 2), S. 60 f.

Gunda Brentano (1780–1863) und Friedrich Carl von Savigny (1779–1861)

Romantik und Recht

Barbara Dölemeyer

Von Folianten rings umgeben
Sitzt der stolze Jacopone;
Hochgeehrt von den Klienten
Ist der junge weise Doktor.

So zeichnet Clemens Brentano in seinen Romanzen vom Rosenkranz[1] ein einfühlsames Bild seines Freundes und Schwagers Friedrich Carl von Savigny voll historischer Anspielungen.

„Romantik und Recht", Idealismus und Recht,[2] „Ideal wird, was Natur war"[3] – wenn wir den wechselseitigen Einflüssen nachspüren wollen, die der Jurist Savigny im Brentano-Kreis und in seiner Beziehung zu Gunda empfing und ausübte, soll neben biographischen Bezügen vor allem der kulturhistorische und philosophische Hintergrund betrachtet werden.

---

1 Romanze XI, Z. 1-96, in: Frühwald/Gajek/Kemp (Hrsg.), Clemens Brentano, Werke 1, 2. Aufl., 1978, S. 794 ff.; Hans Kiefner, Friedrich Carl von Savigny (I), in: Ders., Ideal wird, was Natur war: Abhandlungen zur Privatrechtsgeschichte des späten 18. und des 19. Jh., Goldbach 1997, S. 173 ff., hier S. 234. Die Zueignung des Herausgebers Christian Brentano spricht es aus: „In eurem gastlich lieben Hause ward / Begonnen einst die wundersame Dichtung, / und zu dem edlen Bilde Jacopones, / Des hellen Sterns am Himmel der Juristen, / hat manchen schönen Zug, mein Savigny, / von dir der Bruder liebevoll entnommen." Vgl. Adolf Stoll, Friedrich Karl von Savigny. Ein Bild seines Lebens mit einer Sammlung seiner Briefe, I–III, Berlin 1927 ff. I: Der junge Savigny. Kinderjahre, Marburger und Landshuter Zeit Friedrich Karl von Savignys. Zugleich ein Beitrag zur Geschichte der Romantik, S. 177.

2 Joachim Rückert, Idealismus, Jurisprudenz und Politik bei Friedrich Carl von Savigny, Ebelsbach 1984.

3 Vgl. die Ausführungen zum Hölderlin-Zitat Savignys bei Hans Kiefner, Ideal wird, was Natur war, in: Ders., Ideal wird, was Natur war. Abhandlungen zur Privatrechtsgeschichte des späten 18. und des 19. Jh., Goldbach 1997, S. 137 ff.; dazu Rückert, Idealismus (Anm. 2), S. 141 ff.; S. 254 ff.

Die Frage, ob, wie und in wie weit Savignys juristisches Werk durch diesen Romantikerkreis beeinflußt war, ist in der Literatur sehr häufig – und kontrovers – erörtert worden, wobei die Beurteilungen seitens der Juristen, speziell der Rechtshistoriker, anders akzentuiert sind als die, die ihn in die allgemeine Geistesgeschichte einzuordnen suchen.[4] Es sei hier nur versucht, diesen Teilaspekt seines Lebens und Denkens schlaglichtartig zu beleuchten. Über Gunda Brentano-Savigny ist eigentlich weniges bekannt und geschrieben worden. Der Germanistik war offenbar dieses Mitglied der berühmten Familie keine nähere Nachforschung wert. Etliche ihrer Briefe sind zwar in Editionen zugänglich und es finden sich einige Informationen in allgemeinen Arbeiten zur Familie Brentano und zum „Romantikerkreis". Briefe wurden in diesem Familien- und Freundeskreis in großer Zahl ausgetauscht, und wenn hier der Versuch unternommen wird, den privaten Bezügen nachzugehen, ist es vor allem die Korrespondenz, auf die man sich stützen kann. Die Briefe waren ja im allgemeinen auch dazu bestimmt, im Freundeskreis vorgelesen zu werden, Abschriften und Zitate aus Briefen wurden weiter versandt; man nutzte die Korrespondenz auch zum Informationsaustausch im größeren Kreis. Zur Beziehung zwischen Friedrich Carl von Savigny und Gunda Brentano hat Ingeborg Schnack in ihrer Einleitung zur Ausgabe des Briefwechsels zwischen Savigny und Stephan August Winkelmann, in der sich auch Briefe Gundas befinden, einiges beigetragen.[5] Die Freunde monierten an Savignys Korrespondenz die „Briefkürze, die immer das Beste vergißt, um das Nothwendigste zu sagen ..." – wie Achim von Arnim an die Brüder Grimm schreibt.[6]

Zunächst seien I. einige kurze Hinweise zur Herkunft und Familie Savignys und Gundas, zu ihrem Zusammentreffen und ihrem späteren Leben gegeben. Dann soll II. den weitgefächerten, wechselnden, intensiven und zum Teil chaotischen Anregungen nachgegangen werden, die von dem Romantikerkreis um die Brentanos ausgingen und die auch auf

4 Friedrich Schaffstein, Friedrich Carl von Savigny und Wilhelm von Humboldt, in: Zeitschrift der Savigny-Stiftung, Germanistische Abteilung [SZGerm] 72 (1955), S. 154 ff., hier S. 160 f.

5 Ingeborg Schnack, Der Briefwechsel zwischen Friedrich Carl von Savigny und Stephan August Winkelmann (1800–1804) mit Dokumenten und Briefen aus dem Freundeskreis, Marburg 1984, Einleitung, S. 82 ff.

6 Arnim an die Brüder Grimm, 6.12.1811, vgl. Reinhold Steig, Achim von Arnim und die ihm nahestanden. I: Achim von Arnim und Clemens Brentano, Stuttgart 1894; II: Achim von Arnim und Bettina Brentano, Stuttgart 1913; III: Achim von Arnim und Jacob und Wilhelm Grimm, Stuttgart 1904; hier III, S. 173.

Savigny einwirkten. In diesem Zusammenhang sind III. die Entstehung und die Beurteilung der berühmten Programmschrift Savignys „Vom Beruf unsrer Zeit für Gesetzgebung und Rechtswissenschaft" zu betrachten. Im Gegenzug sei IV. auf einige juristische Anspielungen in Brentanos Dichtungen verwiesen. V. und letztens ist auf den vielfach bezeugten ruhigen, ordnenden, klaren Geist Savignys und seinen wohltätigen Einfluß, seine juristischen und anderen Ratschläge für die Freunde und Verwandten in Lebenskrisen und Finanzangelegenheiten einzugehen. Aus vielen Briefen ist der Eindruck zu gewinnen, er sei als ruhender Pol im quirligen Brentano-Leben gesehen worden. Clemens Brentano schreibt: „... Du und ich sind außer aller Ordnung, er ist im Recht ...".[7]

Es ist daher nicht so sehr der große Jurist Savigny, der hier im Mittelpunkt stehen soll, sondern es sei der Versuch unternommen, diesem Spannungsverhältnis „Romantik und Recht" nachzuspüren.

I. Biographisches

Friedrich Carl von Savigny wurde am 21. Februar 1779 in Frankfurt am Main geboren, am folgenden Tag reformiert getauft, dies aber durch einen lutherischen Pfarrer, da die Reformierten in Frankfurt keine Taufhandlungen vornehmen durften. Seine Familie entstammte lothringischem Reichsadel und besaß beträchtliches Vermögen. Der Vater Christian Karl Ludwig war als Politiker und Anwalt verschiedener Fürsten in der Reichsstadt Frankfurt tätig. Er war mit den berühmten Juristen Johann Jakob Moser und dessen Sohn Friedrich Carl von Moser befreundet, die Mitte des 18. Jahrhunderts kurze Zeit in Hanau eine Staats- und Canzley-Akademie führten (1749–1751), welche er auch besucht hatte.[8] Der junge Savigny, früh verwaist, wuchs allein, ohne Geschwister auf und wurde bei der Familie seines Vormunds, des Kammerassessors Konstantin von Neurath in Wetzlar betreut. Savigny entschied sich früh

7 Vgl. Hans Thieme, Der junge Savigny, in: Ders., Ideengeschichte und Rechtsgeschichte II, Köln/Wien 1986, S. 1057 ff., S. 1061: „Savigny, tief in den Studien, überwintert die Saat seiner großen Zukunft unter einer Schneedecke von Verschlossenheit".

8 Vgl. Entwurff einer Staats- und Canzley-Academie oder einer näheren Anleitung und Zubereitung junger von Universitäten oder Reisen kommender Prinzen, Grafen, Cavaliers und anderer Personen ..., 1749; Lebens-Geschichte Johann Jacob Mosers, von ihme selbst beschrieben, 1768, S. 101 ff.; dazu Reinhard Rürup, Johann Jacob Moser. Pietismus und Reform, Wiesbaden 1965, S. 85 ff.

Abb. 35: Friedrich Carl von Savigny (1779–1861). *Brustbild in 3/4 Ansicht von links, Ludwig Emil Grimm (1790–1863) Bleistiftzeichnung, Privatbesitz „L. E. Grimm fec. Frankfurt a/m d 10 Oct: 1815"*

für die Wissenschaft; die Laufbahn des Gelehrten war allerdings ungewöhnlich für jemanden seines Standes und Vermögens. Er studierte Rechtswissenschaft 1795–1799 in Marburg, wo er besonders durch die Vorlesungen des Romanisten Philipp Friedrich Weis beeindruckt wurde. Dieser lenkte seine Studenten auf die geschichtliche Betrachtung der Rechtsquellen hin; vor allem der Entwicklung der Rechtswissenschaft galt das Interesse. Dazwischen ging Savigny 1796/97 für ein Semester nach Göttingen. Er studierte sehr zielstrebig, bereits im Alter von 20 Jahren äußerte er die Absicht, „ein Reformator der Jurisprudenz, ein Kant in der Rechtsgelehrsamkeit" zu werden (so berichtet Jacob Friedrich von Leonhardi an Leonhard Creuzer).[9] Leonhardi und Creuzer waren Teil eines großen Freundeskreises um Savigny, in welchem vor allem Themen der Philosophie, Philologie, Theologie, Geschichte, Dichtung diskutiert wurden. Die Ideen der „Symphilosophie", der „Sympoesie"[10] nahmen großen Platz im Umgang der geistverwandten Freunde ein;

9 Brief vom 19.3.1799; Stoll I, S. 54; zit. bei Thieme (Anm. 7), S. 1060.

10 Savigny an Friedrich Creuzer, 18.5.1799, Stoll I, S. 87; Rückert (Anm. 2), S. 194 ff.; vgl. auch Dieter Nörr, Savignys philosophische Lehrjahre, in: Rechtsentwicklungen in Berlin, Berlin-New York 1988, S. 1 ff.

„Liebe und Freundschaft" sind Schlüsselbegriffe in Gespräch und Lektüre. Wissenschaftliches Arbeiten mit Kunst und Poesie zu verbinden, um „lebendige Gegenstände" in Wahrheit zu erkennen, war ein zentrales Anliegen des jungen Savigny.[11] Der Marburger Freundeskreis, später bei Besuchen in Jena erweitert, umfaßte u.a. Jacob Friedrich von Leonhardi (1778–1839), den Theologen Johann Christian Bang (1774–1851), die Brüder Clemens und Christian Brentano, den Philologen Friedrich und seinen Vetter, den Theologen und Philosophen Leonhard Creuzer (1768–1844). Achim von Arnim lernte 1802 Clemens und auch Bettine Brentano in Frankfurt kennen; durch sie machte er – einige Jahre später – auch die persönliche Bekanntschaft Savignys.

Kurz nach seiner Promotion über ein strafrechtliches Thema, „De concursu delictorum formali",[12] lehrte Savigny bereits in den Jahren 1801-1803/04 in Marburg. Zu seinen Schülern zählten auch die nur wenig jüngeren Brüder Wilhelm und Jacob Grimm, mit denen ihn dann eine lange dauernde Freundschaft und wissenschaftliche Zusammenarbeit verband. 1803 erregte er mit seiner Schrift „Das Recht des Besitzes" Aufsehen in der gesamten Fachwelt und erhielt die Ernennung zum a. o. Professor der Juristenfakultät Marburg. 1804/05 und 1806/07 unternahm er große Studienreisen in Europa, die ihn u.a. nach Paris und Wien führten. 1808 nahm er eine Berufung an die Universität Landshut an, wo er bis 1810 – von den Studenten sehr bewundert und gefeiert – lehrte, um dann an die neu gegründete Humboldtsche Universität Berlin zu wechseln. An deren Organisation hatte er auch als Mitgestalter der Universitätsverfassung wichtigen Anteil. Hier blieb er bis 1842 und erwarb sich nicht nur den Ruf des berühmtesten deutschen Juristen des 19. Jahrhunderts, sondern beeinflußte auch die weiteren juristischen Berufungen an die Berliner Universität sowie die Organisation und Ausrichtung des rechtswissenschaftlichen Studiums insgesamt.[13] Seine spätere Laufbahn führte ihn auch in die preußische Politik – als juristischer Lehrer des Kronprinzen, als Mitglied des Staatsrats, als Gesetzgebungsminister, bis zu seinem Rücktritt 1848.[14] Er hatte wesentlichen Anteil an Verhandlungen über ein neues Ehegesetz, das unter dem Einfluß Ernst Ludwigs von Gerlach das relativ liberale Ehescheidungsrecht des preußischen Allgemeinen Land-

11 Erik Wolf, Große Rechtsdenker der deutschen Geistesgeschichte, 4. Aufl., Tübingen 1963, S. 476.
12 Marburg 1800.
13 Schaffstein (Anm. 4), S. 156 ff.
14 Rückert (Anm. 2), S. 33 ff.

Abb. 36: Gunda von Savigny (1780–1863).
Radierung nach Ludwig Emil Grimm, dat. 1808

rechts von 1794 „zurückdrehen" sollte, eine Reform, die aber weitgehend scheiterte. Auch an der Reform des Strafrechts war Savigny maßgeblich beteiligt, hier insofern mit größerem Nachhall, als der von ihm mit erarbeitete Entwurf 1851 – also nach seinem Rücktritt – Gesetz wurde. Savigny hatte sich hier für das öffentliche mündliche Verfahren sowie gegen besonders grausame Strafarten etc. ausgesprochen. Auf seine gesetzgeberische und richterliche Tätigkeit am Rheinischen Revisions- und Kassationshof und im Spruchkollegium der Berliner Universität kann hier nicht weiter eingegangen werden. Nach seinem Rückzug aus der Politik 1848 widmete sich Savigny wieder ganz der Wissenschaft; er starb 1861 in Berlin.

Kunigunde Maria Ludovica Catherina, genannt Gunda, wurde am 28. Juli 1780 in Ehrenbreitstein als Tochter des Peter Anton Brentano und der Maximiliane von Laroche geboren.[15] Nach dem Tod der Mutter 1793 kam sie zusammen mit ihren jüngeren Schwestern, darunter Bettine, zur Erziehung in das Ursulinenkloster in Fritzlar. Nach dem Tode des Vaters

15 Stammreihen der Brentano mit Abriß der Familiengeschichte, bearb. von Peter Anton von Brentano di Tremezzo, Bad Reichenhall 1933, S. 17.

1797 lebte sie bei ihrer Großmutter Sophie von Laroche in Offenbach, in deren so bezeichnetem „Grillenhäuschen".

1801 machte Gunda durch ihren Bruder Clemens die Bekanntschaft Savignys und sah sich bald zu dem ausgeglichenen, geradlinigen, klardenkenden jungen Wissenschaftler hingezogen: „Ich kenne keinen Menschen, der mir einen wohltätigeren Eindruck gemacht hätte. Ich gebe gern jeden meiner Brüder für ihn hin. Er hat gerade das, was mir fehlt, Ruhe und Bestimmtheit", schreibt sie im Juni 1801 an Clemens.[16]

Clemens, den Savigny 1799 in Jena kennengelernt hatte, versuchte hingegen, diesen mit seiner geliebten Schwester Bettine zusammen zu bringen: „Lernen Sie sie kennen, Sie werden sie lieben, Sie sind ihrer allein wert und sie Ihrer, Savigny, schlagen Sie Ihr Glück nicht aus den Augen ...".[17] Andere Freunde warnten Savigny, Clemens habe zuviel Einfluß auf ihn in diesen Dingen. Leonhardi schrieb Savigny 1801: „Gewiß ist, daß B[rentano] Dich verkuppeln will. Soviel ich Bettine kenne, wird sie ein Weib mit allen Tugenden und Fehlern der Brentano-Weiber, nur alles in einem höheren Grad; ... ich sage Dir als Freund, daß sie kein Weib für Dich ist."[18] Offenbar empfand Savigny auch so; er liebte Gunda und entschied sich für sie.[19]

Der Rechtshistoriker Hans Thieme nennt Gunda in seinem Aufsatz über den „jungen Savigny" die „nüchterne, ja hausbackene Schwester von Bettina, Clemens und Christian".[20] Jacob Grimm schreibt 1805 an seinen Bruder Wilhelm über sie: „Daß sie gescheidt ist, darf ich dir nicht erst sagen, da sie eine Brentano ist und dies schon alles sagt. Schön ist sie nicht, aber sehr interessant."[21]

Es war eine 52jährige Ehegemeinschaft, Savigny starb 1861, Gunda folgte ihm 1863. Aus Briefen und Zeitzeugnissen ist zu entnehmen, daß Gunda an seinen Arbeiten und Interessen teilnahm, ihn darin – auch praktisch – unterstützte. In der Marburger Universitätsbibliothek finden sich im wissenschaftlichen Nachlaß Savignys auch viele Exzerpte aus der Fachliteratur von Gundas Hand.[22]

16 5.6.1801, gedruckt: Wilhelm Schellberg/ Friedrich Fuchs, Das unsterbliche Leben. Unbekannte Briefe von Clemens von Brentano, Jena 1940, S. 186.

17 Ebd., S. 153.

18 Schnack (Anm. 5), S. 40.

19 Zu diesen Bemühungen Clemens' vgl. Wilhelm Schellberg/Friedrich Fuchs, Die Andacht zum Menschenbild. Unbekannte Briefe von Bettine Brentano, Jena 1942, S. 12 f.

20 Thieme, Der junge Savigny (Anm. 9), S. 1060.

21 Stoll I, S. 186.

II. Der Brentano-Savigny-Arnim-Kreis

In dem vielschichtigen Beziehungsgeflecht, das die Freunde miteinander verband, gab es mehrere Dreierbeziehungen, aus denen Gefühlskonflikte resultierten, in die auch Savigny und Gunda zeitweise gezogen waren. Von dem Verhältnis Bettine – Gunda – Savigny war bereits die Rede, die Entscheidung Savignys war klar. Doch Gunda wurde in ihrer Beziehung zu Savigny 1803 – noch kurz vor der Verlobung – durch ihre Zuneigung zu Stephan August Winkelmann[23] schwankend gemacht. Winkelmann, Arzt und Philosoph aus Braunschweig, Teil des Brentano-Savigny-Arnim'schen Freundeskreises, hatte sie bei der Pflege ihrer kranken Schwester Sophie unterstützt, die im Herbst 1800 in Osmannstädt gestorben war. Karoline von Günderrode, in Savigny verliebt, aber mit Savigny und Gunda befreundet, schrieb 1803 an Gunda: „Winkelmann ist eine Sandbank, leichtlich unter Wasser zu sezen, ... darum ist meine Meinung, Savg. ist besser als alle, und es ist unmöglich ihn aufzugeben wenn man ihm einmal vertraut hat wie man ihm sollte. Besonders kann ichs nicht leiden, wenn Du ihn wie Du Dich ausdrückst aus Sorge um Deine Ruhe und Seelenheil nicht mehr lieben willst, so soll man nicht überlegen, ein solches Sistem von politischer Ökonomie soll man nicht in seine Empfindungen mischen."[24] Da wir nicht sehr viel über Savignys Werben um seine spätere Frau wissen, sind die Briefe Winkelmanns an Gunda aus diesen Jahren aufschlußreich. Was Winkelmann an Gunda im Endeffekt störte, „ihr Leben sei mit so vielen Banden an die Existenz der Dame, mit so sehr wenigen an das fromme einfache, häusliche Leben des Mädchens gefesselt, daß ich recht erschrecke",[25] diese gesellschaftliche Gewandtheit, das sichere Beherrschen der Umgangsformen ihrer Kreise, gerade das muß für Savigny anziehend gewesen sein,[26] dessen Verhalten die Freunde und Bekannten oft mit Begriffen wie „Gemessenheit", maßvolles Handeln, Ausgewogenheit etc. charakterisierten.

---

22 Stoll I, S. 186.
23 Über ihn vgl. Schnack (Anm. 5), S. 23 ff.
24 15.5.1803, abgedruckt bei Max Preitz, Karoline von Günderrode in ihrer Umwelt II. Karoline von Günderrodes Briefwechsel mit Friedrich Karl und Gunda von Savigny, in: Jb. des freien Deutschen Hochstifts 1964, S. 158 ff., hier S. 178.
25 Winkelmann an Gunda 18.10.1803, Schnack (Anm. 5), S. 259.
26 Schnack (Anm. 5), S. 81.

Am 17. April 1804 heirateten Savigny und Gunda in Meerholz. Durch die Heirat wurde er immer mehr in den Sog des Brentanokreises gezogen und teilweise wohl auch seinen Freunden aus frühen Studientagen entfremdet. Dies befürchteten und empfanden jedenfalls einige unter ihnen, so Friedrich Creuzer, ein enger Gefährte, den er in seinen Studien auch finanziell unterstützt hatte; auch Stephan August Winkelmann entfernte sich – der Briefwechsel mit Savigny bricht 1804 ab. Ein anderer Jugendfreund aus Marburger Studientagen, Burchard Wilhelm Pfeiffer,[27] schreibt ihm 1805, nach einem enttäuschenden Wiedersehen auf Savignys Hofgut Trages: „Dort fand ich dich in einem Kreise von Menschen, die sich über Alles erhaben glauben, was die gemeine Meinung für gut und wünschenswerth hält, denen die Natur zu alltäglich ist ..." und weiter: „Scheinbar dich an ihre Spitze stellend, scheinbar sich von dir abhängig machend und deinem Verdienste, als Extrem jeder Vollkommenheit, huldigend, haben sie deine Eitelkeit bestochen und von dir mehr verlangt als dein freies Urtheil ihnen gewährt haben würde. Du glaubst, ihr Abgott zu seyn und bist, unsichtbar umstrickt von den Fäden ihres Transcendentalsystems (wenn ich so sagen darf) ihr Sclave geworden." Er fährt aber fort: „Doch muß ich um nicht unbillig zu werden, noch dieses hinzusetzen, daß deine Frau, die gewiß deine ungetheilte Gegenliebe so sehr verdient, am mehrsten frey zu seyn scheint von euren Sonderlichkeiten. ..." Allerdings setzt er hinzu, daß „auch sie ... mit dem wirksamsten Erfolge, mit dazu beitrüge, durch übertriebene Schmeicheley Dich zu verderben."[28] (Zur Stellungnahme Pfeiffers zu Savignys Programmschrift „Vom Beruf" und zum Kodifikationsstreit sei sogleich einiges angemerkt). Offenbar wurde auch von den Zeitgenossen und dem Freundeskreis Gunda als am wenigsten „Brentano-like" empfunden. Wenn Bettine häufig als „sprunghaft", „ziellos", „koboldhaft" etc. charakterisiert wird, so gelten für Gunda die Begriffe „realistisch", „praktisch", „ernsthaft".

27 Geb. 7.5.1777 Kassel- gest.4.10.1852 ebenda; Verwaltungsjurist; Regierungsarchivar; verfaßte eine Übersetzung des Code Napoléon für das Kgr. Westfalen; 1817 Richter am Oberappellationsgericht Kassel; Frühliberaler; setzte sich für Rechtsstaatlichkeit ein. Über ihn vgl. Jürgen Nolte, Burchard Wilhelm Pfeiffer – Gedanken zur Reform des Zivilrechts. Ein Beitrag zur Geschichte der deutschen Zivilgesetzgebung, Göttingen u. a. 1969, bes. S. 13 ff. (m.w.N.).

28 Kassel 25.4.1805; UB Marburg Ms 725/1053; tw. abgedruckt bei Schnack (Anm. 5), S. 79; siehe auch Nolte (Anm. 27), S. 16.

Karoline von Günderrode blieb nach der Hochzeit Savignys mit Gunda beiden freundschaftlich verbunden, knüpfte dann eine Beziehung zu dem verheirateten Heidelberger Altertumswissenschaftler Friedrich Creuzer an, uns bereits aus dem Marburger Freundeskreis bekannt. Savigny spielte eine vermittelnde Rolle, als sich diese Beziehung zuspitzte und von einer Scheidung Creuzers die Rede war; er suchte durch Gespräche mit diesem und seiner Frau ein Art Schiedsrichter zu sein. Als Creuzer, der sich doch nicht von seiner Frau trennen wollte, dies Karoline mitteilte, beging sie am 26. Juli 1806 in Winkel am Rhein, nahe dem Sommerhaus der Familie Brentano, Selbstmord.

Was die Beziehung zwischen Savigny und Bettine betrifft, so hatte sich durch seine Hochzeit mit Gunda die Situation geklärt, Bettine war häufig bei Schwager und Schwester, begleitete sie auf Reisen, kümmerte sich auch um die Kinder. Im späteren Briefwechsel nennt Bettine Savigny „Habihnnie“ und er nennt sie „lieber Butin“ (wie sie auch von Gunda genannt wurde). An Bettines Bildungsgang nimmt er starken Anteil, empfiehlt ihr bestimmte Autoren zur Lektüre und in ihren Briefen berichtet sie ihm darüber – dies wirkt teilweise wie ein Lehrer-Schülerin-Verhältnis. „Lieber Habihnnie! Ich schreibe Dir, um Dir einen treuen Bericht von meinem Lernen abzustatten, welches ich denn um so lieber tue, da ich gewiß weiß, daß mein Fleiß und Eifer viel Freude machen wird. Die Geschichte studiere ich auf folgende Weise. Ich lese sie im allgemeinen des Morgens bei dem Günderrödchen, des Nachmittags mache ich mir einen Auszug aus dem was ich gelesen habe.“[29] Bettine heiratete 1811 Achim von Arnim, den sie 1802 durch ihren Bruder Clemens kennengelernt hatte und mit dem sie bereits eine lange Bekanntschaft und Freundschaft, gemeinsame Interessen und gemeinsame Arbeit verbanden. Der Brentano-Savigny-Arnim-Kreis schloß sich damit in einer weiteren Verbindung. In Berlin und später auf Arnims Gut Wiepersdorf trafen sie 1811 wieder aufeinander. In der späteren Berliner Zeit, als sich Bettine politisch betätigte, Beziehungen zum „Jungen Deutschland“ knüpfte, sich in Savignys Augen vielleicht „radikalisierte“, kühlten die Beziehungen erheblich ab (dazu später noch einige Bemerkungen).

29 Schellberg/Fuchs, Andacht zum Menschenbild (Anm. 19), S. 26.

III. Die Entstehung der Programmschrift „Vom Beruf unsrer Zeit" und ihre Aufnahme in Freundeskreis und Öffentlichkeit

„Von Pflanzenglük begannen die Menschen und wuchsen auf, und wuchsen, bis sie reiften, von nun an gährten sie unaufhörlich fort, von innen und außen, bis jezt das Menschengeschlecht, unendlich aufgelöst, wie ein Chaos daliegt, daß alle, die noch fühlen und sehen, Schwindel ergreift; aber die Schönheit flüchtet aus dem Leben der Menschen sich herauf in den Geist; Ideal wird, was Natur war. ..." Diesen Teil der Rede Hyperions in Diotimas Garten aus Hölderlins Dichtung „Hyperion" hat sich Savigny exzerpiert. Unter dem Stichwort „Politik Neuere Legislationen" findet sich dieser Auszug in einer Mappe mit Vorarbeiten zu seiner berühmt gewordenen Schrift „Vom Beruf unsrer Zeit für Gesetzgebung und Rechtswissenschaft".[30] Der Rechtshistoriker Hans Kiefner hat das Blatt erstmals im Detail analysiert und nachgewiesen, daß Savigny den Kernsatz „Ideal wird, was Natur war" (er wird im weiteren Text Hölderlins abgewandelt als „Ideal ist, was Natur war") als einen Grundgedanken in seine Arbeit aufgenommen hat.[31] Auch Joachim Rückert hat sich in seiner großen Savigny-Monographie „Idealismus, Jurisprudenz und Politik bei Friedrich Carl von Savigny" intensiv mit diesem Bezug auseinandergesetzt. Darüber, durch wen Savigny mit Hölderlin in Berührung kam, ist vieles erwogen worden. Casimir Ulrich von Böhlendorff, der Freund Hölderlins, kommt dafür in Frage, ebenso Clemens oder Bettine, auch Gunda, da sie mit Susette Gontard, Hölderlins Diotima, eng befreundet war und 1801 bei ihr zu Gast war.[32] Viele Möglichkeiten gibt es; hier ist nicht der Ort, dieser Frage nachzugehen. Jedenfalls hat sich Savigny in Gesprächen mit Freunden und durch Lektüre intensiv mit der Geschichtsphilosophie im Geiste Friedrich Schlegels,[33] die auch im Kreis um Hölderlin diskutiert wurde, auseinandergesetzt und Grundzüge davon in seiner Rechtslehre verarbeitet. Viele Gedanken Johann Gottfried Herders finden sich bei Savigny gespiegelt:[34] so etwa der Begriff des „Organischen", der alle historischen

30 Heidelberg 1814.
31 Kiefner, Ideal wird (Anm. 3).
32 Schnack (Anm. 5), S. 53.
33 Rückert (Anm. 2); S. 198 ff.
34 Pio Caroni, Savigny und die Kodifikation, in: SZGerm 86 (1969), S. 97 ff., hier S. 113.

Individuen, Völker, Herrscher oder Gemeinwesen als werdende und vergehende Organismen auffaßt, als Organismen eines natürlichen – aber auch eines höheren geistigen – Lebens.

1814 erschien in Heidelberg Anton Friedrich Justus Thibauts Schrift „Über die Notwendigkeit eines allgemeinen bürgerlichen Rechts für Deutschland". Thibaut forderte hier die Abfassung eines nationalen Gesetzbuchs, einer Kodifikation für ganz Deutschland. Savigny widersprach dessen Thesen und Forderungen mit der Publikation seiner Programmschrift „Vom Beruf", die kurz darauf – ebenfalls in Heidelberg – erschien. „Thibaut hat eine Schandschrift geschrieben, Vorschlag eines allgemeinen Gesetzbuchs, ich fahre unter anderem über ihn los, in zwey bis drey Wochen ist mein Büchlein gedruckt", schrieb er an seinen Schwager Achim von Arnim.[35] Doch war der „Beruf" nicht – wie die Rechtshistorie lange behauptete – eine reine Gelegenheitsschrift als Erwiderung auf den Konkurrenten. Savigny hatte schon lange zuvor seine Gedanken und seine Grundauffassung über das Verhältnis von Gesetzgebung und Wissenschaft formuliert. Der erste Teil der Schrift, der diese seine Rechtstheorie beinhaltet, ist aus der geplanten Einleitung zu dem großen Werk „Geschichte des römischen Rechts im Mittelalter" entnommen, das Savigny seit längerem vorbereitete;[36] nur der zweite Teil, der eine Kritik der drei großen Gesetzbücher der Zeit, des preußischen Allgemeinen Landrechts von 1794, des österreichischen Allgemeinen Bürgerlichen Gesetzbuchs von 1811 und des französischen Code civil von 1804 darstellt und damit die Forderung Thibauts nach einem nationalen Gesetzbuch widerlegen will, ist ad hoc entstanden.[37] Die wissenschaftliche und rechtspolitische Diskussion, die sich an die Publikation der beiden Schriften knüpfte, ist in der Rechtsgeschichte als „Kodifikationsstreit" berühmt geworden und hat zur Entstehung der sog. Historischen Schule der Rechtswissenschaft geführt. Savigny formulierte in der – erst

---

35 Stoll II, Nr. 273 (20.9.1814).

36 Johannes Hennig, „Vom Berufe unserer Zeit" und „Geschichte des Römischen Rechts", ihre Entstehung und ihr Verhältnis zueinander mit einem unbekannten Briefe Savignys an Zimmer, in: SZGerm. 56 (1936), S. 394–398. Brief an Zimmer, 4.6.1814: „Nun ist es aber seit den überglücklichen Ereignissen der letzten Monate um vieles wichtiger und dankbarer geworden, solche allgemeinen Ansichten von Jurisprudenz und Gesetzgebung auszusprechen. Ich bin daher willens, dieses weiter auszubilden und von dem Buche selbst zu trennen ..." (S. 395 f.).

37 Caroni, Savigny (Anm. 34), S. 128 ff.; vgl. ders., Der unverstandene Meister? Savigny's Bemerkungen zum österreichischen ABGB, in: FS Hermann Baltl, Innsbruck 1978, S. 107–122.

später so genannten – „Volksgeistlehre“ die Theorie, das Recht entstehe und wachse organisch aus dem Volke, es werde von der Wissenschaft weiterentwickelt und diese Entwicklung dürfe nicht durch Eingriffe des Gesetzgebers gestört werden. Einige Grundgedanken seien ganz knapp zusammengefaßt: Wenn Savigny als Grundlage des Rechts den „Volksgeist“ betrachtet (der Begriff ist von Puchta geprägt worden), so bedeutet das für ihn folgendes: In der Frühzeit war diese Grundlage das Gewohnheitsrecht, geschaffen durch das Volk (Savigny: durch „innere, stillwirkende Kräfte, nicht durch die Willkühr eines Gesetzgebers“[38]); in der weiteren Entwicklung ist infolge komplizierterer Lebensverhältnisse die Aufgabe der Fortbildung des Rechts auf den gelehrten Juristenstand übergegangen. Unter diesem gelehrten Recht begreift er das römische Recht, dies ist kraft wissenschaftlicher Überzeugung „Gemeingut aller gebildeten Nationen geworden“. Der wesentliche Faktor der Rechtsbildung ist demnach die Rechtswissenschaft. Juristen – sowohl die der Praxis als der Theorie (für Savigny war immer die Durchdringung von Praxis und Theorie wichtig) – entwickeln das Recht organisch fort. Eine häufig zitierte Formulierung aus dem „Beruf“ lautet, die Rechtswissenschaft solle „jeden gegebenen Stoff bis zu seiner Wurzel verfolgen, und so sein organisches Princip entdecken, wodurch sich von selbst das, was noch Leben hat, von demjenigen absondern muß, was schon abgestorben ist“.[39] Insoweit trägt die „Volksgeistlehre“ romantische Züge: Insbesondere der Evolutionsgedanke und der Gedanke organischer Einheit einer Kultur als „Natur“ eines Volkes sind dafür charakteristisch. Eine sozusagen „politische“ Konsequenz dieses Denkens war, es gäbe keine geschichtliche Rechtfertigung für Revolutionen, nur für Reformen – Savigny lehnte bekanntlich die französische Revolution vehement ab. Sein Volksbegriff war aber kein rationaler, auch kein nationalpolitischer, es war ein kultureller Begriff. Ein Hauptteil dieser Kultur war für ihn, wie für seine Romantiker-Freunde, die Sprache, die ihm auch ein wesentliches Element des Rechts erscheint.[40]

In unserem Zusammenhang ist noch zu erwähnen, daß Savigny auch mit Achim von Arnim über seine Programmschrift diskutierte. Er schrieb ihm während der Entstehung (am 4. Oktober 1814), die Schrift nehme ihn

38 Vom Beruf unsrer Zeit für Gesetzgebung und Rechtswissenschaft, in: Thibaut und Savigny. Ihre programmatischen Schriften, hrsg. von Hans Hattenhauer, München 1973, S. 105 [14].
39 Beruf, S. 166 [118], S. 179 [140].
40 Wolf, Rechtsdenker (Anm. 11), S. 492.

völlig in Anspruch.[41] Kurz nach der Publikation drängt er den Freund schon, ihm seine Meinung dazu zu schreiben.[42] Und Arnim äußert seine Kritik,[43] vor allem an Savignys Beurteilung der bestehenden Gesetzbücher und an seiner allgemeinen Kodifikationsfeindlichkeit: „An Verfassung fehlts und ehe diese nicht vorhanden, ists etwas ganz Unbedeutendes, ob wir Code oder Landrecht oder römisches Recht haben, dann aber wird die Untersuchung über bürgerliche Gesetze sich von selbst mitbilden." Arnim lobt vor allem aus eigener Erfahrung als Gerichtsherr die durch die preußische Kodifikation geschaffene Rechtssicherheit: „Das Landrecht war für unser Volk in rechtlicher Hinsicht so wichtig wie Luthers Bibelübersetzung, weder die Bibel noch das Gesetzbuch werden eigentlich im Volke gelesen, aber nachgeschlagen werden beide. Jeder kann dazu kommen und dieser Zustand ist auch im übrigen Deutschland wünschenswert."[44]

Am Urteil der Freunde war Savigny einiges gelegen; sie debattierten mündlich wie schriftlich über die in der ganzen Fachwelt und darüber hinaus aufsehenerregende Schrift. Jacob Grimm stimmte Savigny vor allem in seinen Ideen zur Rechtsentstehung aus dem Volksgeist zu, die „Gleichstellung und Vergleichung des Rechts mit Sitte und Sprache" ist ihm wichtig. „Das Recht ist wie die Sitte und Sprache volksmäßig, dem Ursprung und der organisch lebendigen Fortbewegung nach."[45]

Auf Burchard Wilhelm Pfeiffer, den Jugendfreund, ist hier kurz zurückzukommen. Er publizierte Ende 1815 eine Schrift „Ideen zu einer neuen Civil-Gesetzgebung für teutsche Staaten", in der er sich aus vorwiegend rechtspraktischen Erwägungen für eine deutsche nationale Kodifikation einsetzt und damit natürlich in Gegensatz zu Savigny gerät.[46] Laut einem Brief Wilhelm Grimms an Savigny hatte Pfeiffer die schon im Sommer 1813 gedruckte Schrift, in der er vorschlägt, das österreichische ABGB als allgemeines Gesetzbuch für ganz Deutschland anzunehmen,

41 Stoll II, S. 117.

42 Stoll II, S. 123.

43 Reinhold Steig, Achim von Arnim über Savignys Buch vom Beruf unsrer Zeit für Gesetzgebung, in: SZGerm 13 (1892), S. 228 ff.; vgl. auch Eugen Wohlhaupter, Friedrich Carl von Savigny und Achim von Arnim, in: Dichterjuristen, hrsg. von H.G.Seifert, Tübingen 1953, S. 97 ff., hier S. 109 ff.

44 Steig, Arnim über Savignys Buch (Anm. 43), S. 230.

45 Brief vom 29.10.1814, in: Wilhelm Schoof (Hrsg.), Briefe der Brüder Grimm an Savigny, Berlin-Bielefeld 1953, S. 171 ff., hier S. 172.

46 Göttingen 1815.

zunächst zurückgezogen.[47] Auch in der weiteren Korrespondenz wird das Thema angesprochen; in einem Brief an Jacob Grimm schreibt Savigny: „Was Sie von Pfeiffer schreiben, thut mir leid, das ist nun reine Dummheit. Übrigens würde die Ausführung seines Plans durch Unbedeutendheit und Unmerklichkeit doch noch am wenigsten schaden, so wie ich aus diesem Grunde schon und blos von dieser Seite betrachtet das Österr. Ges.buch für unschädlicher halte als den Code, und den Code für unschädlicher als das Preußische Gesetzbuch."[48] Es scheint, daß eine eingehende Auseinandersetzung mit Pfeiffers „Ideen" – und damit auch mit dem Modell ABGB – im großen Kodifikationsstreit Savigny-Thibaut untergegangen ist.[49]

Savignys Programm, das der Historischen Rechtsschule, setzte sich durch und verhinderte auf längere Zeit die von Thibaut geforderte nationale Kodifikation, also ein Gesetzbuch für ganz Deutschland. An deren Stelle setzte Savigny die auf dem klassischen römischen Recht begründete Rechtswissenschaft, eine Lehre, die unter dem Begriff „Pandektistik" – nach den Pandekten, einem Teil des Justinianischen Corpus iuris civilis benannt – Furore machte. In den Gebieten des Deutschen Bundes, die keine Privatrechtskodifikation hatten, herrschte das sog. Gemeine Recht und die großen Pandekten-Lehrbücher dienten als Entscheidungsgrundlage für die Gerichte. Es sei allerdings betont, daß, obgleich sich Savignys Historische Schule und damit die kodifikationsfeindliche Haltung in der deutschen Rechtswissenschaft weitgehend durchsetzte, dennoch viele der Staaten des Deutschen Bundes territoriale, also einzelstaatliche Kodifikationsversuche unternahmen. Sowohl im Großherzogtum Hessen-Darmstadt, als auch im Königreich Bayern und im Königreich Sachsen bemühte man sich um Zivilgesetzbücher. In Preußen arbeitete man im Zuge der Revision des Allgemeinen Landrechts mehrere Entwürfe aus. Es waren dies Initiativen, die in erster Linie von rechtspolitisch interessierten Juristen sowie von liberalen Abgeordneten der Ständeversammlungen der süddeutschen konstitutionellen Staaten ausgingen, und die sich – vor allem im Vormärz und im Umfeld der 1848er Revolution – auch wieder mit dem Gedanken einer nationalen Kodifikation befaßten. Die Forderung nach Schaffung sicheren, einheitlichen

47 Schoof (Anm. 45),S. 155.

48 19.5.1815, Stoll, II, S. 140; vgl. Nolte (Anm. 28), S. 170 ff.; vgl. Joachim Rückert (Anm. 2), S. 13, 20, 165 ff.

49 Zu Pfeiffers Ideen vgl. auch Hans Christof Kraus: Begriff und Verständnis des „Bürgers" bei Savigny, in: SZRom 1993, S. 552 ff., bes. 561 ff.

Rechts war dabei ein wesentlicher Teil der angestrebten Entwicklung zur Rechtsstaatlichkeit. – Nach diesem kleinen Exkurs in die deutsche Gesetzgebungsgeschichte der ersten Jahrhunderthälfte kehren wir zurück zum Brentano-Arnim-Savigny-Kreis.

IV. Rechtliche Aspekte in Clemens Brentanos Dichtungen

Erwähnt wurde bereits, daß Bettine sich in ihrer Lektüre zeitweise stark an Savigny ausrichtete und von ihm beeinflussen ließ. Auch in Clemens Brentanos Werken, die in vielem persönliche Eindrücke und Beziehungen verarbeiten, so in seinem ersten Roman „Godwi", wie auch in „Gockel, Hinkel und Gackeleia", lebt die Gemeinschaft der Freunde. Die Treffen auf dem Gut Trages, gemeinsame Rheinreisen, die Kulisse der Rhein-Main-Landschaft sind in seinen Werken „verdichtet".[50] Besonders sei auf die Berührungspunkte in Clemens' Dichtungen mit den philosophischen Ideen und der juristischen Gedankenwelt, in der Savigny lebte und der er verpflichtet war, hingewiesen, die Eugen Wohlhaupter in seinen beiden Studien „Savigny-Brentano" und „Savigny-Arnim" in dem Sammelband „Dichterjuristen" herausgearbeitet hat.[51]

Das Eingangszitat über den „stolzen Jacopone" stammt – wie erwähnt – aus den Romanzen vom Rosenkranz, in denen Clemens seinem Schwager, dem großen Rechtslehrer, in Gestalt „Jacopones" huldigt. In dieser Dichtung sind viele juristische Anspielungen enthalten, die auch zeigen, daß sich Clemens intensiv mit der Gedankenwelt und der Arbeit Savignys auseinandersetzte. Mag er auch mangels fachwissenschaftlicher Kenntnisse einiges mißverstanden haben,[52] so hat er Savignys Anliegen, die Wiederbelebung des römischen Rechts, sehr gut nachempfunden und verarbeitet. Den Hintergrund des Epos bildet die mittelalterliche Stadt und Universität Bologna, von der bekanntlich die Renaissance und die Rezeption des römischen Rechts ausgingen. Zur Entstehungszeit der Romanzen befaßte sich Savigny intensiv mit den Vorarbeiten zu seiner „Geschichte des römischen Rechts im Mittelalter" und die Freunde kommunizierten sicherlich häufig über diese Themen.

---

50 So zuletzt Gunda von Savigny, Hof Trages, Hanau 1998, S. 48 ff.

51 Dazu vor allem Eugen Wohlhaupter, Friedrich Carl von Savigny und Clemens Brentano, in: Dichterjuristen, hrsg. von H.G.Seifert, Tübingen 1953, S. 3 ff.

52 So ist die Anspielung „de bonorum possessione" fälschlich auf Savignys Werk „Das Recht des Besitzes" bezogen; vgl. Wohlhaupter (Anm. 51), S. 3.

Abb. 37: „Romantischer Treffpunkt" Hofgut Trages bei Gelnhausen (ehem. Cranzsches Hofgut).
Hier wirkte Friedrich Carl von Savigny als Gastgeber eines Kreises hochstehender Persönlichkeiten aus dem deutschen Geistesleben. Im „Dichterzimmer" im Herrenhaus befinden sich freigelegte Wandbilder von Clemens und Christian Brentano, die die Brüder während ihres Aufenthaltes im Jahr 1805 angefertigt haben. Als Vorbild diente ihnen u. a. Schlegels „Petrarca" von 1804. Vgl. Beitrag von Brigitte Schad (oben), S. 110 f.

In der X. Romanze, „Jacopone und Rosarosa", versucht Brentano – wie er selbst in einem Brief an Savigny schreibt-, die „ganze Rechtsgeschichte in eine Romanze zu bringen". Die berühmtesten der klassischen römischen Juristen wie Gaius, Papinian und Ulpian figurieren in Clemens' Epos. Jacopone wird aber eine besonders wichtige Rolle zugeschrieben.

V. Savigny als juristischer Ratgeber seiner Freunde Brentano und Arnim

Das reale Vorbild Jacopones war auch für seine Verwandten und Freunde der „junge weise Doktor". *„Oft erteilte den Geschlechtern/ Seinen Rat auch Jacopone,/ Und, in ihrer Mitte stehend,/ Mußte Freund und Feind ihn loben."* – so heißt es in der X. Romanze. Mehrfach wandte sich Clemens Brentano an seinen Freund und Schwager um Rat in Rechtsangelegenheiten, bei ihm ging es in erster Linie um Eheschließung und Scheidung. Clemens' Ehe mit Sophie Mereau war nur nach der Scheidung von ihrem Mann möglich, die 1801 vor dem Weimarer Oberkonsistorium unter Vorsitz Herders ausgesprochen wurde. Ein fürstliches Reskript ebnete den beiden den Weg. Für die Regelung der Vermögensverhältnisse und auch der Erziehung der Tochter wurde ein schriftlicher Vertrag geschlossen. Auch bei der Beschaffung der notwendigen Papiere für das Aufgebot, die nicht ganz einfach war, mußte Savigny behilflich sein. Neben der Tatsache der Scheidung war auch der Konfessionsunterschied ein Hindernis. Die Eheschließung fand in Marburg statt, wo der Freund Leonhard Kreuzer die Trauung vornahm. In Frankfurt wäre die Eheschließung zwischen dem katholischen Brentano und der geschiedenen protestantischen Sophie Mereau aus juristischen Gründen schwierig gewesen.[53] Bekanntlich heiratete Clemens nach Sophies Tod Auguste Bußmann, eine chaotische Beziehung: Trennung, – echte oder vorgetäuschte – Selbstmordversuche, Flucht Brentanos, als sie ihm nach Landshut nachreist; all dies erregte Skandal in Freundeskreis und Umwelt.[54] Savigny unterstützte den Freund in dieser katastrophalen Zeit psychisch wie in seinen Verhandlungen wegen der Auflösung der Ehe. Erst 1812 sprach ein Aschaffenburger geistliches Gericht wegen „malitiosa desertio" (böslicher Verlassung) die Trennung von Tisch und Bett aus. Auch in finanziellen Angelegenheiten Clemens Brentanos ist mehrfach die ordnende Hand Savignys spürbar.

Achim von Arnim wurde von Savigny in seiner Erbauseinandersetzung nach dem Tode der Großmutter (es ging um Rechte aus dem Familienfideikommiß) sowie später in verschiedenen Vermögensangelegenheiten beraten. Arnim hatte auch als Guts- und Gerichtsherr im märkischen Wiepersdorf immer wieder mit juristischen Fragen zu tun. In den

53 Wohlhaupter (Anm. 51), S. 31 f.
54 Wohlhaupter (Anm. 51), S. 40 ff.

Abb. 38: Carl Friedrich von Savigny (1814–1875), Sohn von Friedrich Carl und Gunda von Savigny, mit seiner Frau Marie, geb. von Arnim-Boitzenburg (1831–1905).
Carl Friedrich stand in diplomatischen Diensten, unter anderem als preußischer Bundestagsgesandter, und war lange mit Otto von Bismarck befreundet, bis es zu Konflikten während des Kulturkampfes kam. Als überzeugter Katholik verteidigte Savigny seine Kirche.

gutsherrlichen Verhältnissen benötigte er Rat vor allem in den mit der Stein-Hardenberg'schen Agrarreform zusammenhängenden Fragen. Nach Arnims frühem Tod 1831 übernahm Savigny die Vormundschaft über seine Kinder.

Erwähnt wurde bereits, daß sich die persönlichen Beziehungen zwischen Bettine und dem Ehepaar Savigny in der Berliner Zeit, den späteren dreißiger und den vierziger Jahren, abkühlten. Entfremdung brachte wohl vor allem Savignys Haltung gegenüber den Brüdern Grimm im Hannoverschen Verfassungsstreit, d.h. in der Angelegenheit der sog. „Göttinger Sieben". König Ernst August von Hannover erklärte bei seinem Regierungsantritt 1837 die Verfassung des Jahres 1833 für unverbindlich, weil sie ohne Zustimmung erbberechtigter Mitglieder des Königshauses erlassen worden sei. Die Grimms, die – zusammen mit Friedrich Christoph Dahlmann, Georg Gottfried Gervinus u. a. Göttinger Professoren – dagegen protestiert hatten, wurden deshalb entlassen und des Landes verwiesen. Während Bettine, wie es ihrem Temperament entsprach, sich emotional engagierte, blieb Savigny realistisch zurückhaltend und verwandte sich – sozusagen hinter den Kulissen – für die Freunde. Jacob

Grimm schreibt über Bettines Auftauchen in Kassel (während des Umzugs Wilhelm Grimms): „Ihre Gedanken und Reden sind immer sehr geistreich und aufregend, aber maßlos und über den Rand des Gefäßes fließend; sie erfreut, tröstet, kann aber doch nicht recht helfen."[55] Savigny vermied öffentliche „politische" Parteinahme, wollte als guter Jurist sich selbst erst eine Meinung von den verfassungsrechtlichen Hintergründen des aufsehenerregenden Prozesses machen. In einer langen Epistel vom 4. November 1839 schreibt Bettine an Savigny über ihre Meinung zu seiner Haltung in dieser Angelegenheit und wirft ihm seine kühle Zurückhaltung vor: „Ja Savigny, was hilft dich dein Ruhm in und außer deutschen Landen, wenn du scheu und kalt an jenem Hause vorübergehst, in dem du sonst vor allen mit freudiger Begeistrung aufgenommen warst ...".[56] In Savignys Antwort auf ihren Brandbrief kommt seine Haltung klar zum Ausdruck: „Es gibt nur zuviele Leute, die sich mit halbreifem Urteil öffentlich in Dinge einmischen, welche außer ihrem Beruf liegen, durch mich ihre Zahl zu vermehren, ist meiner innersten Gesinnung zuwider".[57] Savigny verwandte sich – erfolgreich – beim preußischen Kronprinzen, dem späteren König Friedrich Wilhem IV., für die Brüder Grimm. Auch Bettine sprach bei ihm, in den sie wie viele der Zeitgenossen so hohe Erwartungen setzte, für die Freunde und schrieb deren Berufung nach Berlin, die nach dem Thronwechsel 1840 erfolgte, ihrer Fürbitte zu. In dieser Angelegenheit zeigt sich wohl das Aufeinanderprallen so unterschiedlicher Charaktere und Mentalitäten, das Verhältnis Emotionalität – Rationalität.

Weitere Entfremdung brachte das zunehmende Engagement Bettines für die oppositionelle Kreise, die sie „ihre Demokraten" nannte.[58] 1842 wurde Savigny zum preußischen Gesetzgebungsminister berufen. Mitte Juli 1843 publiziert Bettine ihr Königsbuch: „Dies Buch gehört dem König", ein Werk, das zahlreiche Angriffe auf die preußische Justiz und die Gesellschaft enthält. Später folgt „Des Königsbuches zweiter Band". Auch das „Armutsbuch" ist Frucht ihrer Beschäftigung mit der herrschenden sozialen Not im Berliner Proletariat. Der Appell an den König und an die Öffentlichkeit basiert dabei zum Teil auf empirischen Daten, Recherchen in einer Anzahl von Familien. Gerechte Forderungen sind allerdings in ihren Publikationen mit Ausfälligkeiten und ziemlich phantastischen

55 Schellberg/Fuchs, Andacht zum Menschenbild (Anm. 19), S. 259.
56 Ebd., S. 267 ff.
57 Stoll III, S. 255.
58 Vgl. den Beitrag von Ulrike Landfester in diesem Band.

Vorschlägen verbunden, so daß offenbar vernünftige Diskussionen rechtspolitischer Themen mit dem Schwager Savigny nicht mehr möglich waren. Von den preußischen Ministern, darunter Savigny, spricht sie als „Lumpen, Betrüger, hochfahrende Aristokraten". Ihre Tochter Maxe schildert die zunehmende politische Radikalisierung der Mutter, die die übrigen Familienmitglieder nicht unbedingt teilten. Das Jahr 1848 brachte einen Einschnitt: „Im Hause Arnim gab es zwei Salons, einen demokratischen und einen aristokratischen. Links vom Saal in unseren Räumen (Maxe und Armgart) empfingen wir unsere Freunde, rechts in ihren Zimmern Bettine ihre „edlen Weltverbesserer".[59] Auch nach seinem Rücktritt als Minister 1848 blieb die persönliche Beziehung Savignys zu Bettine abgekühlt, obwohl er sich weiterhin um die Arnimschen Familienbelange kümmerte.

Schluß

Mit diesen kurzen Schlaglichtern konnten nur einige Einblicke in das Geflecht der persönlichen, politischen und wissenschaftlichen Beziehungen innerhalb des Brentano-Savigny-Arnim-Kreises gegeben werden. Sie sollten einige nicht so bekannte Facetten des Lebens und Wirkens des berühmtesten und einflußreichsten deutschen Juristen des 19. Jahrhunderts aufzeigen; auch in der Person Savigny und seiner Einbindung in die Familie Brentano kommt das Zusammen- oder Gegenspiel von „Geist und Macht" zum Ausdruck.

59 Schellberg/Fuchs, Andacht zum Menschenbild (Anm. 19), S. 337.

Otto Rudolf von Brentano (1855–1927)

Hessischer Minister und Stellvertretender Ministerpräsident

Eckhart G. Franz

Die Beschäftigung mit den Brentanos, ihrem Beitrag zur deutschen, aber auch zur hessischen Geschichte, ist in der gegenwärtig aufgeheizten Debatte um die Integration „ausländischer Mitbürger“ sicher gut placiert. „Die Italiener kommen“, war vor einigen Jahren Titel einer Ausstellung im Darmstädter „Haus der Geschichte“, die an das Anlaufen der Gastarbeiter-Migration in die Bundesrepublik vor 40 Jahren erinnern wollte.

Abb. 39: Otto Rudolf von Brentano di Tremezzo (1855–1927).
Portraitfoto, vor Bücherwand stehend, etwa um 1914, mit faksimilierter Unterschrift

Mit einer ad hoc vorbereiteten Dokumentation aus den Beständen des Staatsarchivs haben wir die bis zum Beginn unserer Zeitrechnung zurückreichende Geschichte der Zuwanderung und Integration von Handwerkern, Kaufleuten, Künstlern italienischer Herkunft präsentiert, die gerade unseren Rhein-Main-Raum geprägt hat, von der Römerzeit im Limes-Land über die lombardischen Bauleute der Karolingerzeit, die Seidenweber der Renaissance, die Architekten, Bildhauer und Opern-Truppen des Barock bis zu den Steinhauern, die im Zuge des Straßen- und Eisenbahnbaus im vorigen Jahrhundert hier arbeiteten und seßhaft wurden.

Als der Zentrums-Abgeordnete Otto von Brentano im Februar 1905 in der Zweiten Kammer des Darmstädter Landtags angesichts der Anstoß erregenden Hetzreden des österreichischen Sozialisten Pernerstorfer gegen Reichskanzler von Bülow und der lautstarken Demonstrationen russischer TH-Studenten in Darmstadt forderte, man solle derartige politische Aktivitäten von „Ausländern" unterbinden, hielt ihm der streitbare SPD-Fraktions-Chef Carl Ulrich in einer hitzigen Redeschlacht entgegen: wer sich „di Tremezzo" nenne, dürfe eigentlich nichts gegen andere „Ausländer" haben.[1] Der letzte „ausländische" Vorfahre des Offenbacher Justizrats Brentano, der wie sein Neffe, der berühmtere Stammvater des Frankfurter Brentano-Clans, Peter Anton hieß, war immerhin 1704, mehr als 200 Jahre zuvor also, in Tremezzo am Comer See geboren, und sein Vater Don Natalis war überdies schon mit einem Mainzer Mädchen verheiratet, dessen Mitgift im späteren Familien-Weingut in Bingen investiert wurde.[2] Da sich auch alle Nachkommen dieser Linie ihre Frauen im rheinisch-pfälzischen Umland gesucht hatten, war Otto von Brentano, um den es hier geht, gerade noch zu $^1/_{32}$ Italiener. Der Anteil italienischer Gene verstärkte sich allerdings durch seine Heirat mit Lilla Schwerdt, die mütterlicherseits von den etwas später „eingedeutschten" Frankfurter Brentanos abstammte. Als Ottos ältester Sohn 1950 erster Botschafter der neubegründeten Bundesrepublik Deutschland in Rom wurde, war der jetzt positiv genutzte Hinweis auf die italienische Abkunft somit etwas besser fundiert, zumal Otto selbst (wie die Enkel berichten) den Italien-Bezug bewußt gepflegt hat.

1 Verhandlungen der Zweiten Kammer der Landstände des Großherzogtums Hessen 32. Landtag (VLGH 32 II), 20.Sitzung vom 15.2.1905, S. 2587.

2 Zu den genealogischen Daten vgl. Peter Anton v. Brentano di Tremezzo: Stammreihen der Brentano mit einem Abriß der Familiengeschichte, Bad Reichenhall 1933; für die zunächst in Bingen ansässige „Hessisch-Bayerische Linie" S. 18–20.

Die Bingener Brentanos waren zunächst weniger auffällig als ihre Frankfurter Vettern, hatten sich aber in der Gesellschaft des kurmainzischen Amts- und Weinstädtchens rasch eine honorige Position geschaffen. Schon der 1756 verstorbene Peter Anton war gewählter Stadthauptmann von Bingen. Enkel Johann Baptist verwaltete neben dem Weingut die Posthalterei, so daß er in der Franzosenzeit, im Protokoll über die Eheschließung mit Anna Maria Harth aus Gaulsheim 1811, den stolzen Titel eines „kaiserlich französischen Postdirektors" führte. Als im Mai 1816 der Sohn geboren wurde, der den bei einer katholischen Familie etwas überraschenden Vornamen Gustav Adolf erhielt, gehörte Bingen bereits zum Großherzogtum Hessen. Nach dem Tod des großherzoglichen Postverwalters 1833 (mit offizieller Notiz im Hessischen Regierungsblatt), führte der 17jährige Sohn mit der Mutter die Poststelle weiter, ging aber schon einige Jahre später nach Mainz, um bei der Thurn- und Taxis-Postverwaltung eine regelrechte Fachausbildung zu absolvieren. 1840 zunächst Postassistent in Gießen, wurde er zwei Jahre später in die Landeshauptstadt Darmstadt versetzt, avancierte zum Postsekretär 1. Klasse und heiratete Anfang 1849 die einige Jahre jüngere Auguste Hofmann. Sie war als jüngste Tochter des Hofgerichtsrats Carl Christoph Hofmann die Nichte des in den Geschichtsbüchern als Mitbegründer des Zollvereins gefeierten Finanzministers August Frh. von Hofmann und des zu den tonangebenden Männern der Residenz zählenden Medizinalrats Dr. Bernhard Huth.[3]

Die Brentanos blieben jedoch trotz der hier geknüpften Verbindung zur lutherischen Beamten-Oligarchie des Großherzogtums bewußt katholisch. Gustav Brentano wurde 1864 Postmeister in Friedberg, wo er sich dann mit der Übernahme der Thurn & Taxis-Post durch das neubegründete Deutsche Reich 1871 wie einst der Vater in Bingen „kaiserlicher Postdirektor" nennen durfte. Im wilhelminischen Deutschland waren Rang und Titel wichtiger als in der letztlich bürgerlich-beschaulichen Gesellschaft Hessen-Darmstadts, so daß der Postdirektor noch kurz vor seinem Tod 1883 mit großherzoglicher Genehmigung den Namenszusatz „di Tremezzo" annahm. Die Söhne ließen sich ein paar Jahre später in Rom den „alten italienischen Adel" der Familie bestätigen,

3 Die Brentano-Biographie von O. Schlander (s. Anm. 5) macht Auguste versehentlich zur Tochter des Finanzministers.

der dann 1888/89 auch vom Großherzogtum Hessen anerkannt wurde.[4] Die Namenserweiterung zu „von Brentano“ war an sich ebenso falsch wie die damals üblich gewordene Namensführung „von Schenk“ oder „von Truchseß“; der in bayerische Dienste getretene Bruder Franz Xaver des Bingener Peter Anton und seine Söhne waren im 18. Jahrhundert noch etwas phantasievoller „Reichsfreiherren Brentano von Brentheim“ geworden.

Otto Rudolf Brentano, um den es hier eigentlich geht, der jüngere Sohn des Postmeisters Gustav, wurde Ende 1855 in Darmstadt geboren, verbrachte dann aber die prägenden Schuljahre in Oberhessen: an der altehrwürdigen Augustinerschule in Friedberg, die damals nur bis zur mittleren Reife führte, dann am Büdinger Gymnasium und zum Abitur-Abschluß in Gießen. Der eher kaufmännisch bestimmte Familienhintergrund – der ältere Bruder war wieder Weinhändler geworden – bewirkte wohl eine gewisse Reserve gegenüber der klassisch-humanistischen Gymnasialbildung. Der Landtagsabgeordnete Brentano forderte 1898 in einer Schuldebatte statt altsprachlicher Grammatik mehr praktisch nutzbare Allgemeinbildung nach englischem Muster, eine stärkere Betonung von deutscher Literatur und Kunst, moderne Sprachen und körperliches Training.[5]

Die Entscheidung für das Jura-Studium entsprach der Beamtentradition der mütterlichen Familie. Brentano studierte, wie sich das in Hessen gehörte, an der Landesuniversität Gießen, ging aber zwischendurch einige Semester an die sicher in mehrfacher Hinsicht reizvollere Universität in der bayerischen Metropole München. Er genoß die Studentenzeit, gehörte auch den für die spätere Laufbahn „richtigen“ Studentenverbindungen an: dem Korps „Teutonia“ in Gießen und der befreundeten „Franconia“ in München.[6] Ob es traumatische Erinnerungen an die preußischen Soldaten des 1866er Krieges waren, wie die Familienüberlieferung behauptet, oder das Studium in Bayern: die massiv anti-preußi-

4 Vgl. für die Adelserkennung die Stammtafel (wie Anm. 2), S. 18; für die Namensänderung Großherzogl. Hess. Regierungsblatt 1883, Beilage 9, S. 72: „Namensveränderung: Am 17. April wurde dem Kaiserlichen Postdirektor Gustav Adolph Brentano zu Friedberg gestattet, daß derselbe den in seiner Familie ehemals geführten Beinamen ‚di Tremezzo‘ wieder führe.“

5 Vgl. VLGH 30 II, S. 618 ff.; dazu Otto Schlander, Otto von Brentano di Tremezzo. Ein Offenbacher Politiker zwischen Monarchie und Republik. Offenbach 1981 (= Offenbacher Geschichtsblätter 31), S. 15.

6 Vertreter beider Verbindungen legten bei der Trauerfeier für Otto v. Brentano 1927 Kränze nieder; s. unten, Anm. 20.

schen Ressentiments, die auch im späteren politischen Wirken Brentanos immer wieder deutlich wurden, sind wohl schon in diesen frühen Jahren entstanden. Dazu beigetragen hat sicher das Erleben des von der preußisch-deutschen Regierung Bismarcks angezettelten Kulturkampfs gegen die als „ultramontan" verketzerte katholische Kirche, dessen Höhepunkte in die Studien- und Ausbildungsjahre Brentanos fielen. Der zeitweilig ausgesprochen militante Katholizismus Brentanos stammte offensichtlich nicht aus der stärker von der erst 1902 in Darmstadt verstorbenen Mutter geprägten Atmosphäre des Elternhauses.

Otto Rudolf Brentano legte 1877, mit 21 Jahren, die juristische Fakultätsprüfung ab; vom Wehrdienst war er als „dauernd untauglich" dispensiert.[7] Er absolvierte die Referendarzeit im wesentlichen in der Familienheimat Rheinhessen, am Landgericht in Mainz, wohin auch der Vater nach der Pensionierung zurückkehrt war. Die Erfahrung war für den jungen Juristen auch im Rückblick wichtig, weil er hier die Besonderheiten der vom Code Napoléon geprägten linksrheinischen Rechtspraxis kennenlernte. Auf die Ablegung der „großen" Staatsprüfung im Sommer 1881 folgte einige Monate später die Zulassung zur Rechtsanwaltschaft in der aus Schulzeiten vertrauten einstigen Reichsstadt Friedberg in Oberhessen. Daß er hier, in der kleinstädtisch-ländlichen Praxis am Amtsgericht, mit den wirtschaftlich-sozialen Problemen der noch vorwiegend agrarischen Provinz Oberhessen vertraut wurde, war für den künftigen Politiker zweifellos von Nutzen. Im Sommer 1884, wenige Monate nach dem Tod des Vaters, gründete er einen eigenen Hausstand. Die Auserwählte, Lilla Schwerdt-Brentano (21), eine sehr entfernte Cousine, als Tochter eines Literatur-Professors im westfälischen Münster geboren und in Bonn aufgewachsen, hatte nach dem Besuch einer höheren Privatschule das Lehrerinnenexamen abgelegt. Die beiden ersten (von insgesamt 6) Kindern des Ehepaares, der nachmalige Botschafter Clemens und der spätere Kavallerieoffizier Franz, wurden 1886/88 in Friedberg geboren.

Als Quelle für das Familienleben im Hause Brentano nutzt man mangels erhaltener Memoiren und Briefe[8] gern den von dem jüngeren, erst 1901 geborenen Schriftsteller-Sohn Bernard geschriebenen Familienroman „Theodor Chindler" aus dem Jahre 1936, in dessen Titelfigur die

---

7 Vgl. Vermerk im Personalbogen Otto v. Brentanos in der leider vor Übernahme ins Archiv ausgedünnten Personalakte des Hess. Finanzministeriums, Hess. Staatsarchiv Darmstadt Abt. G 21 B Nr. 90.

8 Das noch in den „Stammreihen" von 1933 zitierte „Brentano-Archiv Darmstadt" ist offenbar im Krieg verlorengegangen.

Persönlichkeiten des Politiker-Vaters und des Gelehrten-Großvaters Franz Ignaz Schwerdt zusammengezogen sind. Ob die Brentano'sche Ehe tatsächlich so problematisch, die Atmosphäre des offensichtlich katholisch-strengen Familienlebens so spannungsgeladen, die Mutter so kalt und herrisch war, wie sie der Sohn in der Retrospektive darstellt, muß offen bleiben. Otto Schlander, auf dessen 1981 in den „Offenbacher Geschichtsblättern" erschienene Lebensbeschreibung Otto von Brentanos sich dieser Vortrag in vielen Punkten stützt, fand in den von ihm systematisch durchgearbeiteten Darmstädter Landtagsprotokollen eine beiläufige Bemerkung Brentanos von 1921, daß die Frau in der Familie zumeist mehr zu sagen habe als der Mann. Doch soll Lilla Brentano, die sich aktiv im karitativen Bereich engagierte, nach den Aussagen der von Kindheit an mit den Familien Schwerdt und Brentano vertrauten Biographin des Außenminister-Sohnes Heinrich, Maria Stirtz, „eine herzensgute Frau" gewesen sein.[9]

Für das Familienleben blieb sicher weniger Zeit, als der inzwischen nobilitierte Otto von Brentano di Tremezzo im Sommer 1891 in die aufstrebende Industriestadt Offenbach übersiedelte. Er erhielt die Zulassung an der hier eingerichteten Kammer für Handelssachen des Darmstädter Landgerichts und begründete gemeinsam mit dem bereits ortsansässigen Anwaltskollegen Dr. Siegfried Guggenheim, der aus einer Wormser Kaufmanns- und Bankiersfamilie stammte, an der Kaiserstraße eine bald ausgesprochen erfolgreiche Sozietät. Wenn Schlanders Biographie sehr betont darauf abstellt, daß Brentano als Angehöriger der katholischen „Minderheit" in Hessen benachteiligt gewesen sei, daß er sich für den Anwaltsberuf entschieden habe, weil er „im staatlichen Dienst als Katholik keine Chance zu einem Weiterkommen erblickte"[10], so ist das zumindest weit überzogen. Trotz des Fortgeltens einiger Kulturkampfbestimmungen, insbesondere des Niederlassungsverbots für geistliche Orden, für dessen Aufhebung der Politiker Brentano später hartnäckig gekämpft hat, waren die Katholiken, die seit den Gebietsveränderungen der napoleonischen Zeit immerhin gut 30 Prozent der Einwohnerschaft des Großherzogtums stellten, keine „verfolgte Minderheit", und konkrete Beschränkungen für den Staatsdienst, wie sie etwa für

9 Vgl. Schlander (wie Anm. 5), S. 19 mit Anm. 22; dazu Maria Stirtz, Heinrich von Brentano di Tremezzo, seine Herkunft, sein Leben und Wirken für Europa. Darmstadt 1970, mit wertvollen Ergänzungen zur Familie Ottos v. Brentano (S. 21 ff.).

10 Schlander (wie Anm. 5), S. 19.

die jüdischen Juristen noch bis in die Vorweltkriegsjahre bestanden, hat es für Katholiken nie gegeben. Der Mainzer Katholik Joseph Aloys Kilian war schon in den 1840er Jahren Generalstaatsanwalt und 1848/49 in der Revolutionsregierung Gagern hessischer Justizminister. Durch die Mutter war Otto Brentano ja überdies, wie bereits angedeutet, mit dem familiären Netzwerk der etablierten Beamtenschicht versippt. Es war aber (anders als heute) im Großherzogtum durchaus üblich, daß junge Juristen zunächst Anwalt wurden, um später in die Richter- oder Verwaltungslaufbahn überzuwechseln, wie dies z. B. auch Otto Brentanos Großvater Carl Hofmann getan hatte. Ein erfolgreicher Anwalt und Notar in Darmstadt oder Offenbach (Brentano erhielt das Notariat 1899) stand sich überdies wirtschaftlich ohne Zweifel besser als ein Amtsrichter oder Staatsanwalt.

Interessant für uns ist aber letztlich nicht der Jurist sondern der Politiker Brentano, der natürlich wie viele seiner späteren Parlamentskollegen von der im Anwaltsmetier erworbenen Eloquenz, Kombinations- und Argumentationsfähigkeit profitiert hat. Am Anfang stand die Tätigkeit im Kirchenvorstand der Katholischen Gemeinde in Offenbach, dem Brentano seit 1893 angehörte; er hatte wesentlichen Anteil an der Einrichtung einer zweiten Pfarrei in der Oststadt, die drei Jahre später mit dem Bau einer Notkirche zum vorläufigen Abschluß kam. Im Juni 1896 fand in Offenbach unter Brentanos Präsidium der 4. Hessische Katholikentag statt. Als er 1898 den Festvortrag zum 100. Jubiläum der Freigabe des katholischen Gottesdienstes in der reformierten Residenz der später selbst zur katholischen Kirche übergetretenen Fürsten Isenburg hielt, konnte er mit Stolz betonen, daß die „Minderheit" inzwischen von 300 auf 15000 Seelen mit 5 Geistlichen angewachsen war.

Inzwischen war der nicht nur kirchenpolitisch aktive Rechtsanwalt auch gewähltes Mitglied des Offenbacher Stadtparlaments. Bis zu den Neuwahlen vom Dezember 1895 hatten hier eindeutig die auch im Landtag tonangebenden Nationalliberalen dominiert. Mitspracherecht forderten jetzt zum einen die Sozialdemokraten als Vertreter der mit der fortschreitenden Industrialisierung rasch anwachsenden Arbeiterschaft, zum andern die im Landtag schon seit den Reichsgründungsjahren aktive „Katholische Volkspartei" des Zentrums, die mit der päpstlichen Sozial-Enzyklika „Rerum novarum" von 1891 in den aktiven Kampf um die Arbeiterstimmen eingetreten war. Für die Kommunalwahl 1895 vereinbarten Zentrum und bürgerliche Mittelstandspartei eine antisozialistische Gemeinschaftsliste, die fast alle freien Mandate erringen konnte. Erster und einziger Stadtverordneter für die Sozialdemokraten wurde der

Redakteur der „Neuen Offenbacher Tageszeitung" Carl Ulrich, der schon seit 10 Jahren als Abgeordneter für Mainz im Darmstädter Landtag saß. Ulrich erzielte mit 2 192 Stimmen sogar ein etwas besseres Ergebnis als Brentano, der 2 047 Stimmen bekam (4 000 von 6 200 Wahlberechtigten hatten gewählt). Oberbürgermeister Wilhelm Brink als Vertreter der bürgerlichen Mehrheit, Ulrich und Brentano waren für die nächsten Jahre die Hauptwortführer und Kontrahenten in der Stadtverordnetenversammlung.

Das Zweckbündnis mit den Liberalen wurde infragegestellt, als Brentano in seiner Programmrede auf dem Katholikentag 1896 im Rundumschlag nicht nur gegen den Atheismus der Sozialdemokraten sondern ebenso gegen die in der Französischen Revolution wurzelnden, freigeistigen Ideale des Liberalismus zu Felde zog. Daß er zur Stärkung der katholischen Interessen ein demokratisiertes, allgemeines, gleiches und direktes Wahlrecht forderte, entsprach eher den Forderungen der SPD. Bei der Landtagsneuwahl im Oktober 1896 fiel das Offenbacher Mandat an Carl Ulrich; im Wahlmännergremium, das über das Wahlkreismandat entschied, hatten die Sozialdemokraten trotz des noch restriktiven Stimmrechts die Mehrheit erzielt. Brentano wurde jedoch, offensichtlich aufgrund seines landesweit beachteten Auftretens auf dem Katholikentag, in einer Nachwahl 1897 auf das mit dem Tod des bisherigen Abgeordneten freigewordene Mandat im traditionell vom Zentrum besetzten Wahlkreis Bingen-Land berufen, eine Wahl, bei der vermutlich auch die noch unvergessene, langjährige Verbindung der Brentanos mit Bingen eine Rolle gespielt hat.

Der Darmstädter Landtag, dem Brentano über das Ende des Großherzogtums hinaus, insgesamt mehr als drei Jahrzehnte angehören sollte, stand künftig im Mittelpunkt seiner Arbeit, auch wenn die unbesoldete Abgeordnetentätigkeit damals noch kein Hauptberuf war. Die stärkste Gruppe unter den 50 gewählten Abgeordneten der Zweiten Kammer in Darmstadt stellten weiterhin die Nationalliberalen mit 22 Abgeordneten, gefolgt und unterstützt von den 12 Vertretern des Bauernbunds, der die zu Beginn der 90er Jahre aufgekommenen Antisemitenbewegung weiterführte.[11] Das Zentrum stellte 7, die SPD 6 Abgeordnete, Zahlen, die bis zur 1911 erreichten Teilreform des Wahlrechts kaum geändert haben. In der

11 Zur Zusammensetzung des Landtags vgl. Hans Georg Ruppel/Birgit Gross, Hessische Abgeordnete. Biographische Nachweise für die Landstände des Großherzogtums Hessen (2. Kammer) und den Landtag des Volkstaates Hessen. Darmstadt 1980.

Wahl von 1911, der letzten vor dem Weltkrieg trat dann neben Zentrum und SPD, die sich auf 9 bzw. 8 Mandate verstärkten, als dritte Oppositionsgruppe die Freisinnige Volkspartei der Links-Demokraten, die von vorher 2 bis 3 auf ebenfalls 8 Mandate anzog.

Abb. 40: 32. Hessischer Landtag 1905.
Gruppenbild mit Identifizierung. Otto von Brentano befindet sich in der vorletzten Reihe als Achter von links.

Die von Schlander dokumentierte Teilnahme Brentanos an den Landtagsdebatten der Vorweltkriegsjahre soll hier nicht im einzelnen nachgezeichnet werden. Brentano hatte kein Talent zum „Hinterbänkler", debattierte gern und erwarb sich als temperamentvoller, zumeist sachbezogen-pragmatischer, im Ernstfall aber auch militant-engagierter Redner bald Reputation und Respekt. In den Debatten focht er pflichtgemäß für die Interessen der rheinhessischen Winzer, auf deren Stimmen sein Mandat beruhte, für einen Schnellzug-Halt in Bingen oder eine neue Nahebrücke; er vertrat aber auch, gelegentlich zusammen mit dem sozialdemokratischen Kontrahenten Ulrich, die Belange Offenbachs, so beim gemeinsam durchgesetzten Neubau des Gymnasiums. Daß er sich in kirchlichen Fragen engagierte, verstand sich von selbst; einer der ersten Auftritte im Landtag galt dem katholischen Religionsunterricht an den Mainzer Schulen. Brentano hat sich (wie bereits erwähnt) für die Modernisierung des Schulwesens, aber auch für den Denkmalschutz, in dem das Großherzogtum mit seinem Gesetz von 1902 eine Pionierrolle spielte, für den Etat des neugebauten Landesmuseums, für die Renovierung des benachbarten Hoftheaters, und für eine bessere Besoldung der in Hessen unterbezahlten Staatsarchivare eingesetzt. Bei der Darmstädter Künstlerkolonie, deren 100. Geburtstag in diesem Jahr gefeiert wird, verband er die Zustimmung zum vorgeschlagenen, relativ bescheidenen Staatszuschuß von 20 000 Mark allerdings mit recht harscher Kritik an den aus seiner Sicht problematischen Kunstformen des Jugendstils. Fachmann war er natürlich vor allem im Bereich der Justiz, zu dem er die Grundsatzreden in den jährlichen Haushaltsdebatten hielt. Modern wirken seine Vorstöße gegen die vorschnelle Kriminalisierung von Jugendlichen, die Befürwortung von Bewährungsstrafen und gesondertem Jugendstrafvollzug, aber auch der Vorschlag, gerade für künftige Juristen zwischen Abitur und Studium ein Berufspraktikum einzuschalten. Brentano war von 1899 bis 1918 Vorsitzender des Verfassungausschusses, mit dem er auch die Wahlreform von 1911 vorbereitet hat.

Im Rückblick sah man die fortschrittsgläubige Regierungszeit des 1892 zur Regierung gekommenen Darmstädter Jugendstil-Großherzogs Ernst Ludwig noch in der bedrohlichen Stimmung des Kriegs-Jubiläumsjahres 1917 als „eine glänzende Zeit, eine Zeit, in der auf allen Gebieten des öffentlichen Lebens ein Vorwärtsschreiten, ein Blühen und ein Früchtebringen festzustellen war" (so die Festrede des nationalliberalen Landtagspräsidenten Köhler in der Zweiten Kammer).[12] Ernst Ludwig selbst bemühte sich auch politisch um Ausgleich und erregte am Hof des kaiserlichen Vetters Wilhelm in Berlin Anstoß, weil er auf den parlamentarischen Abenden in Darmstadt sogar mit den Sozialdemokraten sprach, die er „als einen nützlichen, sogar schwer zu missenden Faktor im politischen Leben" akzeptierte.[13] Mit diesem harmonischen Bild kontrastiert der für den heutigen Leser doch recht scharf-kontroverse Ton der Landtagsdebatten, in denen Brentanos sarkastisch-bösartige Zwischenru-

12 VLGH 36 II, S. 763 f.; vgl. E. G. Franz, Der Staat der Großherzöge von Hessen und bei Rhein 1806–1918. In: Das Werden Hessens. Marburg 1986, S. 510.

13 Vgl. Franz (wie Anm. 12), S. 507 (nach einem Gesandtschaftsbericht im Polit. Archiv des Auswärtigen Amts, Nr. 56/6).

fe gefürchtet waren, auch beim Präsidium, das ihn wiederholt maßregelte, wenn er Ulrich lautstark als „Lügner" oder „gemeinen Kerl" attackierte.

Brentanos kämpferische Haltung gegen die Sozialdemokraten, die er als Bedrohung der bestehenden Gesellschaft empfand, bestimmte noch die politische Grundsatzrede vom Februar 1905, die Ulrich zu seinem „Ausländer"-Vorwurf provozierte. Gleichwohl befürwortete er die im Folgejahr von den Nationalliberalen attackierte Bestätigung der Beigeordnetenwahl des Sozialdemokraten Eißnert in Offenbach, die im Interesse der Gleichheit aller Bürger vor dem Gesetz akzeptiert werden müsse. Ob der nunmehr „Geheime Justizrat" von Brentano, der sich noch 1905 zu den vom Zentrum mitgetragenen Erfolgen des deutschen Nationalstaats bekannt hatte, vom Kriegsausbruch 1914 tatsächlich so geschockt und verstört war, wie man dies aus der Darstellung „Theodor Chindlers" im Roman des Sohnes schließen muß, steht dahin. An der zunächst vorherrschenden Kriegsbegeisterung nahm er jedenfalls nicht teil. Er drängte auf Wiederherstellung und Verstärkung der mit Kriegsausbruch weitgehend suspendierten parlamentarischen Mitregierung, die gerade in Notzeiten unabdingbar sei. Auffällig ist die Verstärkung der latent immer vorhandenen antipreußischen Ressentiments, aber auch die allmähliche Annäherung an die Sozialdemokraten, mit denen er sich in der im April 1917 neubelebten Forderung nach Demokratisierung des Wahlrechts einig wußte. Erste Folge des SPD-Antrags, der von den Fortschritts-Demokraten auf „Umgestaltung und Weiterbildung der Rechts des Volkes im „Staat, in den Kreisen und in den Gemeinden" erweitert wurde, war die Einsetzung eines neuen, 14köpfigen Verfassungsausschusses am 25. Oktober 1917, dem natürlich auch Brentano angehörte.[14]

In einer politischen Generaldebatte vom März 1918 plädierte Brentano, gegen die vom Erfolg im Osten noch einmal bestärkten Großmacht-„Kriegsziele" der Rechten, aber auch den in Frankreich dominierenden Chauvinismus für einen raschen „Verständigungsfrieden" unter Verzicht auf jegliche Gebietsveränderung. Man müsse erreichen, daß zumindest Mitteleuropa wieder stärker zusammenrücke, da nach dem Krieg alle europäischen Staaten von Hungers- und Finanznot bedroht seien, „während die außereuropäischen Staaten sich anschicken, die Weltrolle des alten Europa zu übernehmen".[15] Die zweifellos berechtigte Mahnung war

14 Vgl. die Einleitung zu E. G. Franz / Manfred Köhler, Parlament im Kampf um die Demokratie. Der Landtag des Volksstaats Hessen 1919–1933. Darmstadt 1991, S. 10 f.

15 VLGH 36 II, S. 1207.

letztlich ebenso illusorisch wie der verspätete Versuch, dem drohenden Umsturz durch eine vereinbarte Verfassungsreform zuvorzukommen.

Genau ein Jahr nach Einsetzung des Reformausschusses, am 26. Oktober 1918 überraschte Staatsminister von Ewald die Abgeordneten mit der Mitteilung, der Großherzog habe der geforderten parlamentarischen Umgestaltung der Verfassung zugestimmt, die Regierung ihren Rücktritt angeboten. Fortschritts- und Sozialdemokraten präzisierten ihre Reformforderungen; sie verlangten außer der Wahlrechtsreform das alleinige Gesetzgebungsrecht für die Zweite Kammer, die künftig auch die Minister bestellen sollte, die Beschränkung der Krone auf repräsentative Funktionen, die Abschaffung oder Umgestaltung der Ersten Kammer mit Aufhebung aller noch bestehenden Adelsvorrechte usw. Als Carl Ulrich noch während der Beratungen des Ausschusses, der nach Brentanos Bericht „unausgesetzt von Morgen bis zum Abend" arbeitete, am 7. November forderte, der Übergang zur „parlamentarischen Staatsordnung" sei „so schnell und so gründlich als möglich herbeizuführen", stimmten auch Brentano und die Zentrumsfraktion zu. Am Folgetag erklärte Brentano, das Reformprogramm sei fertigstellt: „die Umwandlung des Obrigkeitsstaats in den Volksstaat ist eingeleitet und vollzogen".[16] Der in der gleichen Sitzung auf Antrag des Parlaments vom Großherzog eingesetzte „Staatsrat" aus je zwei Mitgliedern der 5 Landtagsfraktionen konnte jedoch nur noch an der Liquidation des bestehenden Staates mitwirken.

In der Nacht vom 8. zum 9. November führten Unruhen im Griesheimer Militärlager vor den Toren der Residenz zur Bildung eines Arbeiter- und Soldatenrats, der die Absetzung des Großherzogs, die noch am 9. im „Hessischen Volksfreund" verkündete Umwandlung Hessens zur „sozialistischen Republik" beschloß. Die konkreten Forderungen entsprachen im wesentlichen dem Reformprogramm des Landtags, wären also auch ohne „Revolution" durchsetzbar gewesen. Der Auftrag an Carl Ulrich, mit der SPD-Fraktion eine neue Regierung zu bilden, gab die Verantwortung an das formal aufgelöste Parlament zurück. Daß Ulrich neben den schon in den Reformdebatten verbündeten Linksdemokraten unter Konrad Henrich, der das Finanzressort übernahm, auch das Zentrum mit dem altvertrauten Gegenspieler Brentano in die Regierungsverantwortung einbezog, legte die Grundlage für eine breite Mehrheits-Koalition, die im künftigen Volksstaat Hessen (anders als im Reich) bis 1933 gehalten hat.

16 Ebd., S. 1555.

Aus der zunächst provisorischen Bestellung Brentanos zum „Direktor der Ministerialabteilung für die Justiz“ wurde mit Annahme der vorläufigen Verfassung durch die Ende Januar 1919 gewählte Volkskammer am 24. Februar die endgültige Ernennung zum Justizminister und Vertreter des künftigen Staatspräsidenten Ulrich. Parallel zur Wahl ins Darmstädter Landesparlament ließ sich Brentano (wie seine Ministerkollegen Ulrich und Henrich) auch in die Weimarer Nationalversammlung und 1920 in den Reichstag wählen, ein so in der heutigen Republik verfassungsmäßig unmögliches Doppelmandat, das auch damals nicht unproblematisch war. An den Beratungen der künftigen Reichsverfassung, auch im Sommer 1919 an der kritischen Debatte über den Versailler Frieden, dem er trotz Bedenken zustimmte, hat sich Brentano aktiv beteiligt. Im Reichstag war er dann jedoch nur noch selten präsent, was kaum verwundert, da er in Hessen nach den Neuwahlen 1921 und der im Sommer vorangegangenen, etwas dubiösen Entlassung des sozialdemokratischen Minister- und Anwaltskollegen Heinrich Fulda, den man den reaktivierten antisemitischen Tendenzen im Lande geopfert hatte, auch das freigewordene Innen-Ressort mitübernehmen mußte. Er verzichtete 1924 zugunsten des weitergeführten Doppel-Ministeriums auf das Reichstagsmandat. Brentano hat gegen Teile der eigenen Partei, die ein stärkeres Zusammengehen mit den Mitte-Rechts-Parteien, insbesondere der DVP forderten, an der Koalition mit den Sozialdemokraten festgehalten. Das aus der kollegialen Zusammenarbeit erwachsene freundschaftliche Verhältnis zum vormaligen Gegner Ulrich und dem SPD-Landtagspräsidenten Bernhard Adelung hat auch die Tatsache, daß sich Brentano bei der Neuwahl des Staatspräsidenten 1925 gegen Ulrich aufstellen ließ, nicht beeinträchtigt.

In Brentanos ersten Amtsjahren als Justizminister ging es vor allem um notwendige Reformen in der Rechtspflege, die durch die französische Besetzung Rheinhessens nicht eben erleichtert wurden. Im Landtag – einige Reden Brentanos sind in unserem 1991 erschienenen Dokumentenband „Parlament im Kampf um die Demokratie“ abgedruckt – hat er die Unabhängigkeit der Richterschaft gegen Angriffe aus dem linken wie aus dem rechten Lager verteidigt. Im Rückblick eher vergnüglich ist eine 1921 gehaltene Rede gegen die „Zulassung der Frauen zum Richteramt“ (“Sie wissen nicht, was das für garstige Sachen sind ...“),[17] nicht unaktuell

17 Vgl. Franz/Köhler, Parlament (wie Anm. 14), S. 158–61; eine weitere Rede Brentanos zur politischen Unabhängigkeit der Richterschaft ebd., S. 298–300.

eine Warnung vor einer zu weitgehenden Liberalisierung des Strafvollzugs: Gefängnisse dürften nicht zur Sommerfrische werden, in der sich die Inhaftierten ausruhten, um nach der Entlassung neue Straftaten zu begehen.

Stärkeres Aufsehen erregte Brentanos Rolle in der schon zur Jahreswende 1918/19 vom Hessischen Volksbund in Kassel gestarteten „Großhessen"-Kampagne, die in Darmstadt vor allem in Hinblick auf die auf dem französisch besetzten linken Rheinufer diskutierten Pläne einer „Rheinischen" oder „Rheinisch-Westfälischen Republik" Bedenken erregte. Gegen die ja schon 1848 geforderte „althessische" Wiedervereinigung, den Zusammenschluß des vormaligen Großherzogtums mit der preußischen Provinz Hessen-Nassau, die auch der Reichsreformer Hugo Preuß unterstützte, entwickelte der Darmstädter Archivdirektor Dieterich im Frühjahr 1919 ein „stammes-" und „sprachgeschichtlich" begründetes „Rheinfranken"-Konzept, das einen Rhein-Main-Staat mit Darmstadt als politischer, Mainz als kirchlicher und Frankfurt als wirtschaftlicher Hauptstadt schaffen wollte. Problematisch wurde die Sache, als Ulrich und Brentano Ende Juni, wenige Wochen nach der Niederschlagung des von dem Wiesbadener Ex-Staatsanwalt Dorten ausgelösten Separatisten-Putschs, mit dem französischen Befehlshaber in Mainz General Mangin über Pläne für einen „mittelrheinischen" Bundesstaat sprachen, die Ulrich anschließend in einem Memorandum für Reichspräsident Ebert in Berlin vortrug. Bemerkenswert ist dieser Plan durch die in Brentanos Parallel-Schreiben an den Zentrumskollegen und Reichsfinanzminister Erzberger erklärte Absicht, man wolle in diesem Mittelrhein-Staat, der außer Hessen-Darmstadt Nassau mit dem Rheingau, die Pfalz und Birkenfeld umfassen sollte, weder das einstige Kurhessen nach Frankfurt haben, das ggf. „durch einen breiten Korridor" mit der preußischen Restprovinz verklammert werden sollte.[18] Ulrich war offensichtlich nicht böse, daß das von seinem Justizminister aus konfessionellem Kalkül ausgeheckte Konstrukt in Berlin zu den Akten geschrieben wurde. Daß der verbissen antipreußische Brentano in der Folge sogar mit dem Putschisten Dorten und seinen Anhängern verhandelte, brachte ihm später im Reichstag

18 Vgl. Friedrich Kahlenberg, Großhessenpläne und Separatismus. Das Problem der Zukunftsorientierung des Rhein-Main-Gebietes nach dem Ersten Weltkrieg (1918–1923). In: Geschichtliche Landeskunde 5/2 (1969), S. 355 ff.; der Brief Brentanos an Erzberger vom 26.6.1919 ebd. S. 392–94; dazu Paul Kluke, Ein Dokument über großhessische Umgliederungspläne im Sommer 1919. In: Festgabe für Paul Kirn zum 70. Geburtstag. Berlin 1961, S. 234–44 (mit Abdruck des Ulrich-Berichts vom 30.6.1919).

einen Hochverrats-Vorwurf ein. Ulrich hatte im Darmstädter Landtag schon am 8. Juli 1919 erklärt, der Volksstaat Hessen bleibe vorerst „als ein in sich geschlossenes, durchaus geordnetes Staatswesen bestehen". Erst zehn Jahre später sollte der SPD-Innenminister Leuschner die Rhein-Main-Staats-Idee, jetzt allerdings mit Frankfurt, noch einmal aufgreifen.[19]

In der zweiten Minister-Amtszeit Brentanos rückten die Fragen der inneren Sicherheit, die Verteidigung des demokratischen Volksstaats gegen extremistische Bestrebungen von rechts und links in den Vordergrund. Der als Innen- und Justizminister primär betroffene Brentano engagierte sich entschlossen und kämpferisch für die Verteidigung der verfassungsmäßigen Ordnung. Sowohl die wiederholten Verbote rechtsradikaler Hetzblätter wie der „Hessischen Landeszeitung", die Unterbindung paramilitärischer Übungen und gewalttätiger Demonstrationen, das im Mai 1923 verhängte Verbot des „Deutsch-Völkischen Schutz- und Trutzbunds" und nach dem Münchener Novemberputsch auch der NSDAP und ihrer Gliederungen fielen in seinen Verantwortungsbereich. Daß ihn dabei die Rechten als Werkzeug der „Sozis" und, als er in den Tagen der Münchener Unruhen wegen KP-Demonstrationen in Friedberg den Ausnahmezustand verhängte, die Linksopposition als Reaktionär und Monarchist attackierten, hat seine hier rechtlich-eindeutige Haltung nicht beeinträchtigt. Mit dem 1923 vorbereiteten Schutzpolizei-Gesetz suchte er dem Verfassungsstaat eine zuverlässige Sicherheitstruppe zu schaffen, verwahrte sich allerdings in einer Auseinandersetzung mit der Polizeigewerkschaft gegen die aus seiner Sicht sachwidrige Demokratisierung der polizeilichen Kommandostrukturen. Massiv gefordert war der Minister auch in der 1926 vom „Hessischen Wirtschafts- und Ordnungsblock" der Rechten erzwungenen Kraftprobe eines Volksentscheids über die vorzeitige Auflösung des Landtags, in der sich die Regierungskoalition knapp behaupten konnte.

Im Dezember 1925 hatte Brentano seinen 70. Geburtstag gefeiert. Ostern 1927 unternahm er noch eine Rom-Reise. Kurz darauf mußte er wegen eines akut verschlimmerten Gallenleidens auf die Amtsausübung verzichten. Nach einem Schlaganfall ist er am 22. Juli 1927 verstorben. Der vom Gegner zum Freund gewordene Staatspräsident Ulrich erklärte in der offiziellen Trauerfeier in Darmstadt, an der zahlreiche Ministerkollegen aus den Nachbarländern, eine „Ehrenhundertschaft" der Schutzpolizei,

19 Zur Großhessen-Debatte insgesamt E. G. Franz, Der Weg nach Großhessen. Staatsbildung und Landesbewußtsein im Hessischen 1803–1946. In: Blätter für deutsche Landesgeschichte 132 (1996), S. 81 ff.

aber auch eine Fahnenabordnung des zur Verteidigung der Demokratie begründeten „Reichsbanners" teilnahmen: „Wir stehen am Sarg eines Großen"; er sprach von „einem Leben reich an Erfolgen, reich auch an Enttäuschungen, reich aber auch durch das, was der Tote geleistet hat", betonte daß Brentano und er trotz unterschiedlicher „Weltanschauung" stets anerkannt hätten, daß der andere „das beste gewollt" habe, „was im Interesse des Volkes nötig war". Auch Landtagspräsident Adelung sprach vom „treuen Kampfgenossen", der, wie dies auch der Zentrumskollege Domkapitular Lenhart betonte, maßgeblich dazu beigetragen habe, daß „das hessische Volk in Ruhe, Ordnung und Sicherheit leben konnte".[20]

Das Zerbrechen der von Brentano mit aufgebauten und verteidigten verfassungsmäßigen Ordnung auch in den süddeutschen Staaten, die weniger eindeutige Haltung seiner Zentrums-Nachfolger im Frühjahr 1933 mögen dazu beigetragen haben, daß sich die in Adelungs Trauerrede ausgesprochene Überzeugung, „Das hessische Volk werde sich in Dankbarkeit des Namens Otto von Brentano erinnern", nur sehr begrenzt erfüllt hat. Von dem Beitrag, den die zweifellos vom Einsatz des Vaters geprägten Söhne Clemens und Heinrich nach 1945 zum Wiederaufbau der Demokratie in Deutschland geleistet haben, wird in den Folgereferaten die Rede sein.

---

20 Presseberichte über Tod und Beisetzung Brentanos in der oben (Anm. 7) zitierten Personalakte des Justizsministeriums, StAD Abt. G 21 B Nr. 90; dazu auch ebd., Nr. 3819.

Bernard von Brentano (1901–1964)

Ein deutscher Schriftsteller ohne Deutschland

Ulrike Hessler

Vorbemerkungen

Bernard von Brentano bietet dem Betrachter ein facettenreiches, widersprüchliches Bild. Er galt in der Weimarer Republik als hoffnungsvolles journalistisches Talent. Joseph Roth und Bertolt Brecht nahmen sich seiner an, doch keinem von beiden gelang es, ihn als Gefolgsmann zu gewinnen. Gegen Ende der Republik trat er für die Ideen der Ultralinken ein und ging, kaum hatte sich sein schriftstellerischer Ruf zu verbreiten begonnen, als einer der jüngsten deutschen Autoren ins Exil. Noch im berühmt gewordenen „Korrodi-Brief" 1936 zählte ihn Thomas Mann zu den wichtigsten jungen Vertretern der deutschen Literatur. Nach einer politischen Kehrtwendung handelte sich Brentano Mitte der dreißiger Jahre beinahe über Nacht den Ruf eines „enfant terrible" unter den Exilautoren ein; er liebte die Provokation und stieß selbst seine Freunde durch undurchsichtige Polemik vor den Kopf. Gegen Ende der Exilzeit war er angesehenes Mitglied eines vornehmen Schweizer Literatenkreises. Bernard von Brentanos Persönlichkeit charakterisiert wohl am trefflichsten eine Notiz in seinem „Tagebuch mit Büchern", die er selbst 1943 über Joseph Görres niederschrieb:

> *Sein Temperament überflutete seinen Verstand, und ein Strom, der Hochwasser führt, ist ein verderbliches Element, eine Urkraft – ja, aber eine reißende.*[1]

Ganz anders präsentiert sich das literarische Werk: beim Schreiben gelang es dem Verstand, das Temperament in Schranken zu halten. So sehr Brentano durch genaue Darstellung, klug disponierendes erzähle-

---

1 Bernard von Brentano: *Streifzüge*, Tagebuch mit Briefen, neue Folge. Zürich 1947. Eintrag 8. und 10. September 1943.

Abb. 41: Bernard von Brentano in Küsnacht/ Schweiz im Jahre 1937.

risches Talent, ausgeprägtes Stilgefühl und umfassende Bildung in seinem literarischen Oeuvre faszinieren kann, so wenig hat wohl die überempfindliche, von reizbarer Sensibilität und ständig wechselnden Stimmungen geprägte Persönlichkeit diesen Zügen entsprochen. Es mag daher nicht verwundern, daß das Werk lange Zeit im Schatten der Querelen stand, die sich an dieser exzentrischen Erscheinung entzündeten.

Bernard von Brentano bekannte sich nicht wie Thomas Mann im Exil zum Weltbürgertum, sondern leugnete durch sein entschlossenes Bekenntnis zu Deutschland sogar sein literarisch längst verwirklichtes Europäertum. Er blieb auch nach seiner Rückkehr aus dem Exil – wie er sich in seiner Autobiographie selbst nannte – ein deutscher Schriftsteller ohne Deutschland, typischer Vertreter einer Generation, für die die politische und existentielle Ausnahmesituation zum eigentlichen Leben wurde.

1. Familie und Kindheit

Bernard von Brentano kam am 15.10.1901 als fünftes Kind von Otto Rudolf (1855–1927) und Lilla Beata von Brentano geb. Schwerdt (1862–1948), in Offenbach am Main zur Welt. Er wuchs in einem katholischen, konservativen und traditionsbewußten Elternhaus auf.

Der Vater war Rechtsanwalt, er wurde Abgeordneter des hessischen Landtags für die Zentrumspartei, Mitglied des Reichstags und der Weimarer Nationalversammlung, hessischer Minister der Justiz und zuletzt hessischer Minister des Innern.

Otto Rudolf von Brentano heiratete 1884 Lilla Beata Schwerdt, deren Mutter eine geborene Brentano war und aus der Frankfurter Linie der Familie stammte. Sie war eine Enkelin von Franz Brentano, also einem Halbbruder von Clemens Brentano und Bettine von Arnim. Bernard von Brentano stammt demnach durch die Mutter von Anton Brentano ab, aus dessen erster Ehe mit Maria Walburga Brentano-Gnosso, während Clemens und Bettine aus der zweiten Ehe mit Maximiliane von La Roche hervorgegangen sind. Obwohl die Familie bis zum Ersten Weltkrieg sehr wohlhabend war, wurden die Kinder, fünf Söhne und eine Tochter, spartanisch erzogen. Der Vater pflegte die Familientradition. Da die Politik den Lebensinhalt des strengen und konsequenten Vaters bildete, stand die sehr gebildete und belesene Mutter im Mittelpunkt der Familie. Gegen Ende ihres Lebens zog sie sich jedoch immer weiter hinter die Mauern ihres Glaubens zurück. So war sie zwar stolz auf die Schulaufsätze ihres Sohnes Bernard, wollte aber von seinen schon frühzeitig erkennbaren literarischen Plänen nichts wissen, da besonders die moderne Literatur in ihren Augen gottlos und materialistisch war und ihren puritanischen Erziehungsvorstellungen nicht entsprach. So war der Schüler Brentano gezwungen, heimlich zu lesen, anstatt die gewünschten Anleitungen und Erläuterungen zu erhalten.

2. Studium und frühe Berliner Jahre

Ursprünglich wollte Brentano nach dem Abitur zum Studium nach Heidelberg, um Gundolf zu hören, doch der Vater hielt diese Universität für zu freisinnig und wählte Freiburg, wo Husserl Philosophie und Philipp Wittkopp Literatur lehrten. 1923 veröffentlichte Brentano einen ersten Band Gedichte. Von Freiburg aus unternahm er auch die ersten Auslandsreisen: nach Lugano, nach Florenz und Rom. Im zweiten

Semester ging Brentano nach München, im dritten nach Frankfurt und im vierten wieder nach Freiburg und anschließend nach Berlin, dem Ziel seiner Wünsche seit seinem ersten Besuch 1916.

Die ersten Jahre in Berlin waren finanziell schwierig, da Brentano gezwungen war, als freier Schriftsteller sein Auskommen zu finden. Das politische und kulturelle Leben der Metropole scheint jedoch die Schwierigkeiten aufgewogen zu haben. In seinen Erinnerungen beschreibt Brentano genau die politische Einstellung weiter Kreise der freien, sich zur Linken bekennenden Intelligenz, die das geistige Leben der Stadt entscheidend prägte.

Die Revolution hatte nur politische Konsequenzen gehabt, gesellschaftlich war alles beim Alten geblieben. Folglich waren jene, die an eine Revolution glaubten, gegen die bürgerliche Republik, deren Praxis nicht ihren Phantasien, Hoffnungen und Utopien entsprach. Die Sozialdemokratie langweilte die junge Generation. Die Intellektuellen vor allem fühlten sich vom kämpferischen Impetus der antibürgerlichen kommunistischen Partei und der Argumentation des Marxismus angezogen. Brentano zählte sich zwar politisch zu den Linken, verkehrte jedoch gleichzeitig in den Salons der Gesellschaft: bei Stresemann ebenso wie beim Chef der Reichswehr, General Hans von Seeckt.

> *Nein, sie war nicht beliebt, die Republik, sogar ihre Anhänger hatten an ihr dauernd etwas auszusetzen. Dabei war sie unvergleichlich viel besser als das, was nachher kam. Es gab in ganz Europa kein Land, in dem so viel Freiheit herrschte.*
> *Aber die Republik war ein Beamtenstaat, und Beamte habens schwer, sich Sympathie zu erwerben.*[2]

3. Joseph Roth und die „Frankfurter Zeitung"

In den Jahren 1924 bis 1927 verband Brentano eine enge Freundschaft mit Joseph Roth.

1924 hatte Brentano ein erstes Angebot Roths, für die *Frankfurter Zeitung* zu schreiben, abgelehnt; er schob Arbeit am Roman vor. Tatsächlich erschien 1925 bei Schöningh in Paderborn ein Band Gedichte mit dem Titel *Gedichte an Ophelia*; 1924 entstand die Komödie *Geld*, die

---

2 Bernard von Brentano: *Du Land der Liebe. Bericht von Abschied und Heimkehr eines Deutschen.* Tübingen und Stuttgart 1957, S. 222.

1927 in Darmstadt uraufgeführt wurde. Roth versuchte, seinem Schützling den Wert des Feuilletonjournalismus für die Ausbildung eines eigenen Stils nahe zu bringen. Er solle sie nur als Vorwand für seine eigentliche schriftstellerische Arbeit ansehen, rät er ihm 1926.

Im Frühjahr 1925 bot Roth ihm seine Stelle in der Berliner Redaktion der *Frankfurter Zeitung* an, da er selbst von der „Zeitungsschreiberei" genug hatte. Durch Roths Fürsprache wurde Brentano Mitarbeiter der renommierten demokratisch-liberalen Zeitung, deren Redaktion sich aus namhaften Mitgliedern der damaligen deutschen Zeitungswelt zusammensetzte. Neben Friedrich Sieburg und Benno Reifenberg, der 1924 das Feuilleton übernommen hatte, veröffentlichten Joseph Roth, Siegfried Kracauer, Walter Benjamin, Max Ricard, Ernst Bloch, Ilja Ehrenburg, René Schickele, Gotthard Jedlicka und Julius Meier-Graefe während der zwanziger Jahre hier ihre Beiträge. Die *Frankfurter Zeitung* pflegte die traditionelle Theaterkritik im Stile Bernhard Diebolds und war zugleich

Abb. 42: Bernard von Brentano mit Joseph Roth in Paris im Jahre 1927.

das bedeutendste Organ des „politischen“ Feuilletonismus und das wichtigste Forum für das neue Genre der Reportage.

Joseph Roth versuchte, in Brentano einen Schriftsteller nach seinen Vorstellungen und seinem Geschmack heranzubilden: er erkannte schon frühzeitig die stilistischen Qualitäten seines Schützlings, doch auch dessen komplizierten Charakter:

> *Brentanos Fehler kenne ich. Er ist reich an Ressentiments, er wird erst ein Stilist von Rang werden, aber er gehört zu uns, ein grojischer Benjamin, er ist unser Bruder, er ist mutig;*

schreibt er an Benno Reifenberg.

Die feste Stellung bei der *Frankfurter Zeitung* befreite Brentano nicht nur von seinen finanziellen Sorgen, sie ermöglichte ihm auch , für die Zeitung die Reisen zu unternehmen, von denen er seit langem geträumt hatte.

Zwischen 1925 und 1930 schrieb „bB“, so seine Initialen, weit mehr als hundert Feuilletons für die *Frankfurter Zeitung*: Filmkritiken, Ausstellungsbesprechungen und vor allem Tagesjournalismus mit dem Thema Berlin. Der Korrespondent Brentano ist der „neuen Sprache“ der Metropole, der Gegenwart auf der Spur. Erst 1981 sind die mittlerweile zur Kulturgeschichte gewordenen Betrachtungen unter dem Titel *Wo in Europa ist Berlin?* erschienen.

Die enge Verbindung historisch-politischer und literarischer Phänomene bewirkten eine vehemente Politisierung der schriftstellerischen Tätigkeit in der Weimarer Republik. Der damit in Verbindung stehende Aufschwung der politischen Publizistik brachte Brentano schon früh in Kontakt mit Schriftstellerzirkeln und aus konkretem politischen Anlaß entstandenen, meist kurzlebigen Initiativen. Bekannt geworden ist besonders die „Gruppe 1925“, die weniger wegen ihrer historischen Bedeutung als vielmehr wegen der prominenten Namen ihrer Mitglieder in der kritischen Literatur immer wieder erwähnt wird. Rudolf Leonhard gründete die Gruppe zu dem Zweck, die Freiheit engagierter Literaten und Journalisten gegen die zunehmend repressiven Methoden des Weimarer Justiz- und Polizeiapparates und die sich häufenden Eingriffe gegen Schriftsteller und Publizisten zu verteidigen. Alfred Döblin war der führende Kopf der Gruppe, zu der folgende Mitglieder zählten: Johannes R. Becher, Ernst Bloch, Bertolt Brecht, Max Brod, Friedrich Burschell, Albert Ehrenstein, Oskar Maria Fontana, Leonhard Frank, Manfred Georg, Artur Holitscher, Walther von Hollander, Hermann Kasack, Kurt Kersten,

Egon Erwin Kisch, Klabund (i. e. Alfred Henschke), Ferdinand Lion, Ludwig Marcuse, Leo Matthias, Walter Mehring, Robert Musil, Eugen Ortner, Alfons Paquet, Erwin Piscator, Joseph Roth, Hans Siemsen, Ernst Toller, Eduard Trautner, Kurt Tucholsky, Adrien Turel, Hermann Ungar, Paul Wertheim und Alfred Wolfenstein.

Eine neue Bestimmung der gesellschaftlichen Situation des Autors in seinem Verhältnis zum Publikum, zur Rezeption, und eine politische und gesellschaftliche Problemstellung, das Erfassen der Realität in wirklichkeitsnahen Formen, die Betonung des Gebrauchswertes von Literatur, Kriterien, die man als konstitutiv für die Bewegung der „Neuen Sachlichkeit" benennen kann, kennzeichnen Brentanos literarisches Selbstverständnis gegen Ende der zwanziger Jahre. Politisch engagierte sich Brentano in zunehmenden Maße für die Thesen der äußersten Linken. Die wachsende Radikalisierung und Hinwendung zum dialektischen Materialismus besiegelt schließlich den Bruch mit Joseph Roth und – 1930 – mit der *Frankfurter Zeitung*.

Vor dem Hintergrund der Wirtschaftskrise und der zunehmenden politischen Polarisierung machte die *Frankfurter Zeitung* nach 1930 eine 'Trendwende' in der politischen Haltung der Redaktion durch. In dieser Umbruchsituation fiel Brentano der Abschied von der Berliner Redaktion nicht schwer, zumal ihm Theodor Wolff beim *Berliner Tagblatt* günstigere Konditionen anbot.

4. *Die letzten Jahre der Republik: Bertolt Brecht und die Wendung zum Marxismus*

Ende der zwanziger Jahre trat Brentano in engeren Kontakt mit Bertolt Brecht, ab 1928 korrespondierten beide regelmäßig.

Brentano hatte sich für den „Bund proletarisch-revolutionärer Schriftsteller" (BPRS) engagiert, der am 19. Oktober 1928 gegründet wurde. Alfred Kantorowicz bezeichnete Brentano als einen der eifrigsten Propagandisten des BPRS. Zur gleichen Zeit wurde er auch Mitarbeiter von dessen Organ, der Literaturzeitschrift *Die Linkskurve.*

Seit Ende 1929, Anfang 1930 plante Brecht zusammen mit Brentano, Walter Benjamin und Herbert Ihring die Herausgabe einer zweiten literarischen Zeitschrift – speziell für Intellektuelle – *Krisis und Kritik* bei Rowohlt. Schon damals zeichnete sich der Bruch zwischen den sich als marxistisch verstehenden Schriftstellern ab, der dann im Exil mit der sogenannten Expressionismusdebatte 1937–1939 seinen Höhepunkt erreichte. Es entstanden zwei Gruppen, denen Georg Lukács, Johannes R. Becher, Andor Gabor und Alfred Kurella einerseits und Bertolt Brecht, Walter Benjamin, Hanns Eisler und Ernst Bloch andererseits zuzurechnen sind.

Brentano hielt einige Zeit die Ziele der Kommunisten auch für die seinen. Ob er nun tatsächlich in die Kommunistische Partei aufgenommen wurde, ist nicht mehr nachprüfbar. Brentano hatte sich in einem Brief an Brecht als ehemaliges Mitglied des „Vereins" – der in Emigrantenkreis gebräuchliche Chiffre für die KP – ausgegeben. *Die Linkskurve* bezeichnetet seine Weltanschauung 1931 als schwankend. Ein polemischer Angriff in *Die internationale Literatur*, 1934, spricht Brentano jede Parteizugehörigkeit ab.

> *Was wäre ich also? Ein Marxist oder ein bürgerlicher Schriftsteller? Es ist vollständig gleichgültig, was ich bin. Denn selbst wenn ich eine bürgerliche Zerfallserscheinung wäre, könnte kein Mensch damit beweisen, daß die Bourgeoisie zerfällt.*[3]

Zwischen liberalen, sozial, politisch und ästhetisch aufgeschlossenen bürgerlichen Autoren und revolutionären und proletarischen Schriftstellern war eine nicht konkretisierbare, aber politisch brisante Mischung entstanden. Dieser heterogenen Gruppe können Brecht und Becher, Anna Seghers und Friedrich Wolf, Georg Lukács, Kurt Tucholsky, Erwin Piscator, Ernst Toller, Leonhard Frank, Arnold Zweig, die Brüder Herzfelde, Heinrich Mann, Alfred Döblin und Lion Feuchtwanger zugerechnet werden.

Brentano war nicht proletarisch, sondern antibürgerlich, oder mit seinen eigenen Worten „unbürgerlich". Max Fürst beschreibt sehr anschaulich Brentanos Versuche, dem Proletariat näher zu kommen, eine Welt, die ihm – allen Beteuerungen zum Trotz – fremd war:

> *Dem Aussehen nach machte er seinem Stammbaum Ehre. Journalist-Sozialist [...] niemand wäre darauf gekommen; er wirkte wie ein gepflegter Landedelmann mit einem Schuß Turgeniew. Über etliche Jahre hinweg haben wir uns öfter gegenseitig besucht. Wir waren für ihn fremde Tiere, und es interessierte ihn, was wir aus unserem Milieu zu erzählen hatten.*[4]

---

3 Bernard von Brentano: *Symptomatisch?*, in: *Die Linkskurve*, 3, 1931, 3, S. 17.
4 Max Fürst: *Talisman Scherezade. Die schwierigen zwanziger Jahre*. München 1978, S. 210/211.

1929 machte Brentano durch Arnolt Bronnen die Bekanntschaft des Verlegers Ernst Rowohlt: Brentanos Untersuchung der Kriegsbriefe gefallener Soldaten *Über den Ernst des Lebens* erschien noch im gleichen Jahr in seinem Verlag. Die eigentliche literarische Laufbahn begann. Schon diese erste Veröffentlichung behandelt ein Thema, das das Gesamtwerk Brentanos durchzieht, das den Antrieb für Brentanos Schaffen bildet und hinter allen Wandlungen ideologischer Orientierung als Fixpunkt sichtbar bleibt: Das Verhältnis der Deutschen zu sich selbst.

> *Der Deutsche, sagt man, weiß, wie es der Materie zumute ist. Wie ist es aber eigentlich den Deutschen zumute?*

heißt das Motto dieser Schrift.

Gegen Ende der zwanziger Jahre holte ihn Heinrich Mann in den P.E.N.-Club:

> *Ich war sehr stolz auf diese Auszeichnung. Ich war noch ein junger Anfänger, und es war eine hohe Ehre, von Heinrich Mann in den exklusiven Club eingeführt zu werden.*[5]

1930 brachte Rowohlt eine Sammlung von bereits in der *Frankfurter Zeitung* veröffentlichten Rezensionen und Essays mit dem Buchtitel *Kapitalismus und schöne Literatur* heraus.

Erstmals 1930 und ein zweites Mal 1932 reiste Brentano nach Moskau. In seiner Autobiographie beschreibt Brentano diese beiden Reisen; es gelingt ihm, anhand von kurzen Episoden die Atmosphäre von Gewalt, Angst, Überwachung und Korruption einzufangen, deren Eindrücke auf der zweiten Reise seine spätere Ablehnung des Stalin-Regimes und zugleich der marxistischen Theorien durch eigene Anschauung begründeten.

1932 erschien bei Rowohlt eine Reihe sozialkritischer Reportagen mit dem bemerkenswerten Titel *Der Beginn der Barbarei in Deutschland*. Politische und soziale Vorgänge der Gegenwart werden dem Leser zeitnah vermittelt. Die Reportage mit ihrer Ausrichtung auf reale, äußere Geschehnisse unter Verzicht auf psychologische Motivation war als journalistisch-literarische Mischform das wichtigste Genre oppositioneller Schriftsteller im Ausgang der zwanziger Jahre. Brentano sah in der Reportage die möglichst objektive Wiedergabe von Realität verwirklicht, die es dem Leser selber überließ, die politische Konsequenz aus dem Dargestellten zu ziehen.

---

5 Bernard von Brentano: *Du Land der Liebe*, op. cit., S. 10.

> *Ein kleiner (zugegeben ein sehr kleiner) Teil der begabteren Autoren von heute erkennt die Lage recht wohl und ist keineswegs gewillt, sich um ihre Analyse zu drücken, diese paar Geister leben in einer von Jahr zu Jahr erdrückender werdenden Isolierung, und ihre Versuche, ihre geistige Krise zum Ausdruck zu bringen, sind nicht Unterhaltungsliteratur, sondern verantwortliches Bekenntnis. [...] Brentanos Buch aber sollte mit größtem Ernst gelesen werden, es geht tiefer als die Masse der jetzigen Krisenliteratur.*[6]

Diese sehr positive Besprechung von Hermann Hesse nimmt bereits die kaum einsetzende Entwicklung vom politisch engagierten zum geistig freischwebenden Schriftsteller voraus.

Die Machtübernahme der Nationalsozialisten brachte „die große Wende". Am 30. Januar 1933 war Hitler Reichskanzler geworden. Anfang Februar trafen sich einige Schriftsteller in Brentanos Wohnung, um die Lage zu diskutieren. Hermann Kesten beschreibt diese Krisensitzung in seinem Heinrich Mann-Kapitel in *Meine Freunde, die Poeten* folgendermaßen:

> *Im Februar 1933 sah ich ihn zuletzt in Berlin, bei einer makaber komischen Zusammenkunft verschiedener linker Schriftsteller, die der damals linksradikale Schriftsteller Bernard von Brentano in seine Wohnung eingeladen hatte. Sie sollten gemeinsam beraten, wie man der neuen deutschen Regierung, einer Kollektion sturer Nationalisten und Mörder opponieren könne. Da waren Heinrich Mann und Johannes R. Becher, Bert Brecht und Ernst Gläser und Leonhard Frank.*
>
> *Keiner dieser am Leben bedrohten Literaten sprach damals von Exil, in dem sie drei Tage oder drei Monate später alle lebten. Bert Brecht erklärte, er sei bereit. Bräuchte es Proklamationen, Abrufe, Reden, Taten, Theaterstücke, dazu sei er da. Nur müßte die Partei (welche?) oder die Rote Hilfe oder die Gewerkschaft ihm eine faustfeste, schußbereite Leibwache stellen, vier oder fünf Mann. Denn allein und schutzlos, nicht wahr, könne keiner diesen Horden entgegentreten?*
>
> *Eine Leibwache? Fragte Heinrich Mann, und sein Schnurrbart verdeckte kaum sein ironisches Lächeln. Uns zu bewachen oder überwachen? Uns zu schützen oder in Schutzhaft zu bringen? Uns zu verteidigen oder zu verraten? Brecht verstummte. Bald darauf gingen wir bedrückt und hastig auseinander.*[7]

---

6 Hermann Hesse: Über Bernard von Brentano: *Der Beginn der Barbarei in Deutschland*, wieder abgedruckt in: *Politik des Gewissens. Politische Schriften 1914–1922.* Frankfurt/Main 1977, Band 1, S. 459.

7 Hermann Kesten: *Meine Freunde, die Poeten.* Frankfurt/M.-Berlin-Wien 1980, S. 34/35.

Brentano versucht in seiner Autobiographie, die den Untertitel trägt „Bericht von Abschied und Heimkehr eines Deutschen", seine Stimmung in diesen Tagen wiederzugeben, die Reflexionen und Beobachtungen zu beschreiben, die ihn schließlich bewogen, ohne unmittelbare Bedrohung, Deutschland zu verlassen.

> *Ich hing an Deutschland, und wenn ich von Auslandsreisen zurückkehrte, war ich jedesmal froh, wenn ich unsere Grenzen wieder überschritt. Und ich hing auch an Berlin, das für mich die Stadt aller Städte war, die kühnste und lebendigste unter den Hauptstädten Europas. Mein ganzes Wesen sträubte sich gegen den Gedanken Berlin oder gar das Land zu verlassen und in die Emigration zu gehen. Aber eine ruhelose Ahnung des Kommenden in meiner Brust war stärker als alle Überlegungen, und ob ich es wahrhaben wollte oder nicht, eine innere Stimme, die nicht verstummen wollte, sagte mir, daß mir eine große Veränderung bevorstand.*[8]

Als die neue Regierung ihn aus dem P.E.N.-Club warf, sein Buch *Der Beginn der Barbarei in Deutschland* beschlagnahmte und alle anderen Bücher auf die schwarze Liste setzte, schien es ihm geraten, Berlin zu verlassen. Zusammen mit seiner Frau (1929 hatte er in zweiter Ehe

Abb. 43: Bernard von Brentano in Berlin um 1930.

8 Bernard von Brentano: *Du Land der Liebe*, op. cit., S. 11.

Margot Gerlach geheiratet. Die erste Ehe, die er 1922 mit Marie Elisabeth Freiin von Esebeck eingegangen war, war schon nach kurzer Zeit geschieden worden) reiste er Anfang März zunächst nach München, da er sich wie viele andere vom katholischen Süden Widerstand gegen den Nationalsozialismus erwartete.

5. *Der Weg ins Exil*

In München marschiert jedoch die SA durch die Straßen:

> *Hatte ich Angst? Fürchtete ich mich vor diesen Truppen, die entschlossen waren, einem einzigen Mann blindlings zu gehorchen? Offen gesagt: ja und nein. Es war weniger eine körperliche Furcht, die mich plagte und unruhig machte, als vielmehr jene Nervosität, die eine schwangere Frau empfindet, die in einem Auto mit schlechten Bremsen von einem ungeschickten Fahrer gefahren wird. Denn auch ich ging damals schwanger. In meinem Koffer lagen die ersten Kapitel eines Romans, den ich genauso schreiben wollte, wie er mir eingefallen war und vorschwebte, und was ich fürchtete, war die Vorstellung, der Zensor könnte kommen und mir in meinen Text hineinreden, ja, mir vielleicht sogar verbieten, mein Buch zu schreiben. Gegen diese Vorstellung empörte sich meine Natur. Ich wollte nicht gehorchen, niemandem gehorchen.*[9]

Nach einer Woche fuhr er über Innsbruck nach Wien, wo er mit Brecht zusammentraf, der ebenfalls Berlin verlassen hatte. Man spielte mit dem Gedanken, in der österreichischen Hauptstadt zu bleiben. Gemeinsam suchten sie Karl Kraus auf, doch der Pessimist Kraus konnte nur abraten.

> *Ich ging am nächsten Tag noch einmal allein zu Karl Kraus, und er beschwor mich geradezu, Wien wieder zu verlassen und mir einen besseren Platz als Exil zu auszusuchen. Ich sagte nicht viel, aber ich fühlte, daß Kraus recht hatte, und als ich wieder auf der Straße stand, glaubte ich's sogar zu sehen. Die Riesenhauptstadt des winzig gewordenen Landes machte den Eindruck eines sinkenden Schiffes, und weil ich in jenen Jahren ein Mann von raschen Entschlüssen war, beschloß ich, Wien zu verlassen und weiter zu reisen. Brecht schloß sich an, und wir fuhren in die Schweiz.*[10]

---

9 Bernard von Brentano: *Du Land der Liebe*, op. cit., S. 13/14.
10 Bernard von Brentano: *Du Land der Liebe*, op. cit., S. 18.

6. *Das erste Jahr in der Schweiz*

Zunächst ließ sich das Ehepaar Brentano in Zürich nieder. Sie mieteten sich fürs erste in einer Pension ein, als der Sohn Georg Michael am 6.8.1933 zur Welt kam, in einer möblierten Wohnung. Nach endlosen Behördengängen erteilte die Fremdenpolizei trotz der restriktiven Fremdenpolitik die Aufenthaltsgenehmigung und die nicht alltägliche Erlaubnis, die „Erwerbstätigkeit als freier Schriftsteller" auszuüben, „allerdings mit der Einschränkung, daß ‚damit die Politik nicht berührt werde'".

Da die Schweizer Verfassung keinen Anspruch auf Asyl gewährt, bleibt es ein Vorrecht der Staatsbehörden, in begründeten Fällen einem Antrag auf Asyl stattzugeben. Die Verpflichtung, sich jeglicher Art politischer Tätigkeit zu enthalten, ist dabei immer Bedingung. Diese Regelung beraubte viele exilierte Schriftsteller, selbst wenn sie eine Aufenthaltsgenehmigung besaßen, ihrer Existenzgrundlage. Brentano hatte offenbar zunächst keine weiteren Schwierigkeiten mit den Behörden, obwohl er sich in der ersten Zeit politisch betätigte.

Auch Brecht hatte zunächst mit dem Gedanken gespielt, in der Schweiz zu bleiben. In Zürich hatte er sich mit Döblin, Anna Seghers und deren Mann, dem Nationalökonom Schmidt, mit Brentano und schließlich auch mit Feuchtwanger getroffen. Zusammen mit Brentano und Kurt Kläber, dem einstigen Mitherausgeber der *Linkskurve*, den er durch Brentano kennengelernt hatte, statte er im März 1933 Hermann Hesse in Montagnola einen Besuch ab. Auch Brentano kam zu Besuch. Man diskutierte die Lage, um den Kontakt zu den aktuellen Ereignissen nicht zu verlieren. Brecht schlug vor, in Carona eine Künstlerkolonie zu gründen. Brentano zögerte, er wollte den deutschen Sprachraum nicht verlassen und in der Nähe der Züricher Bibliotheken bleiben. Schon bald sah sich Brecht nach einem neuen Aufenthaltsort um: „Die Schweiz ist zu teuer, hat keine Städte und ist eine Theaterdekoration (aber ohne Bühnenarbeiter)"; schreibt er im April 1933 an Bernards Ehefrau Margot.[11] Schließlich ließ sich Brecht in Dänemark nieder. Schon sehr früh erkannte er, daß die Schwierigkeiten des Lebens im Exil eine Zusammenarbeit, eine einheitliche Front gegen den gemeinsamen Gegner noch vertieften. Mit Unruhe sah er, daß sich viele Emigranten im Exil häuslich einzurichten begannen. Schon im Juni berichtet er Johannes R. Becher:

---

11 Brief von Bertolt Brecht an Margot von Brentano, April 1933, in: Bertolt Brecht: Briefe 1. Frankfurt/Main, 1981, Nr. 169.

> *Ich habe beinahe überall stärkste Entmutigung und Verwirrung angetroffen. Getrennt vom Proletariat, mehr und mehr beschäftigt, ihren nackten Lebensunterhalt zu verdienen, was nur durch Kompromisse in allen entscheidenden Dingen möglich ist, dazu über eine Reihe weit auseinanderliegender Städte verstreut, werden die proletarischen Schriftsteller ihre revolutionäre Produktion nun sehr schwer weiterführen können. Sie planen jetzt schon harmlose Kinderbücher, „getarnte" Romane für bürgerliche Verlage, kitschige Filme für bürgerliche Firmen usw. Einige wenige scheinen sich darauf zu verlassen, daß neu zu gründende proletarische Verlage sie finanziell über Wasser halten werden. Die linksbürgerlichen Schriftsteller richten sich im allgemeinen auf lange Emigrationszeit ein, sondieren wohl auch noch eine Rückkehr und haben für einen Kampf mit dem Faschismus keinen Standpunkt.*[12]

Becher selbst schildert nach einer Rundreise durch die wichtigsten Exilzentren im Sommer 1933 die Lage in der Schweiz als kompliziert und verworren. Keiner der Genossen verträte die Parteilinie:

> *Es stellt sich sofort heraus, daß dort unter den emigrierten Genossen ziemliche Zersetzungserscheinungen vorhanden waren und daß es der Schweizer Partei nicht möglich war, diese Dinge in die Hand zu nehmen. [...] Brentano empfing mich mit einem wüsten Geschimpf auf die Partei, vertrat hartnäckig die Theorie von dem Sieg des Kleinbürgertums in Deutschland, wie es sich aber zeigte, äußerte er nicht nur die Ansicht mir gegenüber, sondern auch gegenüber proletarischen Genossen, die er teils unsicher machte und teils mit sich riß. Zugleich hatte er enge Beziehungen mit den Sozialdemokraten, für die er gemeinsam mit dem Zeichner Meffert ein Flugblatt veröffentlichte.*[13]

Neben den politischen Orientierungsschwierigkeiten wurde die Suche nach neuen Verlagen für alle Exilschriftsteller zum lebenswichtigen Problem. Die fehlenden Informationen, die Isolationen machen sich in den ersten Monaten schon schmerzlich bemerkbar. In einem Brief vom 18. Juli 1933 kann Brentano nur noch von Gerüchten über die innenpolitische Lage in Deutschland berichten.

Brecht versuchte nicht nur politisch, sondern auch literarisch, seinen Einfluß auf Brentano gelten zu machen, ihn auf seine ästhetischen

---

12 Brief von Bertolt Brecht an Johannes R. Becher vom 28. Juni 1933, loc. cit., Nr. 173.

13 Johannes R. Becher: *Bericht über die Tätigkeit während meiner Reise vom 5. Juli bis 27. September 1933*, in: Heinz Ludwig Arnold (Hg.): *Deutsche Literatur im Exil.* Band I: Dokumente. Frankfurt/M. 1974, S. 29 ff. Zitat S. 32.

Vorstellungen einzuschwören. Doch wie schon zuvor gegen Roths, so wehrte sich Brentano auch gegen Brechts Vorschriften.

7. *Normalisierung des täglichen Lebens: Das Exil als ständiger Wohnsitz*

Als der Berliner Mietvertrag endlich abgelaufen war, konnte Brentano die Möbel nachkommen und sich 1934 in Küsnacht am Zürichsee niederlassen. Harry Graf Kessler notiert 1937 seine persönlichen Eindrücke in seinem Tagebuch:

> *Kleines Landhäuschen in einem kleinen Garten mit kleinen Räumen, aber modern und einfach eingerichtet, mit einer anheimelnden Bibliothek und einem großen komfortablen Schreibtisch. Nachdem ich mich so lange nur in unpersönlichen Hotelzimmern herumgetrieben habe, machte es mir einen seltsamen Eindruck, mich zu ersten Mal wieder in einem richtigen, gut eingerichteten Arbeitszimmer zu befinden. Zwei dicke, blonde, kleine Buben,*[14] *[...], vervollständigten das Bild einer glücklichen soliden Häuslichkeit.*[15]

Äußerlich hatte sich das Leben schnell normalisiert: Nach Erhalt der Schreiberlaubnis fand Brentano in Emil Oprecht einen engagierten Verleger. Regelmäßige Theaterkritiken für die *Weltwoche*, Beiträge für die *Neue Zürcher Zeitung*, die *Neue Schweizer Rundschau*, die *Tat* und die *Nationalzeitung* in Basel sorgten für finanzielle Sicherheit – allesamt Bedingungen, die eine in Emigrantenkreisen nicht eben häufige existentielle Sicherheit garantierten. Schließlich konnten die wenigsten Emigranten ihr Exilland selbst bestimmen. Wie Thomas Mann, so fand auch Brentano ohne größere Probleme in Küsnacht Asyl, während Tausende von Flüchtlingen an der Schweizer Grenze zurückgewiesen wurden.

Für die Literarische Weiterentwicklung ist jedoch der Verlust der engen Kontakte mit den Schriftstellerkollegen ausschlaggebend, denn der Arbeitszusammenhang und der Gedankenaustausch in der Berliner Zeit war nicht nur die Basis seiner schriftstellerischen Tätigkeit, sondern auch ein politischer Vollzugszwang gewesen. Das Schweizer Domizil bot ihm zwar genügend Ruhe für seine Arbeit am Roman, die ihm im politisch

---

14 Am 22.5.1935 war der zweite Sohn Peter Christian zur Welt gekommen.

15 Harry Graf Kessler: *Tagebücher 1918–1935*. Politik, Kunst und Gesellschaft der zwanziger Jahre. Frankfurt/M. 1961, S. 763.

hitzigen Berliner Klima der späten Weimarer Jahre immer gefehlt hatte. Seiner Arbeitskontakte beraubt und erstmals auf sich gestellt, desorientiert, überempfindlich und für das Exil unvorbereitet, gerieten jedoch die weltanschaulichen Prinzipien ins Wanken.

Das aufblühende Züricher Kulturleben bot zahlreiche Anregungen. Der Zuzug der Emigranten hatte das literarische Klima in Zürich merklich belebt. Brentano fand rasch Zugang zu neu entstandenen literarischen Zirkeln und sammelte alte und neue Bekannte um sich: „Er kannte die halbe Welt", weiß der Schriftsteller Jacob Rudolf Humm in seinem Buch *Bei uns im Rabenhaus* zu berichten, einem der wenigen authentischen Zeugnisse des Züricher Kulturlebens in dieser Zeit.[16] Von 1934 bis 1938 war Humms „Rabenhaus" ein wichtiger Treffpunkt.

Neben Humms Zirkel, in dem radikale antifaschistische Ansichten vorherrschten, existierten in Zürich zahlreiche literarische Salons, die von jüdischen oder mit Juden verheirateten Damen geführt wurden, wie der Salon Rosenbaum, in dem Ernst Toller, Ignazio Silone, Jakob Wassermann, der Bildhauer Fritz Wotruba, der Komponist Ernst Krenek, die Maler Walter Helbig und Max Ernst, Brentano, Humm, Julius Hay, Hans Marchwitza und Jean-Paul Samson verkehrten. Während der ersten Jahre des Exils traf sich in Zürich eine vielfarbige Palette von Künstlern aller Berufssparten und Schattierungen. Gerade diese bunte Zusammensetzung, und hinzu kamen die persönlichen Probleme, die notwendige Neuorientierung jedes einzelnen Emigranten, verhinderten einen engen Zusammenschluß, einen festen Arbeitszusammenhang, wie er in Berlin bestanden hatte, von vornherein.

> *Die Politik bildete immer noch das Thema der meisten Gespräche, und manche Leute meinten, Hitler werde sich nicht lange halten. Ich dachte an die Behauptungskraft Mussolinis oder Stalins und war nicht der Meinung; aber daß es mir aufgegeben war, fünfzehn Jahre in Küsnacht zu leben, das hätte ich sogar einem Propheten nicht geglaubt.*[17]

Die Übersiedlung in die Schweiz brachte eine Fülle neuer Eindrücke mit sich, sie zwang Brentano eine andere politische Perspektive auf: die Schweiz wurde zur Weltbühne.

Selbst unempfindlich gegen die psychischen Schwierigkeiten die das Leben in der Fremde für die meisten Emigranten mit sich brachte, war Brecht über diese Normalisierung der äußeren Lebensbedingungen im

---

16 Rudolf Jacob Humm: *Bei uns im Rabenhaus.* Zürich-Stuttgart 1962, S. 28.
17 Bernard von Brentano: *Du Land der Liebe*, op. cit., S. 20/21.

Exilland beunruhigt. Immer wieder forderte er Brentano zu einem längeren Besuch in Dänemark auf. Die äußere Konsolidierung war aber auch das Zeichen für die innere Abwendung von gemeinsamen politischen Vorstellungen und Zielen.

Ab 1935 äußerte sich Brentano in mehren Briefen an Brecht polemisch gegen die Strategie und Taktik der kommunistischen Parteien. Brentano spricht sich für eine Pluralität der Meinungen, für individuelle Freiheit und gegen eine Maßregelung durch den Parteienapparat aus. Er ist von der revolutionären proletarischen Idee vollständig abgerückt. In seiner Abscheu vor der Diktatur setzt er Stalins Regime mit dem nationalsozialistischen gleich. Er fürchtete vom Kollektivismus eine Bedrohung des Individuell-Geistigen. Brecht unternahm brieflich noch mehrere vergebliche Versuche, Brentano auf die alten Bahnen zurückzulenken. Brentano wandte sich in den Jahren 1934/35 auch von anderen Schriftstellerkollegen ab, mit denen er in einer Reihe gestritten hatte. So bezeichnetet er Anna Seghers' Roman *Der Kopflohn* als „faschistischen Roman".[18]

8. *Thomas Mann und politische Orientierungsversuche*

Brentanos Abwendung vom Marxismus und damit von der Arbeit eines aktiven und kämpferischen Propagandisten vollzog sich schon in den Jahren 1934 und 1935. In dieser Zeit entstand der Roman *Theodor Chindler*, an dem der Weg von der politischen Zustandsbeschreibung zur individuellen Selbstbestimmung abzulesen ist.

Wenige Monate nach Brentano übersiedelte Thomas Mann nach Küsnacht, in die unmittelbare Nachbarschaft. Brentano lernte den Dichter nun erst persönlich kennen. Gemeinsame Spaziergänge und gegenseitige Besuche gaben die Möglichkeit zu Gesprächen und Meinungsaustausch. Thomas Mann hat in seinen Tagebüchern seine persönlichen Eindrücke festgehalten, die er in den beinahe täglichen Begegnungen mit Brentano sammeln konnte. Zwiespältige Äußerungen und undurchsichtiges Gebaren hatten Brentano sehr schnell den Ruf eines „enfant terrible" unter den Exilschriftstellern eingetragen.

„Angeregte tragikomische Unterhaltung, durch Brentanos antikatholische Passion befeuert, über die deutsche Wirrnis" (11.IX.1935), „Drolliger

18 Brief von Bernard von Brentano an Bertolt Brecht vom 3. Januar 1934, in: Bertolt-Brecht-Archiv, Berlin-DDR, Mappe Alte Briefe, Nr. 481/22, zit. Nach Werner Mittenzwei, *Das Exil in der Schweiz*, op. cit., S. 118.

Mann“ (26.XII.1935), „Ein amüsanter Wirrkopf, über den ich oft lachen kann“ (2.III.1936), „närrischer Kauz“ (25.V.1936), „Brentanos graziöse Querköpfigkeit gab mir wieder viel zu lachen“ (4.V.1936). Alle diese Äußerungen zeigen Brentano als Außenseiter, Eigenbrötler, streitbaren Geist, erregbares Temperament, unausgeglichen und labil, als einen Egozentriker, der in dieser Zeit mit seinen Überzeugungen und Ansichten allzu freimütig umsprang und es liebte, den Gesprächspartner zu provozieren. Humm charakterisierte den Schwierigen folgendermaßen:

> *Von Brentano weiß heute niemand mehr viel in Zürich, aber damals war er in dieser Stadt eine Figur. [...] Ich mochte ihn gern, wenn ich ihn auch ein bißchen mühsam fand; er war sehr, sehr deutsch, aber auf zwei Weisen: Eine innere, schmelzende, dichterische, die ihm von der Romantik kam, und eine äußere, eckige, betont angriffige, die ihm und seinesgleichen im Rheinland die Preußen anerzogen hatten. Weil er die beiden Weisen nicht in Einklang bringen konnte, war ein dauerndes Hadern in ihm; das Weiche suchte sich durch das Schroffe zu beschützen. Er biß schrecklich viel um sich, und innerhalb der Emigration war er den meisten heikel. Immer unterhaltend, unterrichtend, anregend, liebenswürdig, war er doch auch aufreizend und wollte es sein. [...] Er hatte also einen leichten Zug ins Snobische, der vielen auf die Nerven fiel, mich aber nur amüsierte, weil ich auch die andere Seite sah.*[19]

Noch im Januar 1936 hatte Brentano zusammen mit Thomas Mann, Ferdinand Lion und dem Soziologen und Kulturphilosophen Erich von Kahler einige Tag in Arosa verbracht. Im Frühjahr 1936 kam die Entfremdung: die politischen Ansichten hatten sich zu weit voneinander entfernt. Thomas Mann wandte sich von Deutschland ab und nahm die tschechische Staatsbürgerschaft an, was ihm Brentano sehr verübelte:

> *Kein englischer, kein französischer, kein russischer oder kein italienischer Emigrant hat jemals die Staatsangehörigkeit gewechselt. [...] Der Gegner einer Regierung zu sein, die man aus politischen Gründen ablehnt, ist ein unabdingbares Menschenrecht. Aber ein politischer Emigrant, der im Kampf gegen die Regierung seines Landes steht, kann gar nicht behutsam genug zwischen dieser Regierung und seinem Vaterland unterscheiden. Auch Opposition verpflichtet, und wer sich das Recht herausnimmt, eine Regierung zu bekämpfen, die er für schädlich oder zumindest für schändlich hält, der nimmt dafür mindestens das gleiche Maß an Pflichten gegen seine Landsleute auf sich. Es können immer nur wenige außer Landes gehen, und die Zurückgebliebenen sind auch Menschen. [...] Thomas Mann*

19 R. J. Humm, op. cit., S. 27/28.

war anderer Ansicht als Silone und Victor Hugo. Aber ich täte ihm Unrecht, wenn ich verschweigen wollte, daß neunzig Prozent aller Emigranten so wie er dachten.[20]

Thomas Mann war zu einem Gegner Deutschlands geworden, Brentano so sehr Patriot, daß auch er – im umgekehrten Sinne – die Trennungslinie zwischen Deutschland und dem nationalsozialistischen Regime nicht exakt zog, so daß nicht immer festzustellen war, wieviel geheime Bewunderung für Hitler sich hinter den Kundgebungen der Liebe zur Heimat verbarg.

Ausführlich legt Brentano in seiner Autobiographie die Gegensätze dar, die ihn politisch von Thomas Mann trennten, er greift zugleich die Nachkriegsdiskussion um den Dichter und sein Verhältnis zu Deutschland auf. Nicht umsonst bezeichnet er dieses Kapitel als „schmerzlich", denn schmerzlich war wohl für ihn die Erfahrung, aufgrund seiner politischen Einstellung selbst im Kreise der Exilautoren abgestempelt und ins politische Abseits verbannt worden zu sein. Er wollte dem Nationalsozialismus seinen „wahren" Patriotismus entgegensetzen:

In dieser Überzeugung, die meine politischen Schritte lenkte, war ich auch ein Gegner jeder Art von Anti-Einstellung. Ich fühlte mich als Demokrat und Republikaner, aber niemals als Antifaschist. Ich sprach mit Thomas Mann oft über diese Fragen, aber wenn ich ihm sagte: die NSDAP-Führer werden sich nicht ewig halten, dann kommen wir an die Reihe, Sie sind einer der zukünftigen Chefs unseres Landes, dann lächelte er. O, er war sehr böse auf unser Land und wurde immer zorniger. War der Nationalsozialismus ein Produkt unseres Volkscharakters? War es spezifisch deutsch, was bei uns geschah? Thomas Mann war dieser Ansicht, und ich war und bin anderer Ansicht.[21]

Golo Manns *Politische Gedanken* weisen in die gleiche Richtung wie die Überlegungen Brentanos, der sie zeitweise – wenn auch nicht bis zur allerletzten Konsequenz wie Ernst Glaeser – bis hin zu einer gefährlichen Annäherung an das nationalsozialistische Regime verfolgte. Die Konsequenz, mit der Brentano seinen politischen Standpunkt vertrat, trieb ihn innerhalb der deutschen Emigrantenkreise in die Isolation: Nach 1937 erschien in keiner der Exilzeitschriften mehr ein Artikel von Brentano. Sein Freundeskreis beschränkte sich zunehmend auf Schweizer, Italiener (Ignazio Silone) und Franzosen (Jean-Paul Samson).

---

20 Bernard von Brentano: *Du Land der Liebe*, op. cit., S. 25–29.
21 Bernard von Brentano: *Du Land der Liebe*, op. cit., S. 32.

Trotz der Meinungsverschiedenheiten in politischen Fragen blieb der Kontakt zwischen Thomas Mann und Brentano bis Manns Abreise aus Küsnacht 1938 bestehen, nachdem beide ein „gentlemen-agreement" getroffen hatten, die Politik aus ihren Gesprächen auszuklammern.

9. „L'Ecole de Zurich"

Der französische Schriftsteller Jean-Paul Samson, der Nestor der ausländischen Emigranten, der schon seit 1917 in der Schweiz lebte, wählte 1936 den Titel „Ecole de Zurich", um damit vier Literaten sehr verschiedener Herkunft zu bezeichnen – er selbst gehörte als fünfter dazu –, die sich in der Limmatstadt niedergelassen hatten und die er ohne vorherige Absprache von politisch wie literarisch ähnlichen Absichten und Zielen geleitet sah.

Gemeint sind der Schweizer Schriftsteller Rudolf Jakob Humm, der Schweizer Arzt, Literat und Politiker Fritz Brupbacher, der Italiener Ignazio Silone und Bernard von Brentano. Diese Kontakte schufen ein

Abb. 44: Bernard von Brentano in seinem Schweizer Exil in Küsnacht 1934.

intellektuelles Klima, in dem jeder einzelne Anregungen und Rückhalt für seine eigenen Ansichten fand, das politische und literarische Auffassungen zur Reife brachte. Die internationale Zusammensetzung des Kreises und die Schweizer Kulisse sind dabei kein zufälliges Zusammentreffen. Jeder der genannten Schriftsteller vereinigte dabei seine nationale Tradition mit der Schweizer Ideologie, die vom schweizerischen Staatsgedanken geprägt war, Freiheit und Demokratie in den Vordergrund rückte und dabei eine politische Vorstellung der Schweiz als eines ideellen Miniatureuropa konzipierte.

Stilistisch haben alle genannten Autoren zu einer Arbeitsweise gefunden, die Samson sehr treffend „création critique" nennt, ein Terminus, für den das Deutsche bezeichnender Weise keine adäquate Übersetzung hat.

10. Literarische Produktion

Die Jahre des Exils waren für Brentano zunächst Jahre der Romanproduktion: *Theodor Chindler* 1936, *Prozeß ohne Richter* 1937, *Die ewigen Gefühle* 1939, *Franzsika Scheler* 1945, *Die Schwestern Usedom* 1948.

Den politischen Roman *Theodor Chindler*, geplant als erster Band einer Trilogie „Roman einer deutschen Familie", hatte Brentano noch in Berlin begonnen. Unter dem Eindruck der neuen Umgebung, der existentiellen Neuordnung schrieb er die ersten Kapitel um. „Einfach und gut" nannte Thomas Mann den Roman, und seine positiven Worte erschienen auch auf dem Umschlag der Erstausgabe.

„Ich denke, es ist besser geschrieben als die Romane der Glaeser, Reger, Roth, Kesten und Konsorten, aber es ist auch nicht viel mehr als der alte Klagegesang, daß mit der Demokratie in Form von Parteiherrschaft die bürgerliche Revolution nicht durchgeführt werden kann", schreibt Brecht an Walter Benjamin.[22]

Ignazio Silone hatte die Problematik des *Theodor Chindler* als eines Werks des Übergangs, das stilistisch wie inhaltlich von den Versuchen der Neuorientierung des Autors und seines Selbstverständnisses zeugt, deutlich erkannt:

> *An den vergangenen Tagen habe ich viele Seiten Ihres „Chindler" von neuem gelesen: Die ersten zweihundert Seiten sind ein Meisterwerk. Gegen Ende hat Sie wohl oft folgender Gedanke verfolgt: Was werden die Kommu-*

---

22 Brief von Bertolt Brecht an Walter Benjamin, April/Mai 1936, loc. cit., Nr. 290.

nisten, die Sozialisten, die Redakteure von dieser oder jener Emigranten-Zeitung von meiner Arbeit denken? Die Überlegungen haben Ihre Arbeit geschwächt. Ein Romancier muß vollständig frei und frech sein. Vielleicht wird man das erst, wenn man älter wird. Mit dem „Chindler" haben Sie bewiesen, daß Sie das Zeug zu einem großen Romancier haben. Tun Sie den Weiskopf & Co. nicht die Ehre an und lassen sich in Ihrer Arbeit von ihnen beeinflussen, dann wird das nächste Buch noch besser.[23]

Wie Brentano Opposition verstand, nämlich parabolisch gegen das nationalsozialistische Regime und die Moskauer Schauprozesse gerichtet, zeigt der 1937 erschienene Roman *Prozeß ohne Richter*.

Aber es gab noch mehr Staaten auf der Welt, die von einem Diktator geführt wurden, und je lauter die Anklagen erschallten, die rings umher gegen unser Land erhoben wurden, desto weniger hielt ich es für meine Pflicht, in die oft allzu sehr vereinfachten Lieder dieses Chores einzustimmen. Die neue Regierung paßte mir nicht, aber gegen das Vaterland erhob ich nicht meine Hand.[24]

Kurz vor Ausbruch des Krieges erschien der *Theodor Chindler* in französischer Übersetzung im Pariser Verlagshaus Grasset, im gleichen Jahr kam der Roman auch in tschechischer, slowenischer und ungarischer Übersetzung heraus. 1939 war außerdem das Erscheinungsjahr des Romans *Die ewigen Gefühle*, den Brentano als Analyse der veränderten Menschlichkeit, aus der das Politische hervorgegangen ist, verstand. Das Buch wurde 1939 in London mit dem „Internationalen Länderpreis" für das beste europäische Buch ausgezeichnet. Brentano war Moralist geworden: „In einer moralischen Zeit kann man unmoralisch sein, in einer unmoralischen Zeit wie der unsrigen muß man moralisch sein." Endgültig hatte er nun zu seinem Stil gefunden.

Der zweite Band der Trilogie kam 1945 mit dem Titel *Franziska Scheler* heraus. Gedacht als Fortsetzung des „Romans einer deutschen Familie" wurde er nach mehr als zehnjährigem Leben im Exil zum Spiegel der Entfremdung von der Realität Deutschlands. Anstelle einer Aufarbeitung der – offenbar einer nicht mehr verfügbaren – historischen Wirklichkeit, wurde nun der Stoff im Ästhetischen gesucht, die Literatur als geschichtsbildende Kraft begriffen. Das existentielle Problem des Schriftstellers im

---

23 Brief von Ignazio Silone an Bernard von Brentano vom 14. Mai 1936, in: Luce d'Eramo: *L'opera di Ignazio Silone*. Saggio critico et guida bibliographica. Vicenza 1973, S. 155.

24 Bernard von Brentano: *Du Land der Liebe*, op. cit., S. 46/47.

Exil gipfelte in der Erkenntnis, daß die Literatur ihre kommunikative Funktion verloren hatte.

Trotz der Erfolge seiner Bücher im Ausland machte sich der vollständige Resonanzverlust in der Heimat schon sehr früh schmerzlich bemerkbar. Brentano fragt sich:

> *Lasen dafür wenigstens unsere Landsleute, die zu jener Zeit noch in Scharen in die Schweiz strömten, mein Buch? Sie dachten gar nicht daran. Sie kauften lieber ausländische Bücher, von denen sie mit Recht oder Unrecht glaubten, sie seien bei uns zuhause verboten und dazu jene aktuellen Schriften, die sich mit dem neuen Regime beschäftigten und in der Tat im Reich nicht gelesen werden durften.*[25]

Abgeschnitten von Deutschland und der deutschen Realität, aus der Gedanken und Sprache entstehen, aus dem Traditionszusammenhang gerissen, der die Basis seiner schriftstellerischen Tätigkeit bildete, wandte sich Brentano der weiter zurückliegenden deutschen Geschichte zu. Er deutet sie als von den Deutschen nicht bewältigtes Thema, als Voraussetzung für die ideologische Anfälligkeit, um den Bruch in der geschichtlichen Kontinuität schreibend zu überbrücken und so der Entfremdung von der zeitgenössischen geschichtlichen Wirklichkeit entgegenzuarbeiten. Trotz seiner revolutionären Ausrichtung beschäftigte sich Brentano schon in jungen Jahren mit der deutschen Geistesgeschichte, mit der ja sein Name untrennbar verknüpft ist.

Im Exil wurden die Traditionen, die historische und literarische Vergangenheit zum Ersatz für die verlorene zeitgenössische Wirklichkeit. Brentano wollte, und hier wird der Einfluß der „Ecole de Zurich“ deutlich greifbar, zwischen den Traditionen und Kulturen vermitteln. Und so ist sein großes biographisches Werk, das er bei Kriegsausbruch zu schreiben begann, einem bedeutenden Mittler westeuropäischer Kultur gewidmet, dem Shakespeare-Übersetzer August Wilhelm Schlegel, dessen Bild er als sein Biograph vor dem Hintergrund einer bewegten Zeit zeichnet. Er erzählt die „Geschichte eines romantischen Geistes“. Brentano erscheinen die Parallelen zwischen der Revolutions- und Restaurationszeit und seiner eigenen deutlich.

Zufälle und eine nicht ganz zu erhellende Umgehung der als Präventivzensur wirkenden Papiergenehmigung ermöglichten ein Erscheinen des Buches in Deutschland mitten im Krieg: der Cotta-Verlag in Stuttgart

---

25 Bernard von Brentano: *Du Land der Liebe*, op. cit., S. 46.

brachte es 1943 heraus. Es wurde jedoch nur in der Schweiz ausgeliefert, die Restauflage beschlagnahmt und verboten. Hermann Hesse nennt das Buch in der *Weltwoche* „das beste Buch des Jahres“. Eine zweite verbesserte Auflage, die 1949 im gleichen Verlag erschien, blieb in Deutschland ohne Echo.

Brentano beschränkt sich nicht auf die Darstellung des Lebenslaufs. Wie Schlegel ist auch er selbst Kritiker und Literaturhistoriker: neben der geistigen Entwicklung gibt er Schlegels theoretische Äußerungen zur Übersetzung gebundener Sprache wieder. Er läßt die Mächte aufscheinen, die schicksalshaft Schlegels Leben bestimmten: hinter der Einzelpersönlichkeit wird eine ganze Epoche sichtbar. Schlegel als Entdecker Goethes, als Kritiker, der Hölderlins Bedeutung verkannte, Schlegel als europäischer Geist, seine letztlich tragische Schwäche: Brentano gelingt es, eine Vielzahl von widersprüchlichen Zügen zu einem Gesamtbild zu ergänzen und zugleich sein eigenes schriftstellerisches Selbstverständnis in den Zügen des Romantikers zu spiegeln. Wie Schlegel den Lesern den klassischen Goethe, dessen Wendung vom *Werther* zur *Iphigenie* sie zunächst nicht mitvollziehen konnten, nahebrachte, so sieht auch Brentano seine Aufgabe darin, als Kritiker eine aus Begreifen erwachsende Verständigung zwischen dem Dichter und seinem Publikum zu erreichen.

Brentanos Beschäftigung mit der deutschen Geistes- und Literaturgeschichte trug noch weitere Früchte auf dem Gebiet der biographischen Essayistik: 1945 erscheint bei Classen in Zürich die Geschichte der Liebe von *Goethe und Marianne von Willemer.* Trotz der kriegsbedingten Behinderungen im internationalen Leihverkehr zwischen den großen Bibliotheken ermittelt Brentano in seinen biographischen Arbeiten eine Vielzahl neuer Details.

1949 erschien *Sophie Charlotte und Dankelmann. Eine preussische Historie*, und schließlich posthum 1974 die in den vierziger Jahren entstandenen Essays *Die drei Prälaten*, ein Kapitel deutscher Kirchengeschichte aus biographischen Porträts. Das Schreiben einer Biographie wird Realität und Romanthema zugleich. Brentano reflektierte in den vierziger Jahren in zunehmendem Maße seine eigene Situation als Autor, seine Schreibsituation. Brentanos Beschäftigung mit historischen Stoffen, die ihm die zeitgenössischen Wirklichkeit ersetzen müssen, führte ihn nicht wie viele emigrierte Schriftsteller-Kollegen zum historischen Roman, sondern über die literarische Biographie zum biographischen und literarischen Essay.

Seine Beschäftigung mit der Epoche zwischen Revolution und Restauration enthüllt immer wieder sein Bedauern über Deutschlands verpaßte Gelegenheit zur nationalen Einigung. Die nicht bewältigte deutsche Geschichte deutet Brentano als Voraussetzung für die ideologische Anfälligkeit der Deutschen: Leitmotivisch durchzieht dieses Thema alle seine Arbeiten seit Ende der dreißiger Jahre, wird Anlaß und – im Spiegel seines schriftstellerischen Selbstverständnisses und seiner Literaturrezeption – Intention seiner Arbeiten zugleich. Brentano strebt die Rückgewinnung der durch die politischen Ereignisse unterbrochenen geschichtlichen Kontinuität an, um zugleich die eigene Entfremdung von der politischen Wirklichkeit, den von den meisten Emigranten gefürchteten Verlust der Subjektivität zu überbrücken.

Schon während der Zeit als Publizist bei der *Frankfurter Zeitung* hatte Brentano ein klares Bekenntnis für den Leser ausgesprochen. Auf der Suche nach Resonanz und Kommunikation entdeckte er für sich neue Wege literarischer Kritik und gewann so eine in Deutschland kaum zu erwartende Resonanz als Essayist, weil in der Schweiz während der Zeit des Exils eine eigene schweizerische Essayistik im Entstehen begriffen war.

Brentano entdeckte für sich und für die deutsche Literatur das „Journal littéraire“, das beispielsweise André Gide pflegte. Sein 1943 erschienenes *Tagebuch mit Büchern* und dessen Fortsetzung *Streifzüge* (1947) ist eine in loser Tagebuchform zusammengestellte Sammlung von persönlichen Eindrücken und Betrachtungen über die deutsche, die englische, vor allem aber die französische Literatur, als deren intimer Kenner er sich erweist. Literatur bespiegelt sich hier selbst, wird zum Ersatz, mehr noch zum Produzenten von Wirklichkeit: Über die Literatur wird ein gemeinsamer kultureller Erfahrungshorizont zwischen Autor und Leser beschworen, den die zeitgenössische Realität zerstört hat.

Karl Kraus hatte einmal geschrieben: „Kein Volk lebt entfernter von seiner Sprache, also von der Quelle seines Lebens, als die Deutschen“, Brentano versucht in der Entfernung von Deutschland die Nähe durch die Sprache zu erlangen und so als Essayist in der Schweiz literarisch eine neutrale Position zwischen Exil und Drittem Reich zu gewinnen. Als Kritiker und Essayist fand Brentano die seinen Intentionen entsprechende Ausdrucksform.

11. Politische Querelen

Brentanos Rückzug im Ästhetischen entsprach die reale Isolation, in die ihn die ständigen Auseinandersetzungen, Querelen und Intrigen innerhalb der Emigrantenkreise schließlich trieben – nicht ohne sein eigenes Zutun. Drastische Worte findet Humm zur Beschreibung der Atmosphäre:

> *Niemand kann sich heute mehr vorstelle, was es heißt, zwölf Jahre in einem kleinen, freien Land wie innerhalb einer Tonne zu leben. Keiner von uns hatte Ausdehnungsmöglichkeiten, jeden Tag hörte man nur Hitlers Hysterie, um uns herum war Gebelfer, Stumpfsinn, aschgraue Verlogenheit, dummdreistes Auftrumpfen, Dunst, Schwulst, Schmutz, Mulm. In diesem sumpfigen Ungezieferklima es auszuhalten, war nicht leicht.*[26]

Brentano wurde häufig in Streitigkeiten verwickelt: Sein offenes Bekenntnis zu Deutschland, sein unverhohlener Patriotismus, wirkten provokativ. Man warf ihm Annäherung an den Nationalsozialismus vor, ein Makel, der ihm bis heute anhaftet, von dem in seinem Werk jedoch keine Zeile zu finden ist. Als der Krieg ausbrach, scheinen zweideutige Äußerungen seinen Gegnern recht zu geben: Er konnte aus seiner Sicht keine Niederlage für Deutschland wünschen. Erschwerend kam hinzu, daß sich auch die Situation im bedrohten Gastland für die Emigranten zuspitzte. Mit dem Anschluß Österreichs verließen viele Emigranten die Schweiz, das literarische Leben Zürichs verlor seinen internationalen Glanz.

Gewiß war Brentano weltanschaulich Fluktuationen unterworfen, welcher Exilschriftsteller könnte sich des völligen Gegenteils rühmen? Kantorowicz bezeichnet die ideologischen Schwankungen sogar als Signum aller deutschen Exilautoren. Brentano empfand das Leben im Exil unabhängig von seiner Dauer und den scheinbar konsolidierten äußeren Lebensverhältnissen als Provisorium; das ständige Leben in der Ausnahmesituation war für ihn nicht nur schwer erträglich, er glaubte seine geistige Existenz gefährdet.

Brentanos Reaktionen auf die Nachrichten aus dem Reich zeigen, wie wirklichkeitsfremd er doch im bezug auf Deutschland in vielen Bereichen geworden war. Im wichtigsten, produktivsten Stadium seiner Karriere litt er unter dem quälenden Mißverhältnis zwischen seiner literarischen Arbeit und dem politisch bedingten Gefühl mangelnder Selbstverwirkli-

---

26 R. J. Humm: op. cit., S. 52.

chung. Zur der daraus resultierenden Aggressivität trat ein Zug zur Monomanie. „Brentanist" nennt ihn treffend Martin Gregor-Dellin, „eine Partei mit nur einem Mitglied". Er suchte nach Ersatzlösungen für sein Lebensproblem und wurde so von der seelischen Inflation ergriffen, die ihn einen Teil für das Ganze sehen ließ: unbeschadet seiner vielen jüdischen Freunde wetterte auch er gegen die Juden.

> *Und hätte man ihm seine Phädra aufgeführt am Zürcher Schauspielhaus, wie dem Hay sein Toggenburger Elendsdrama, es wäre der immer schwierige Brentano auf die Juden vielleicht endlich besser zu sprechen gewesen.*[27]

Humm hatte mit dieser Bemerkung sicher nicht ganz unrecht, denn die schwierige Lage des „schwierigen" Brentano führte manchmal zu gefährlichen Verknüpfungen von Wirklichkeitsanspruch der Literatur und lebensweltlicher Realität. Wo die Verbindung von Zeiten und Motiven, die Parallelisierung von Strukturen und Gesetzmäßigkeiten von der Literatur auf die Wirklichkeit vollzogen wurden, bot Brentano Angriffsflächen, die jedoch nicht verdecken konnten, worum es ihm bei all dem ging, um „den Kampf gegen das Unrecht und die Unfreiheit".[28]

Brentano ertrug die Resonanzlosigkeit, die Isolation innerhalb der Emigrantenkreise, in die er nicht ganz unverschuldet geraten war, nicht mehr mit Fassung.

> *Aber manchmal peinigte mich mein Dasein als Emigrant wie ein Ausschlag, und in solchen Stunden tiefer Niedergeschlagenheit langweilte mich alles, der Krieg, der für mich auf einer Bühne von Zeitungspapier abrollte, und mein neutraler Logenplatz, von dem aus nichts zu sehen war, aber immerfort zu hören, das Propagandageschwätz der einen Seite und die Gegenpropaganda der anderen, die auch nicht unterhaltend war. Ich wollte endlich einmal nicht mehr Zuhörer sein, sondern sehen, mit eigenen Augen sehen, wie's bei uns zu Hause stand, wie die Gesichter der Menschen aussahen, und ich beschloß, das Risiko einer Reise auf mich zu nehmen.*[29]

Ende 1940 erhielt Brentano von deutschen Generalkonsul ein Visum und reiste nach Deutschland, zunächst zu seiner Mutter nach Darmstadt, anschließend nach Berlin. Über das deutsche Generalkonsulat unterhielt er auch weiterhin Kontakte zu Deutschland. Sie ermöglichten ihm das Erscheinen seines Schlegel-Buches in Stuttgart, setzten ihn aber schweren Angriffen aus.

---

27 R. J. Humm: op. cit., S. 27.
28 Martin Gregor-Dellin: Nachwort zu Prozeß ohne Richter, op. cit., S. 108.
29 Bernard von Brentano: *Du Land der Liebe*, op. cit., S. 101.

Bei Kriegsende spitzte sich die Situation für die Deutschen in der Schweiz noch weiter zu. Hermann Hesse schreibt am 10.10.1945 an Felix Braun: [30]

> *Hier ist man eifrig am „Säubern" des Landes von Nazis und überhaupt von Deutschen, sogar Leute wie Bernard von Brentano werden heftig angegriffen; nachdem man viele Jahre den Mund gehalten hat, fegt man jetzt mit fester, törichter Heldenhand das Land Wilhelm Tells rein.*

Manuel Gasser, Feuilletonchef der *Weltwoche*, der zu Brentanos Bekanntenkreis gehört und mit ihm gemeinsam einen Gottfried Keller-Band ediert hatte[31], griff Brentano 1945 in seiner Zeitung öffentlich an: Er warf ihm Opportunismus und Antisemitismus vor, stellte ihn als Sympathisanten und Mitläufer des NS-Regimes dar, der nach Hitlers Erfolgen eilig nach Deutschland gereist sei, um die Verlagssituation zu eruieren. Brentano strengte daraufhin einen spektakulären Prozeß an, der 1947 vor dem Schwurgericht in Winterthur verhandelt wurde. Namhafte Zeugen aus Brentanos Schweizer Bekannten- und Freundeskreis sagten für und auch gegen ihn aus.

> *Nie hatte sich Brentano verfänglich geäußert. Hätten wir es denn zugelassen? Wir kannten seine Gesinnung aus zahlreichen Bedenken und Erwägungen. ... Emil Staiger, Max Rychner, Eichenberger entlasteten Brentano. Walther Meier bezeugte, dass er beim Kläger nur e i n e Wandlung kennengelernt habe, jene von links zur liberalen Demokratie. Staiger berief sich auf das „Tagebuch mit Büchern", und die eidgenössische Fremdenpolizei bestätigte, daß Brentano nie der Reichskulturkammer angehört habe, wie dies behauptet worden war.*[32]

Eine politische Zusammenarbeit mit den Nationalsozialisten war ihm nicht nachzuweisen.

Brentano gewann den Prozeß. Dennoch oder gerade deswegen wurde das Gerücht von seinem Verrat an der „Ethik der Emigration" besonders in der von Parteiinteressen beeinflußten DDR-Forschung zur Exilliteratur hartnäckig weiterverbreitet.

---

30 Brief von Hermann Hesse an Felix Braun vom 10.10.1945, in: Hermann Hesse: Politik des Gewissens. op. cit., S. 697.

31 Bernard von Brentano und Manuel Grasser (Hg.): *Die schönsten Gedichte von Gottfried Keller*. Auswahl. Zürich 1938.

32 Erwin Jaeckle: *Die Züricher Freitagsrunde, Ein Beitrag zur Literaturgeschichte*, Zürich 1975, S. 55.

Das Selbstverständnis der Emigranten, das nur den Dualismus zwischen Exil und Nationalsozialismus, zwischen militantem Antifaschismus und ideologischem Mitläufertum kannte, ließ für einen Außenseiter wie Brentano keinen Platz, der, obwohl im Exil lebend, Deutschland nicht den Rücken kehren wollte, der also – wie sich aus heutiger Sicht sagen läßt – viel eher zu der – ihm wie allen anderen Emigranten unbekannten – Haltung der „inneren Emigration" tendierte.

Brentano hatte in der Schweiz geistig längst eine neue Heimat, in der neuen Schweizer Essayistik, an deren Entstehen er nicht unbeträchtlichen Anteil hat, literarisch seinen Platz gefunden. Er war längst zwar nicht zu einem Schweizer, so doch zu einem europäischen Schriftsteller geworden, der das reale zeitgenössische Deutschland als Stoff nicht mehr notwendig brauchte, da ihm die Literatur „als Denkschule"[33] diente. Er blieb zu sehr auf die deutsche Kulturtradition und die zukünftige deutsche Leserschaft fixiert, als daß er aus der neuen Umgebung Gegenwartsthemen hätte schöpfen und seine psychologischen Probleme überwinden können. Ein Teil seiner persönlichen Tragik ist es, daß sich schon früh ein fortschreitendes körperliches Leiden bemerkbar machte, das ihm, der für die Kontinuität des geschichtlichen Denkens eingetreten war, die Kraft nahm, nach seiner Rückkehr nach Deutschland 1949 den Anschluß an die deutsche Nachkriegsliteratur zu finden oder auch nur die „Schweizer Essayistik" in Deutschland bekannt zu machen. Einem binnendeutschen Publikum blieb das Büchertagebuch bis heute vorenthalten.

12. Rückkehr und letzte Jahre

Bereits 1947 hatten Brentano – mit einem Interimspaß der Schweizer Regierung – zwei Reisen nach Deutschland geführt, wo er mit Verlegern verhandelte und der Uraufführung seiner *Phädra* in Darmstadt beiwohnte.

Die geplante Rückkehr mußte wegen einer schweren Erkrankung Brentanos verschoben werden, so daß die Familie erst im Sommer 1949 in die neue hessische Landeshauptstadt Wiesbaden, dem Sitz des Verlegers, übersiedeln konnte.

---

33 Cf. Wolfgang Binder: Literatur als Denkschule. Eine Vorlesung mit zwei Kapiteln von Klaus Weimar. Zürich und München 1972.

Ich bin froh und dankbar dafür, daß ich wieder daheim bin.
Deutschland ist schön, fleißig und lebendig, und wenn es immer eine lohnende Lebensaufgabe war, ein Deutscher zu sein, so ist das heute doppelt und dreifach eine gute Aufgabe.[34]

Brentano erfuhr in Deutschland manche Ehrung, er wurde in die Deutsche Akademie für Sprache und Dichtung in Darmstadt aufgenommen. Die hessische Regierung verlieh ihm die Goethe-Medaille. Er konnte einige seiner Werke erstmals einem deutschen Publikum vorstellen. 1952 erschien seine Autobiographie: „Bericht von Abschied und Heimkehr eines Deutschen", schon der Untertitel dieser „Geschichte einer freiwilligen Verbannung"[35] greift das Lebensproblem Brentanos heraus, das zwar nicht eigentlich ein literarisches Problem war, wohl aber der Grund für eine problematische Rezeptionsgeschichte: Abschied und Heimkehr flankierten die literarisch produktivste Zeit, während alles Vorher nur Vorbereitung und alles Nachher nur Ausklang war.

Außerhalb der deutschen Grenzen hatte Brentano gelernt, Literatur nicht mehr nur aus dem Leben, sondern aus dem Lesen zu schöpfen. Das Exil war für Brentano, der Deutschland nicht nur als Idee, sondern als konkrete Landschaft, als geistiges Klima vermißte, vor allem eine „psychologisch-biologische", weniger eine politisch-historische oder literarische Krise. „Die Freiheit blieb Exil", [36]auch über seine eigentliche existentielle Dauer hinaus.

Brentano schrieb noch vieles: Romanskizzen, Dramenentwürfe, Gedichte, doch die nun stets präsente Krankheit raubte ihm die Kraft, Größeres zu vollenden. Brentano faßte in seiner hessischen Heimat Fuß, auch eine neue Stammtischrunde fand sich zusammen. Er wurde regional bekannt durch Vorträge bei den Wiesbadener Hochschulwochen für staatswissenschaftliche Fortbildung (1954–1962) und durch seine Lesungen. In seinem Hause gingen viele alte Freunde und Bekannte aus und ein. Doch die Krankheit hatte ihn gezeichnet.
Brentano starb am 29.12.1964 in Wiesbaden.

Zu seinen Lebzeiten blieb Brentanos Würdigung regional beschränkt. Um jede Veröffentlichung mußte gerungen werden. Alfred Kantorowicz' Aufforderung, den Schriftsteller Bernard von Brentano dem bundesrepublikanischen Lesern der siebziger Jahre vorzustellen, trifft tatsächlich mit

34 Bernard von Brentano: *Du Land der Liebe*, op. cit., S. 273.
35 Frank Thieß: *Die Geschichte einer freiwilligen Verbannung. Über Bernard von Brentanos Erinnerungen*, in: *Neue literarische Welt*, 3, 1952, S. 20.
36 Frank Thieß: op. cit.

einer partiellen Entdeckung Brentanos vor allem durch Film und Fernsehen zusammen. Im Anschluß an die Verfilmung des *Theodor Chindler* durch Hans W. Geissendörfer (achtteilige Serie 1979) wurde dieser Roman wieder veröffentlicht (Insel 1979 und Suhrkamp Taschenbuch 1983). Klaus Michael Grüber bearbeitete die Novelle *Rudi* 1979 für die Berliner Schaubühne, gleichzeitig erfolgte eine Neuveröffentlichung. 1982/83 drehte Peter Beauvais ein Fernsehspiel nach dem Roman *Die ewigen Gefühle*, der 1983 ebenfalls bei Suhrkamp herauskam.

Abb. 45: Die Brüder Bernard und Heinrich von Brentano in Wiesbaden im Jahr 1960.

Die Entdeckung des „ganzen" Brentano für die deutsche Literatur steht noch aus. Der Graben zwischen Dichter und Schriftsteller, den die deutsche Tradition quer durch die gesamte Literatur zog, ist noch nicht vollständig überwunden. Die französische Literatur, zu deren Vorbild sich Brentano offen bekannte, ist ohne das essayistische Werk, das gleichberechtigt neben die „reine" Poesie tritt, nicht zu denken, Dichtung und Kritik sind untrennbar verbunden, beginnend mit Corneille, über Stendhal bis hin zu Giraudoux, Gide und Jules Romains. Die Aufhebung der Trennung zwischen Schriftsteller und Gesellschaft durchzieht als

Traditionen der Deutschen Romantik. Somit verband sich in Heinrich von Brentano zeitlebens das große Engagement für die Politik mit einer starken Affinität zur Kultur, die vorwiegend vom Geist der Romantik geprägt war.

Brentano war das jüngste von insgesamt sechs Kindern und stand zunächst im Schatten seiner älteren, nicht weniger begabten Brüder[2], aus dem er sich jedoch nach dem Ende des Zweiten Weltkrieges rasch befreien konnte.

Neben dem späteren Bundeskanzler Konrad Adenauer galt Brentano stets als der Mann im Hintergrund, in schwierigen Situationen jedoch eine wichtige Stütze für den Kanzler, in aller Welt als einflußreicher Gesprächspartner geschätzt. Charakterstärke, „Haltung", Integrität und feines Stilgefühl kennzeichnen die Persönlichkeit Brentanos. In Hessen wie in Bonn habe er – so der Nachruf in einer großen Frankfurter Zeitung – in der Politik eine selten geübte Tugend gepflegt: eine gründliche Demut.[3]

Seiner hessischen Heimat blieb Brentano zeitlebens verbunden. Darmstadt war und blieb der Mittelpunkt seines Lebens.

Heinrich von Brentano und Hessen

Am 20. Juni 1904 in Offenbach geboren, war Heinrich von Brentano vom ausgehenden Kaiserreich, dem Kriegserlebnis und den Notjahren der Weimarer Republik geprägt.[4] Dabei zog es ihn ursprünglich keines-

---

2 Clemens von Brentano (1886–1965), Botschaftsrat beim Vatikan in Rom, nach dem Zweiten Weltkrieg Botschafter der Bundesrepublik Deutschland bei der Italienischen Republik; Franz von Brentano (1888–1956) schlug nach dem Abitur die Offizierslaufbahn ein, kämpfte im Ersten Weltkrieg an der Westfront und in Rußland, später zum Generalstab des Feldheeres abgeordnet, Mitglied der deutschen Waffenstillstandskommission; Bernard von Brentano (1901–1964), Journalist in Berlin, dann Schriftsteller.

3 Würdigung zum Tod Brentanos in: „Frankfurter Neue Presse" vom 20.11.1964. Gemeint ist hiermit vor allem die diskrete und würdevolle Haltung Brentanos gegenüber Adenauer in spannungsreichen Momenten, wovon auch sein Briefwechsel mit dem Kanzler zeugt: Arnulf Baring (Hrsg. unter Mitarbeit von Bolko von Oetinger und Klaus Mayer): „Sehr verehrter Herr Bundeskanzler!" Heinrich von Brentano im Briefwechsel mit Konrad Adenauer 1949–1964, Hamburg 1974.

4 Außer Franz von Brentano hatte auch der drittälteste Bruder Peter Anton (1891–1956) die Offizierslaufbahn eingeschlagen und war nach Fronteinsatz im Ersten Weltkrieg Verwaltungsjurist in München; nach zwei Strafversetzungen im Dritten Reich wurde er nach Kriegsende Oberregierungsrat in München.

wegs in die Politik – der Beruf des Rechtsanwaltes schien ihm attraktiver. Es war wohl sein Vater, der ihm die politische Welt nahebrachte: Heinrich begleitete ihn schon früh zu Reichstagssitzungen, wo er den späteren Reichskanzler Heinrich Brüning und Gustav Stresemann – sein großes Vorbild in der Europapolitik – kennenlernte. Daneben findet sich bei Brentano schon in jungen Jahren ein starkes Interesse an der Kultur. Die Liebe zu Musik, Theater und Kunst begleitete ihn ein Leben lang. Nach einer oft kolportierten Anekdote las er noch als Außenminister in der Tageszeitung zuerst das Feuilleton, bevor er sich der politischen Berichterstattung zuwandte.

Nach seinem Abitur studierte Brentano Jura in Frankfurt, Grenoble und München. Hier erlebte er am 9. November 1923 den Putsch Adolf Hitlers aus unmittelbarer Nähe, von dem er dem Vater berichtete: „Hier sind Verbrecher am Werk. Sie werden den Staat zugrunde richten, wenn er sich nicht wehrt."

In Gießen legte er Referendarprüfung (1925) und Assessorexamen (1929) ab. Hier promovierte er auch mit einer Arbeit über „Die Rechtsstellung des Parlamentspräsidenten nach Deutschem Verfassungs- und Geschäfts- ordnungsrecht" zum Doktor der Rechte. Schon bald nach dem zweiten Staatsexamen eröffnete er mit seinem Studienfreund Erwin Löhlein eine Anwaltspraxis. Das kulturelle Leben kam über der juristischen Arbeit allerdings nicht zu kurz. Gern verkehrte er in Darmstadt mit Schauspielern (Werner Hinz, Ellen von Uslar-Gleichen, Paul Wegener, Eugen Vogt), Opernsängern und Malern, darunter Carl Gunschmann, der ihn auch porträtierte. Brentanos Freundeskreis bestand in den 30er Jahren vor allem aus Gegnern des Nationalsozialismus, unter ihnen katholische Oppositionsgruppen, Anwaltskollegen, Architekten, Ärzte und Unternehmer, die sich zum Teil recht offen gegen das NS-Regime aussprachen. Auch Brentanos Mutter, seit 1927 verwitwet und stark sozial engagiert, fiel durch ihr distanziertes Verhältnis zum Nationalsozialismus auf. 1933 wurde ihr jedenfalls von den Nationalsozialisten die Pension entzogen mit der vorgeschobenen Begründung, ihr verstorbener Mann sei „nicht genügend vorgebildet ... [gewesen], um hessischer Justizminister zu werden".[5] Der Biographin Maria Stirtz bekannte sie 1945: „Die größte

5 Dazu Maria Stirtz: Heinrich von Brentano di Tremezzo. Seine Herkunft, sein Leben und Wirken für Europa. Darmstadt 1970, S. 39; vgl. „Die Zeit" vom 10.01.1957, S. 15.

Genugtuung für mich ist, noch erlebt zu haben, daß der Verbrecher Hitler ein Ende gefunden hat."[6]

Trotz dieser kritischen Distanz zum Nationalsozialismus führte Brentano nach Kriegsende auch politische Prozesse, in denen er internierte Nationalsozialisten verteidigte, sofern er sie für unschuldig oder nur formal belastet hielt. Im Frühjahr 1945 übernahm Brentano, der noch immer nicht an eine politische Karriere dachte, die Darmstädter Anwaltspraxis und das Notariat von Karl Schoedler und widmete sich dem Anwaltsberuf.

Gründung der hessischen CDU und Nachkriegspolitik

Nach dem Zusammenbruch und der Befreiung vom Nationalsozialismus wuchs in Brentano immer mehr die Überzeugung, daß bei der Neuordnung des politischen Lebens in Deutschland die alten Fehler der Weimarer Republik nicht wiederholt werden dürften. Der Wiederaufbau Deutschlands und das Zusammenwachsen des deutschen Volkes zu einer Gemeinschaft, die durch den Nationalsozialismus völlig zerstört worden war, konnte nach seiner festen Überzeugung nur von den Grundsätzen des christlichen Glaubens und der christlich-abendländischen Kultur getragen werden. Ganz bewußt entschied er sich dabei gegen eine Neugründung des Zentrums, sondern bekannte sich zur christlichen Sammlungspartei, in der die Kluft zwischen beiden Konfessionen überwunden werden sollte. Über dieses Engagement fand Brentano Zugang zur Politik und wurde zu einem der Mitbegründer der hessischen CDU.

Brentanos christliche Überzeugung spiegelte sich in seinen guten und engen Kontakten zu den christlichen Kirchen beider Konfessionen wider. Gleichzeitig warnte er jedoch vor einer zu starken Proportionierung des christlichen Leitaspektes in der Politik, wie sie etwa in der im Frühjahr 1945 in Darmstadt gegründeten „Deutschen Aufbaubewegung" (DAB) unter der Führung von Maria Sevenich zum Ausdruck kam.[7] Brentano wollte zunächst diese Aufbaubewegung als eine Vereinigung von Zentrum, DVP und DDP zu einer linksorientierten Volkspartei machen und wurde nach anfänglichem Zögern auch zu derem stellvertretenden

---

6 Stirtz, Brentano [wie Anm. 5], S. 41.

7 Dazu Walter Mühlhausen, Hessen 1945–1950. Zur politischen Geschichte eines Landes in der Besatzungszeit, Frankfurt a. M. 1985, S. 113–115.

Vorsitzenden in Darmstadt gewählt. Bald schon wandte er sich jedoch übergeordneten Aufgaben zu und engagierte sich in der hessischen CDU.

Die CDU in Hessen war stark von ihren Ortsvereinen geprägt. Von herausragender Bedeutung war dabei vor allem die Gründung der christlich-demokratischen Partei in Frankfurt (CDP), wie die spätere CDU hier zunächst hieß. Schon in der Zentrumspartei besetzten die Frankfurter den linken Flügel – eine Tradition, die sich fortsetzen sollte. Hier schloß sich schon im Frühjahr 1945 der Publizist Walter Dirks mit dem Pfarrern Alois Eckert und Jakob Herr zum Ausschuß der „Katholischen Volksarbeit" zusammen. Hinzu kamen der katholische Publizist Karl Heinrich Knappstein, der letzte Frankfurter Zentrumsvorsitzende Jakob Husch, die ehemaligen KZ-Häftlinge Eugen Kogon und Werner Hilpert. Geprägt durch das gemeinsame Erlebnis der Verfolgung durch den Nationalsozialismus wurde von diesen Männern das Programm einer sozialistischen Volkspartei entwickelt. Im Rahmen des sogenannten „Frankfurter Kreises" kam es zu einem intensiven politischen Gedankenaustausch Brentanos mit Intellektuellen, Gewerkschaftlern und früheren Zentrumsmitgliedern. Hier entstanden auch die am 15. September 1945 unter Vorsitz von Jakob Husch vorgelegten „Frankfurter Leitsätze" mit ihrem Bekenntnis zu einem Sozialismus auf christlicher Grundlage. Brentano und seine Mitstreiter wollten kein neues „Zentrum" schaffen, sondern eine Volkspartei, in der an die Stelle des dominierenden Einflusses der katholischen Kirche ein gleichberechtigtes Miteinander beider Konfessionen auf der Basis eines lebendigen Christentums treten sollte. Ihr Wirtschaftsprogramm schloß dabei auch planwirtschaftliche Elemente zur Herstellung sozialer Gerechtigkeit ein.[8]

Brentano engagierte sich vor allem in Darmstadt und Südhessen, er bereiste die Bergstraße, seinen späteren Wahlkreis, und den Odenwald. Seine Aufmerksamkeit galt den zeittypischen Problemen der Nachkriegszeit, vor allem der Bekämpfung des Hungers. Bei der Gründungsversammlung der CDU in Jugenheim (Bergstraße) legte er 1946 wesentliche Leitgedanken für den Wiederaufbau Deutschlands vor:

> *„Wir laufen keinen Ideen nach, die vor hundert Jahren im Programm der Sozialdemokratischen Partei aufgestellt wurden, die damals aus der Not der Arbeiter heraus und der Verständnislosigkeit der Unternehmer ihnen gegenüber ihre Berechtigung gehabt haben mögen. Der materialistische*

8 Heinrich Rüschenschmidt, Gründung und Anfänge der CDU in Hessen, Marburg/Darmstadt 1981, S. 39 f. u. S. 42–53.

Marxismus hat seine Existenzberechtigung verloren. Auf dem Weg des Klassenkampfes ist nichts mehr zu erreichen. Die Unerbittlichkeit des Dritten Reiches hat die Klassenunterschiede verwischt. Wir wollen die brennenden sozialen Aufgaben erkennen und praktisch eingreifen und mit Achtung und Verständnis für die persönliche Freiheit des einzelnen den Mitbürgern mit anderen politischen Auffassungen begegnen."[9]

Als nach Kriegsende in Darmstadt die Volkshochschule ihre Tätigkeit aufnahm, stellte Brentano sich auch der Erwachsenenbildung zur Verfügung. Sein Hauptaufgabenfeld blieb jedoch die Politik. In Darmstadt nahm er Fühlung mit den anderen Parteien, vor allem mit der SPD auf und entwickelte ein positives Verhältnis zu dem Regierungspräsidenten Ludwig Bergsträsser und dem späteren hessischen Ministerpräsidenten Christian Stock. Zum erfolgreichen Abschluß der Koalitionsverhandlungen in Hessen zwischen der CDU und der SPD in den Weihnachtstagen des Jahres 1946 in Fulda mögen die guten persönlichen Kontakte zwischen Brentano und Stock nicht unmaßgeblich beigetragen haben.[10]

Brentano galt schon bald als einer der profiliertesten Politiker des CDU-Landesverbandes Hessen. Die noch junge Partei entsandte ihn zuerst in die Vorbereitende Verfassungskommission, dann in den beratenden Landesausschuß, schließlich in die Verfassungberatende Landesversammlung. Seine politischen Vorstellungen entsprachen den „Frankfurter Leitsätzen", in denen unter dem Einfluß des späteren hessischen Finanzministers Werner Hilpert die Ideen einer betont sozialen christlichen Politik unter Vermeidung einer Konfrontation zwischen Bürgertum und Arbeiterschaft verfochten wurden, die in Hessen zu einer engen Zusammenarbeit der Christdemokraten mit den Sozialdemokraten führen sollte.[11]

Mit Konrad Adenauer traf Brentano zum ersten Mal bei einer von Hilpert angeregten Zusammenkunft in Königstein im Taunus am 5. und 6.

9 Zitiert nach Stirtz, Brentano [wie Anm. 5], S. 47.

10 Dazu Stock in seinem Brief an Brentano am 28.2.1951 über die Große Koalition aus SPD und CDU von 1946 bis 1950: „Die hessische Politik war deshalb erfolgreich, weil beide Koalitionspartner das Gefühl hatten, daß sie zur Zusammenarbeit im Interesse des hessischen Volkes verpflichtet sind und deshalb ist und bleibt unsere Koalitionsbesprechung in den Weihnachtstagen 1946 ein Aktivum für die hessische Politik für alle Zeiten." In: Hessisches Staatsarchiv Darmstadt (künftig: HStAD), NL Christian Stock 528.

11 Mühlhausen, Hessen 1945–1950 [wie Anm. 7], S. 265–269.

Februar 1947 zusammen.[12] Adenauer erkannte die Fähigkeiten Brentanos und merkte ihn für die Zukunft vor, während umgekehrt Brentano von der starken Persönlichkeit Adenauers beeindruckt war. Brentano unterstützte Adenauer in seinem Vorbehalten gegen Berlin als Sitz der überzonalen Parteiorganisation, ohne sich jedoch kritiklos auf dessen politisches Konzept der Westintegration einschwören zu lassen. Immer noch galt für ihn das Deutsche Reich in seinen alten Grenzen:

> *„Etwa 10 Millionen Menschen haben – zum großen Teil unter Anwendung von Gewalt – ihre Heimatgebiete verlassen müssen, Gebiete, in denen sie in ununterbrochener Folge seit Jahrhunderten den Boden bebaut und die Wirtschaft in Gang gehalten haben. Sie haben damit ihren friedlichen Beitrag zu einer gedeihlichen Entwicklung Europas geleistet. In diesen Menschen ist und bleibt die Hoffnung lebendig, daß das Natur- und Menschenrecht auch bei der Regelung der Grenzfragen Anerkennung finden werde, daß die Rückgliederung dieser deutschen Ostgebiete erfolgen wird, daß sie der deutschen Verwaltung wieder unterstellt werden [...].“*[13]

Brentano plädierte damit für die politischen Richtlinien des Berliner Parteiführers Jakob Kaiser, der 1947 durch die sowjetische Besatzungsmacht abgesetzt wurde.

Landespolitik und Hessische Verfassung

An der am 1. Dezember 1946 nach einem Volksentscheid in Kraft getretenen Hessischen Verfassung hatte Brentano entscheidenden Anteil. Er gehörte bereits der im Februar 1946 eingesetzten Vorbereitenden Verfassungskommission an, in der u. a. neben Regierungspolitikern wie Ministerpräsident Karl Geiler, den Ministern Werner Hilpert (CDU) und Georg August Zinn (SPD), Parteivertreter wie Ludwig Bergsträsser (SPD) und Leo Bauer (KPD) sowie die Professoren Otto Vossler und Walter Jellinek saßen. Brentano strebte hier wie seinerzeit sein Vater, der als führender Zentrumsvertreter im Hessischen Landtag gedeihlich mit den

12 Bei der Königsteiner Tagung der „Arbeitsgemeinschaft der CDU/CSU Deutschlands“, auf der Brentano auch zum Vorsitzenden des christdemokratischen Verfassungsausschusses gewählt wurde. Dazu Daniel Kosthorst: Brentano und die Deutsche Einheit, Düsseldorf 1993, S. 17 f.

13 Heinrich von Brentano: Deutschland, Europa und die Welt. Reden zur deutschen Außenpolitik, hrsg. von Franz Böhm, Bonn/Wien/Zürich 1962. Darin: „Die Deutschen Länder und ihre politischen Aufgaben“, Rede vor dem Hessischen Landtag vom 07.01.1947, S. 24.

Sozialdemokraten kooperiert hatte, eine gute Zusammenarbeit mit der SPD an und peilte die Koalition mit ihr an.

Bei der Ausformulierung der Hessischen Verfassung überzeugte Brentano durch eine optimale Methodik, durch präzise Formulierungen, durch Beseitigung nichtssagender Beiwörter und durch einen geschliffenen, bürokratischen Stil. Sein Plädoyer galt der verstärkten Rechtssicherheit, um die Fehler der Vergangenheit zu vermeiden.

So ging er in einer Denkschrift, in der er zu Verfassungsfragen Stellung bezog, davon aus, daß der Katalog der Grundrechte möglichst knapp gehalten werden sollte, sofern sie unter Gesetzesvorbehalt stünden.[14] Sehr kritisch betrachtete er zum Beispiel den Artikel 48 der Weimarer Verfassung, der in Absatz 2 den Reichspräsidenten ermächtigte, zur Wiederherstellung der öffentlichen Sicherheit und Ordnung die nötigen Maßnahmen zu treffen und erforderlichenfalls mit Hilfe der bewaffneten Macht einzuschreiten, und zwar unter vorübergehender Ausschaltung mehrerer Grundrechtsartikel.[15]

Was die künftige Struktur des Reiches betraf, ging Brentano von einer föderativen Ordnung mit einer nach unten weiterhin durchgegliederten Selbstverwaltung aus. Außerdem nahm er in dieser über vier Seiten langen Denkschrift von 1946 zum Zweiparteiensystem Stellung und trat damit in Opposition zum Heidelberger Professor Walter Jellinek, der ein solches Zweiparteiensystem favorisierte: „Jeder Versuch, die relativ stärkste Partei durch besondere Verfassungsvorschriften zur absolut stärksten Partei und damit zum unbeschränkten Träger der politischen Willensbildung des Volkes zu machen, widerspricht meines Erachtens dem demokratischen Prinzip.“[16]

Im Zweiparteiensystem sah er ähnliche Gefahr wie im Dritten Reich. In der gleichen Denkschrift sprach er sich gegen das Zwei-Kammer-System aus, da die Regierungen in den einzelnen Bundesländern dadurch eine unnötige bürokratische Belastung erführen, zumal ihr Aufgabenbereich ohnehin beschränkt sei. Sinnvoll wäre – so Brentano – ein Zwei-Kammer-System nur, wenn die Kammern unter verschiedenen Gesichtspunkten zusammengesetzt würden, was aber in dem nun für Deutschland

---

14 Hessisches Hauptstaatsarchiv Wiesbaden (künftig: HHSTAW), Abt. 502 (Hessischer Ministerpräsident/Staatskanzlei), Nr. 7274, Bl. 1 ff.

15 Ebd. (Abs. II), Bl. 1–2.

16 Ebd. (Abs. III), Bl. 2.

beabsichtigten föderativen System absurd und mit zuviel Aufwand verbunden wäre.[17]

Zu einem Wahlgesetz, das der Militärregierung schon zum 1. April 1946 vorzulegen war, bezog Brentano in einem von ihm ausgearbeiteten Entwurf vom 22. März 1946 Stellung. Darin plädierte er eindeutig für die Fünf-Prozent-Klausel, um die Fehler von Weimar und die Gefahr möglicher Splitterparteien nicht zu wiederholen. Daß die Sperrklausel dann tatsächlich von 15 auf 5 Prozent gesenkt wurde, war für Brentano ein Kompromiß zur Befürwortung der Chancengleichheit unter den kleineren Parteien. Sehr interessant ist in diesem Zusammenhang auch eine weitere Denkschrift von ihm zur „Frage des Wahlrechts für die verfassunggebende Landesversammlung von Groß-Hessen".[18] Darin sprach er sich 1946 gegen das noch in der Weimarer Zeit praktizierte Listen-Wahlsystem aus und machte den Gegenvorschlag, das Einer-Wahlsystem (Unmittelbarkeit der Wahl ohne Zwischenschaltung eines anonymen Gremiums) mit den Vorteilen des Proporz-Systems zu verbinden und die Aufteilung in Wahlbezirke und Wahlkreise mit jeweiliger Kandidatenaufstellung zu verbinden, das Ergebnis dann nach dem d'Hondtschen Verfahren, proportional verteilt, zu ermitteln. Eine solche Verbindung zwischen Verhältniswahl und Einerwahl sollte die in der Weimarer Zeit eingetretene Parteizersplitterung verhindern.

Gerade in der Frage des Wahlgesetzes fungierte Brentano als Bindeglied zwischen dem Vorbereitenden Verfassungsausschuß und dem Beratenden Landesausschuß. Der Beratende Landesausschuß war im Februar 1946 als Vorparlament – paritätisch aus CDU, FDP, KPD und SPD – gebildet worden. Unter den 12 Christdemokraten befand sich auch der Darmstädter Brentano, der damit die landespolitische Bühne betrat. Im Vorparlament stellte er in der Sitzung am 29. März das von der Verfassungskommission entwickelte Wahlgesetz vor und gab nach Abschluß der Kommissionsberatungen einen Bericht über dessen Tätigkeit.[19]

17 HHStAW, Abt. 502, Nr. 7291, S. 2: Brentano, Entwurf eines Wahlgesetzes für die verfassungberatende Landesversammlung von Groß-Hessen, 22.3.1946.

18 HStAD, Abt. 0 21, NL Ludwig Bergsträsser: Stellungnahme zu der Frage des Wahlrechts für die verfassunggebende Landesversammlung von Groß-Hessen, Dr. von Brentano, o. D. (wahrscheinlich Anfang 1946).

19 „... der Demokratie entgegengehen". Die Sitzungsprotokolle des Beratenden Landesausschusses von Groß-Hessen im Jahr 1946. Eine Dokumentation. Bearb. von Bernhard Parisius und Jutta Scholl-Seibert, Wiesbaden 1999, S. 178 ff. und S. 420 ff.

Durch seine Arbeit im Beratenden Landesausschuß und im Vorbereitenden Verfassungsausschuß hatte sich Brentano über Darmstadt und seine eigene Partei hinaus das Renommee eines versierten Politikers und Verfassungsexperten erworben. Folgerichtig wurde er bei den Wahlen zur Verfassungberatenden Landesversammlung am 30. Juni 1946 in das erste Nachkriegsparlament in Hessen gewählt. Hier dominierte zwar der stellvertretende christdemokratische Landesvorsitzende Erich Köhler innerhalb der CDU-Fraktion, doch konnte Brentano als einer von 10 Christdemokraten des 29köpfigen Verfassungsausschusses entscheidende Impulse für die Ausgestaltung der Landesverfassung geben, vor allem in juristischen Fragen.[20] Der schließlich Ende September 1946 zwischen den beiden großen Parteien von SPD und CDU ausgehandelte Verfassungskompromiß entsprach ganz seinen Zielvorstellungen, vor allem, weil mit dieser Übereinkunft nicht nur der hessischen Verfassung eine breite Basis gegeben wurde, sondern weil damit auch der Weg für eine dauerhafte Kooperation zwischen SPD und CDU freigemacht wurde, wie sie dann nach den ersten Landtagswahlen am 1. Dezember 1946 in der Großen Koalition realisiert wurde.

In den Hessischen Landtag wurde er bei diesen ersten Landtagswahlen am 1. Dezember 1946 gewählt. Sein Mandat behielt er fast drei Jahre lang, bis er es kurz nach seiner Wahl in den Bundestag im Herbst 1949 aufgab. Obwohl er nicht dem von dem Sozialdemokraten Christian Stock geführten Koalitionskabinett aus SPD und CDU angehörte, zählte er doch als Fraktionsvorsitzender, zu dem ihn seine Partei als Nachfolger Erich Köhlers im Juni 1947 bestimmte, zu den führenden CDU-Politikern seiner Partei und entschiedenen Verteidigern des Bündnisses mit der SPD, das er in seiner eigenen Partei absicherte. Seine Reden vor dem Landtag offenbarten immer wieder, wie sehr ihn die Spaltung Deutschlands beschäftigte. Am 7. Januar 1947, in seiner Stellungnahme für die CDU-Fraktion zur Regierungserklärung des im Dezember 1946 gewählten Ministerpräsidenten Christian Stock (SPD), der an der Spitze der neugebildeten Koalitionsregierung aus SPD und CDU stand, und zum Rechenschaftsbericht des scheidenden Ministerpräsidenten Karl Geiler, ließ er deutlich werden, daß für ihn die Zukunft Deutschlands eng mit der Europas verknüpft war:

20 Vgl. dazu die Edition: Helmut Berding (Hrsg.): Die Entstehung der Hessischen Verfassung von 1946. Eine Dokumentation. Bearb. von Helmut Berding und Katrin Lange, Wiesbaden 1996.

Abb. 46: Heinrich von Brentano (2. Reihe, 1. v. l.) in der Verfassungberatenden Landesversammlung (unter dem Vorsitz von Erich Köhler in der CDU-Fraktion) in Wiesbaden 1946, darunter auch Erwin Stein.

„Wir sind überzeugt, daß das Schicksal Deutschlands untrennbar mit dem Schicksal Europas verbunden ist und das Schicksal Europas unlöslich mit dem Schicksal der Welt. Wer daran zweifeln würde, würde nur zu erkennen geben, daß er aus dem geschichtlichen Geschehen der letzten Jahrzehnte nichts gelernt hat. Deutschland muß als Wirtschaftseinheit verwaltet werden. Die Zonengrenzen müssen völlig fallen. Die wirtschaftliche Annäherung ist unerläßlich, nicht nur für die Zukunft Deutschlands, sondern Europas. [...] Deutschland darf nicht der Vasall einer Macht oder verschiedener Mächte sein, es darf nicht zu einer Schachfigur im politischen Machtkampf werden. [...] Deutschland wird innerhalb der heutigen Grenzen niemals lebensfähig sein, und es wird auch diese von Macht und Willkür bestimmten, aber nicht vom Recht und der Gerechtigkeit gezogenen Grenzen niemals anerkennen können, ohne seine materielle Basis und, was noch mehr bedeutet, seine nationale Würde auf das Spiel zu setzen. Diese nationale Würde aber wird man auch einem besiegten Volke nicht absprechen dürfen." [21]

Als Fraktionsvorsitzender der CDU ergriff er immer wieder die Gelegenheit, sich zu den aktuellen wirtschaftlichen und sozialen Fragen zu äußern. Das erforderte nicht nur die Einarbeitung in eine Vielzahl von Problemfeldern, sondern auch die kompetente Vertretung vor den hessischen Parlamentariern. Seine Reden geben schillernde Einblicke in die Mangelsituation der Nachkriegszeit und beschäftigten sich sehr intensiv mit Fragen, die die Verarbeitung der Vergangenheit, speziell die umstrittene Entnazifizierung betrafen.

Dazu seien einige Beispiele angeführt, die einen Einblick in die Detailprobleme jener Zeit vermitteln:

Gegenüber dem Minister für politische Befreiung kritisierte Brentano im Jahr 1948 die Fragebögen für politisch, rassisch und religiös Verfolgte, die u. a. nach dem Stand und der Parteizugehörigkeit der Betroffenen fragten. Das wurde von Brentano als unzulässig und verfassungswidrig gerügt.[22]

In einer parlamentarischen Anfrage vom 22.01.1948 an den Minister für Wirtschaft und Verkehr ging es um die Ausgabe von Bezugsmarken. Brentano beanstandete die bürokratischen Fehlplanungen der betreffenden Behörde, die darauf hinausliefen, daß trotz überquellender Lager die dringend benötigten Möbel für Ausgebombte und Flüchtlinge nur gegen Bezugsscheine geliefert wurden.[23]

In einem von Brentano unterzeichneten Antrag der CDU-Fraktion zur Anwendung des Gesetzes über politische Haft wurde darauf hingewiesen, daß bei den Tausenden von Personen, die noch in politischen Internierungslagern saßen, in über 80% der Fälle nur formale Belastungen vorlagen, die eine Einweisung in ein Arbeitslager als ungerechtfertigt erscheinen ließen. Trotzdem würden diese Internierten seit Jahren in Haft gehalten. „Die erwähnten Tatsachen sind geeignet, das Rechtsbewußtsein in bedenklichem Maße zu erschüttern und auszuhöhlen", hieß es dazu in einem Antrag vom 1. Februar 1948.[24]

---

21 Rede abgedruckt in: Brentano, Deutschland [wie Anm. 13], S. 21–23

22 Drucksachen des Hessischen Landtages, 1. Wahlperiode (1946/50) Abt. 1, Bd.1, Drucksache Nr. 662: Kleine Anfrage der Fraktion der CDU an den Herrn Minister für politische Befreiung vom 15. Januar 1948, S. 733 f.

23 Drucksachen des Hessischen Landtages, [wie Anm. 22], Drucksache Nr. 623: Kleine Anfrage der Fraktion der CDU an den Herrn Minister für Wirtschaft und Verkehr betreffend Ausgabe von Bezugsmarken, S. 734.

24 Drucksachen des Hessischen Landtages, [wie Anm. 22], Drucksache Nr. 649: Antrag der Fraktion der CDU betreffend Anwendungen des von der Militärregierung erlassenen Gesetzes vom 7. Januar 1948 auf politische Haftsachen, S. 805 f.

In einem weiteren Antrag vom 13. Juli 1948 „betreffend Entlassungen anläßlich der Währungsreform" plädierte Brentano schließlich dafür, Frauen, sofern sie als Ernährerin einer Familie zu betrachten seien, Kündigungsschutz zu gewähren:

> *„Die weibliche Arbeitskraft steht bei gleicher Eignung der männlichen gleich und ist, dem Sinn der Verfassung entsprechend, auch in bezug auf Kündigungsschutz der männlichen gleichzustellen."*[25]

Über solche aus dem Krieg und seinen Folgelasten resultierenden Handlungsfelder hinaus beschäftigte sich Brentano immer wieder mit politischen Grundsatzfragen – vor allem sofern sie seine christlichen Grundüberzeugungen berührten.

Das gilt etwa für die Reform des Paragraphen 218 des StGB. Als überzeugter Katholik stand er bedingungslos hinter der Forderung nach dem Schutz des ungeborenen Lebens und lehnte die Einführung einer sozialen Indikation entschieden ab. Daraus ergab sich eine klare Absage an Forderungen der kommunistischen Partei in Hessen, den Paragraphen 218 durch den Alliierten Kontrollrat entsprechend ändern zu lassen. Brentano hielt dem entgegen, daß damit wie im Nationalsozialismus der Grundsatz von der „Heiligkeit des Lebens" durchbrochen würde, und verwies auf die Euthanasieprogramme der Nationalsozialisten. Mit solchen Erwägungen – so Brentano – sei die Seele des deutschen Volkes für den grauenhaften Massenmord vorbereitet worden. Eine „Soziale Indikation" verstieße auch heute gegen den Grundsatz der Menschenwürde. „Es werde ein schwerer, für das erstrebte Ziel zu teurer Preis damit bezahlt, daß man das gesunde, das natürliche, das ethische Muttergefühl breche, indem man die menschliche Opferliebe hinter die materielle Not zurückstelle. Indem man aus einem im Einzelfall menschlich begreiflichen Mitgefühl die Hierarchie der Werte angreife, breche man mit der sittlichen Lebensauffassung, die auch bei solchen Überlegungen Richtschnur unseres Handelns sein müsse. Wenn wir erst diese sittlichen Werte erschüttern, gingen wir den Weg zum grundsatzlosen Denken."[26] Dem-

---

25 Drucksachen des Hessischen Landtages, [wie Anm. 22], Drucksache Nr. 845: Dringlichkeits-Antrag der Fraktion der CDU betreffend Entlassungen anläßlich der Währungsreform, S. 1043.

26 Drucksachen des Hessischen Landtages, [wie Anm. 22], Drucksache Nr. 678: Antrag der Fraktion der KPD betreffend Änderung des Strafgesetzbuches durch den Alliierten Kontrollrat (§ 218, § 218 a), S. 840 f. Vgl. Stirtz, Brentano [wie Anm. 5], S. 99.

gegenüber plädierte Brentano dafür, Frauen in Not direkten Rat und unbürokratische Hilfe zukommen zu lassen.

In der Tagespolitik beschäftigte Brentano und seine Fraktion das Problem der Deutschlandpolitik. Im Vorfeld der am 10. März 1947 in Moskau beginnenden Außenministerkonferenz der vier Siegermächte, von der man allgemeinhin Schritte zu einem Friedensvertrag erwartete, präsentierte die CDU-Fraktion einen Initiativantrag, in dem der Landtagspräsident aufgefordert wurde, umgehend seine Kollegen von Bayern und Württemberg-Baden zu konsultieren, um einen interparlamentarischen Ausschuß ins Leben zu rufen, der die Wünsche des deutschen Volkes zu allen seine Lebensinteressen unmittelbar berührenden Fragen formulieren und nach außen vertreten sollte. Dieser Ausschuß, der aus Mitgliedern der einzelnen Landtage zu bilden war, sollte baldmöglichst zusammentreten.[27] Das waren in gewisser Weise erste Visionen von einer parlamentarischen Vertretung oberhalb der Länderebene, wie sie dann endgültig mit dem Parlamentarischen Rat im Herbst 1948 – nun allerdings nur für die Westzonen – geschaffen wurde.

Außerhalb Hessens profilierte sich Brentano vor allem in Verfassungsfragen. Er leitete den 1947 gebildeten Verfassungsausschuß von CDU/CSU an und nahm auch an Besprechungen des „Ellwanger Kreises" teil, in dem sich die süddeutschen Föderalisten aus den Reihen der Christdemokraten trafen, um eine einheitliche Verfassungslinie zu besprechen. Im Verfassungsausschuß von CDU/CSU gehörte er zu den produktivsten Kräften, der sich mit eigenen Entwürfen in den Vordergrund schob. Immer dachte Brentano dabei im gesamtdeutschen Kontext: „Eine solche demokratische Bundesverfassung setzt voraus, daß an ihrem Entstehen das gesamte deutsche Volk in völlig freier, unabhängiger und demokratischer Beschlußfassung und die deutschen Länder als gleichberechtigte Träger des politischen Gesamtwillens mitwirken."[28]

---

27 Drucksachen des Hessischen Landtages, [wie Anm. 22], Drucksache Nr. 4, S. 2, Dezember 1946.

28 Zitiert nach: Der Parlamentarische Rat 1948–1949. Akten und Protokolle (künftig: Parl. Rat). Band 2: Der Verfassungskonvent auf Herrenchiemsee, bearb. von Peter Bucher, Boppard/Rh. 1981, S. XLIII. Vgl. zur Rolle Brentanos in der Verfassungsdiskussion der CDU die dortige Einleitung, S. XL ff.

Im Parlamentarischen Rat 1948–1949

Am 1. Juli 1948 erteilten die Vertreter der Alliierten den Auftrag, eine Verfassung für die Westzonen zu entwickeln. Als einer der renommiertesten Verfassungspolitiker der CDU und Fraktionsvorsitzender im Wiesbadener Landtag wurde Brentano neben dem in der Öffentlichkeit wenig hervorgetretenen Walter Strauß am 11. August 1948 vom hessischen Landtag als Vertreter der CDU nach Bonn entsandt.

An diesem 11. August 1948, also am Tag des Inkrafttretens der Weimarer Reichsverfassung 1919, hielt Brentano eine Rede zur Verfassung. Er wollte die Präambel der Weimarer Verfassung beibehalten, eine Hoffnung, die sich letztlich nicht erfüllte. Denn in der endgültigen Präambel des Grundgesetzes war das Ziel der Wiedervereinigung des deutschen Volkes in freiheitlicher Selbstbestimmung verankert. Der bewußte Verzicht auf das Wort „Verfassung" sollte zeigen, daß mit der Bundesrepublik Deutschland nur ein vorläufiger deutscher Staat geschaffen werden würde.[29] Dabei sollte man, so Brentano, jedoch nicht den Fehler begehen, fremde Vorbilder zu kopieren Auch die Verfassung müsse stets Ausdruck der Zeit sein, in der sie entstehe. Selbst gegenüber der Paulskirchenverfassung von 1849 zeigte er sich zurückhaltend. Aus ihr wäre nicht alles auf das 20. Jahrhundert zu projizieren, so sehr der Geist der Paulskirche fortwirke. Man müsse sich, so Brentano in seinen Überlegungen, davor hüten, politische Realität der Gegenwart mit romantischen Ideen der Vergangenheit zu verknüpfen. Der Geist der Paulskirche gehöre nun einmal wie andere staatsrechtliche Ideen und wirtschaftliche Systeme der Geschichte an. Diese eigenartige Distanz Brentanos zur Verfassung von 1848 beweist seinen äußerst kritischen Umgang mit Verfassungswerken, aber auch die – schon vom Studium herrührende – intensive Beschäftigung mit der Verfassungsgeschichte.[30] An die Gestaltung des Grundgesetzes sollte man seiner Meinung nach eher mit dem Verständnis für die tatsächlichen Möglichkeiten und mit Realitätssinn herangehen. Dabei wies Brentano im Landtag auf die Tragik der Teilung Deutschlands in vier Zonen hin und erwähnte die „Entblö-

29 Zum Gesetz über die Bildung eines Parlamentarischen Rates und zur Rede Brentanos siehe die Hinweise bei Stirtz, Brentano [wie Anm.5], S. 114. Zum Inhalt der Präambel eines „vorläufigen" Verfassungswerkes vgl. Parl. Rat 2 [wie Anm. 28], S. XVI.

30 Vgl. dazu auch: „Gedanken über eine neue deutsche Verfassung". Rede Brentanos am Vortag der Londoner Außenministerkonferenz (25.11–15.12.1947), abgedruckt in: Brentano, Deutschland [wie Anm. 13], S. 47 f.

Abb. 47: Heinrich von Brentano als Mitglied des Parlamentarischen Rates (2. v. l.) in Bonn 1948 im Gespräch mit Kollegen, darunter Dr. Adolf Süsterhenn (Rheinland-Pfalz) u. a.

den überlieferten Dokumenten nieder. Doch an einigen Punkten läßt sich Brentanos Wirken in Bonn festmachen. Intensiv befaßte er sich der christliche Politiker mit Fragen von Kultur und Religion, aber auch mit der Bildungspolitik. Als Politiker, der die freie Ausübung der Religion als unantastbar betrachtete, wollte er den Schutz des religiösen Empfindens verankert sehen. So forderte er in einem Zusatz zu dem seinerzeitigen Artikel 8, daß die Freiheit der Meinungsäußerung ihre Grenze nicht nur in der Pflicht zur Achtung der Verfassung und anderen Vorschriften finde, sondern auch in der „Rücksicht auf das religiöse Empfinden". Diese Ergänzung hatte er im allgemeinen Redaktionsausschuß eingebracht[39], sie findet sich allerdings nicht mehr in der endgültigen Fassung der später als Artikel 5 firmierenden Bestimmung.

Bei der Diskussion über die Einrichtung einer Zweiten Kammer verteidigte er den Bundesrat als gesundes und geeignetes Organ, um den föderalistischen Charakter der Bundesrepublik zu stützen. Der Bundesrat könne den Willen der Länder mit dem Willen des gesamten Bundes

39 Die „Stellungnahme des Allgemeinen Redaktionsausschusses" vom Dezember 1948 abgedruckt in: Parl. Rat 7 [wie Anm. 33], S. 38 (dort der entsprechende Artikel noch als Nr. 8).

koordinieren. In der Frage des Wahlrechts kritisierte er das Listenwahlsystem und sprach sich für das Mehrheitswahlsystem aus, das eher vor dem Totalitarismus schütze.[40]

Wenngleich Brentano mit dem Fortgang in Bonn im Großen und Ganzen doch zufrieden sein konnte, so drückte er ein wenig Enttäuschung über die oft zählebigen Verhandlungen in Bonn in einem Brief an den hessischen Kultusminister Erwin Stein (CDU) Anfang 1949 aus:

> *„Wenn ich sehe, mit welcher professoralen Leidenschaft etwa der Ausschuß für Grundsatzfragen in Bonn die Grundrechte ausarbeitet, dann bin ich immer wieder von neuem erschüttert über so viel Mangel an Gegenwartsnähe – und auch leicht gerührt über so viel treuherzigen Illusionismus.“*[41]

Mit diesen kritischen Bemerkungen spielte er auf den nach seiner Ansicht unter den Parlamentariern vorherrschenden Mangel an, überhaupt die neuen politischen, sozialen und wirtschaftliche Probleme zu erkennen, und auf die Tendenz, sich immer wieder auf historische Traditionen zu berufen.

Auch wenn er stets um den Kompromiß und die exakte Formulierung bemüht war, so war ihm doch auch durchaus bewußt, daß eine Verfassung nur dann ein demokratisches Leben garantieren könne, wenn auch die Bevölkerung diesen demokratischen Geist verinnerlicht habe. Vor dem Hauptauschuß faßte er dies im Februar 1949 in die Worte:

> *„Es scheint mir weniger auf das anzukommen, was in dieser Verfassung steht, die ja letzten Endes das organische Funktionieren eines Staatswesens regeln soll, als auf den Geist, mit dem sie einmal ausgeführt werden wird. Zweifel an dieser Verfassung habe ich, sobald ich Zweifel an unserem Volk habe. Wenn ich glaube, daß unser Volk für eine neue Aufgabe aufgeschlossen und reif ist, dann glaube ich allerdings, daß auch eine Verfassung, wie wir sie hier machen, die vielleicht nicht allen Wünschen des einzelnen gerecht wird, ein geeignetes Instrument sein wird.“*[42]

Auch wenn in diesen Worten Skepsis gegenüber dem Volk durchschien, demonstrierte er noch kurz vor Abschluß der Bonner Beratungen, wie sehr der Volkswille Maßstab des eigenen politischen Handelns war, als

---

40 Dazu seine Rede vor dem Parlamentarischen Rat im Februar 1949, abgedruckt in: Brentano, Deutschland [wie Anm. 13], S. 51–55, hier S. 52.

41 HHStAW, Abt. 1178, NL Erwin Stein 2: Brentano an Stein, 16.01.1949.

42 Zitiert bei: Klaus Gotto: Heinrich von Brentano (1904–1964), in: Jürgen Aretz/Rudolf Morsey/Anton Rauscher (Hrsg.): Zeitgeschichte in Lebensbildern. Bd. 4: Aus dem deutschen Katholizismus des 19. und 20. Jahrhunderts, Mainz 1980, S. 225–239, hier S. 231.

Staat zu errichten, in dem Bewußtsein und in dem Gefühl der Demut vor Gott, in dem Bewußtsein und dem Gefühl der Ehrfurcht vor dem Geist, in dem Gefühl der Verantwortung vor dem deutschen Volk und in dem Gefühl der Verantwortung vor der Menschheit handeln werden. Wenn sie danach handeln werden, dann wird auch unser unvollkommenes Werk genügen, und wir werden dann vor uns selbst gerechtfertigt sein. Wir werden dann mit Hoffnung und mit Glauben in die Zukunft unseres deutschen Vaterlandes blicken können."[49]

Von Hessen nach Bonn

Trotz seiner intensiven Mitarbeit am Grundgesetz und seines wachsenden deutschland- und außenpolitischen Engagments blieb Brentano stets seiner hessischen Heimat verbunden. Das galt auch, als er im Oktober 1949 aus dem Hessischen Landtag ausschied, um sich stärker seinen bundespolitischen Aufgaben widmen zu können.

Als Vorsitzender des CDU-Bezirksverbandes Darmstadt behauptete Brentano bis zu seinem Tode (1964) den Wahlkreis Bergstraße, für den er erstmals am 14. August 1949 in den Deutschen Bundestag gewählt worden war. Hier begegnet man einem ganz anderen Brentano, als dem kühlen Verfassungsjuristen und weltgewandten Außenpolitiker:

> *„Es war der Brentano, der mit dem ‚Schöppche' vor sich an den langen Holztischen in den Gastwirtschaften von Heppenheim und Bensheim saß, oft bis tief in die Nacht hinein mit Fremden und Mitbürgern."*[50]

Diese Bürgernähe und Volksverbundenheit machten Heinrich von Brentano zu einem der populärsten hessischen Politiker der Adenauerära.

In den ersten Sitzungen der neuen CDU/CSU-Bundestagsfraktion legte der Darmstädter den Grundstein für seine Wahl zum Fraktionsvorsitzenden. Obwohl er ursprünglich im Verein mit dem CDU-Landesvorsitzenden Werner Hilpert zunächst für eine große Koalition plädierte und dies auch noch auf dem entscheidenden Treffen in Rhöndorf am 31. August

---

49 Parl. Rat 9 [wie Anm. 38], S. 599 ff.; Rede abgedruckt in: Brentano, Deutschland [wie Anm. 11], S. 55–58.

50 Pinneberger Tageblatt vom 17. März 1964 (Dr. Hans Rahm). So auch das „Darmstädter Echo" vom 16.11.1964. Wilhelm G. Grewe/Otto Wagner: Heinrich Brentano zum Gedenken aus Anlaß seines 85. Geburtstages und der 25. Wiederkehr seines Todestages, Heppenheim 1990.

vertrat, schwenkte er doch dann rasch auf den Kurs Adenauers in Richtung einer bürgerlichen Koalition um.[51]

Wenngleich Brentano bei der Regierungsbildung 1949 nicht zu unbedingten Gefolgsleuten Adenauers zählte, entschied er sich für eine bundespolitische Karriere – anders als sein hessischer Parteifreund Hilpert, der sein Bundestagsmandat alsbald zurückgab und mit einem gewissen Groll in Hessen verblieb. Brentanos Wechsel nach Bonn war der Beginn einer glänzenden bundespolitischen Karriere, die schon mit der Übernahme des Vorsitzes der CDU/CSU-Bundestagsfraktion am 30. September 1949 begann. Das war ein Posten, den er bis zur seiner Berufung zum Außenminister 1955 und dann wieder von 1961 bis 1964 bekleidete. Der Fraktionsvorsitz war eine Aufgabe, in der er sich bestens auskannte. Auch im hessischen Landtag hatte er die christdemokratische Fraktion geleitet.

Als Fraktionsvorsitzender kam er immer wieder in Konflikt mit Adenauer. Adenauer fühlte sich von Beginn seiner Kanzlerschaft an unabhängig genug, um die Fraktion von CDU und CSU nur dann zu hören, wenn er es für richtig und angebracht hielt. Auch die Informationen vom Bundeskanzleramt flossen nicht in dem von den Parlamentariern erwünschten Maße zur Fraktion. So klagte Brentano von Beginn an nicht selten über den mangelnden Konsens zwischen Regierung und Fraktion, wobei er allerdings in seinen Briefen an den Bundeskanzler immer einen höflichen und diskreten Ton anschlug, ohne allerdings darauf zu verzichten, auf die Rechte der Fraktion und deren Mißstimmung hinzuweisen. So schrieb er Ende Oktober 1949 an den wenige Wochen amtierenden Regierungschef:

> *„Sehr geehrter Herr Bundeskanzler, die gesamte Fraktion hat mich heute morgen ausdrücklich beauftragt, Ihnen sehr geehrter Herr Bundeskanzler, noch einmal den besonderen Wunsch der Fraktion zu unterbreiten, vor der Besetzung der maßgeblichen politischen Posten der Bundesverwaltung gehört zu werden und Gelegenheit zur Stellungnahme zu erhalten. […]“* [52]

Seine eigentliche Domäne wurde jedoch die Außen- und hier insbesondere die Europapolitik, nachdem er mit seiner Wahl in den Deutschen Bundestag auch zum Vorsitzenden der CDU/CSU-Bundestagsfraktion

---

51 Dazu die Einleitung der Edition: Auftakt zur Ära Adenauer. Koalitionsverhandlungen und Regierungsbildung 1949, bearb. von Udo Wengst, Düsseldorf 1985, S. XXXI f. mit den entsprechenden Dokumenten.

52 Baring, Briefwechsel [wie Anm. 3], S. 36

gewählt worden war. Als ihm der Kanzler dann 1955 das Amt des Außenministers übertrug, das Adenauer selbst in Personalunion geführt hatte, betrat bereits ein erfahrener Europapolitiker die weltpolitische Bühne, auf dessen internationaler Anerkennung und Kompetenz schon eine schlichte Aufzählung der von ihm bisher übernommenen europäischen Aufgaben deutet: Mitglied der gemeinsamen Versammlung der Montanunion (September 1952 – Juni 1955), Vorsitzender des Europäischen Verfassungsausschusses der Ad hoc-Versammlung (22. September 1952 bis Ende 1954), Präsident der parlamentarischen Sektion des deutschen Rates der Europäischen Bewegung (Januar 1954 – Mai 1956), Mitglied und Vizepräsident der Beratenden Versammlung des Europarates (August 1950 – Juni 1955).

Abb. 48: Brentano spricht vor der Beratenden Versammlung des Europarates in Straßburg, um 1955.

Sechs Jahre (1955–1961) vertrat Heinrich von Brentano nunmehr mit Verhandlungsgeschick und Überzeugungskraft die deutsche Außenpolitik, deren Richtlinien allerdings nach wie vor der Kanzler bestimmte. Bei allen Spannungen mit Adenauer, die im Kern wohl auf unterschiedliche Mentalitäten und Führungsstile der beiden Politiker zurückgingen, überwogen doch die Gemeinsamkeiten. Das galt nicht nur für die Aussöhnung mit Frankreich. Vor allem waren für Außenminister und Kanzler Westintegration und europäische Einigung die entscheidenden Schlüssel zur Deutschen Einheit.

> *„Wir haben erkannt, daß eine isolierte Lösung des Deutschlandproblems nicht denkbar ist ... Wir wissen auch ..., daß die Fragestellung nicht lautet: deutsche Einigung oder europäische Zusammenarbeit, sondern: europäische Zusammenarbeit in der Erkenntnis der Notwendigkeit und mit dem Ziel der Deutschen Einheit.“*[53]

Als Heinrich von Brentano am 14. November 1964 in Darmstadt an einem Krebsleiden starb, sollte es noch ein Vierteljahrhundert dauern, bis diese Gleichung aufging und die Geschichte seine Politik bestätigte.

53 Heinrich von Brentano, Zu den Pariser Verträgen und zum Saarstatut, Rede am 27.05.1955 im Deutschen Bundestag, in: Heinrich von Brentano, Deutschland [wie Anm. 13], S. 121–133, S. 130.

Außenminister Heinrich von Brentano

Neue Facetten einer politischen Karriere

Daniel Kosthorst

Vor zwolf Jahren publizierte Daniel Koerfer sein spannendes Buch: „Kampf ums Kanzleramt. Erhard und Adenauer". Mit großer Kunstfertigkeit hat Koerfer darin das Kolossalgemälde des Kampfes Ludwig Erhards um die Nachfolge des ersten Bundeskanzlers geschaffen[1]: Erhard als der „Löwe vom Tegernsee" vor den Mauern des Bonner Palais Schaumburg, unter den Hochrufen seines Gefolges die Pranke zum Schlag erhoben und doch zaudernd, die Tore gewaltsam zu öffnen; dahinter, den Thron fest umklammernd, der „alte Fuchs" Adenauer, von seinen Granden fast gänzlich verlassen, bis zuletzt rastlos geschäftig, den geschmähten Belagerer mit List und Tücke doch noch zu Fall zu bringen: das ist die große Szene, die Koerfer ausbreitet.

Doch daneben gehört ein anderes, einige Jahre früher zu datierendes Bild. Es zeigt – zwei Reichsfürsten gleich – Heinrich von Brentano und Ludwig Erhard an den Stufen des Adenauerschen Throns, eifrig bemüht um die rare Gunst des greisen Monarchen und eifersüchtig auf die Wahrung der eigenen Pfründe bedacht.

Daß Ludwig Erhard der Nachfolger des legendären Gründungskanzlers der Bundesrepublik werden würde, stand nämlich – und dies nicht nur wegen der bekannten Widerstände Adenauers – keineswegs von Anfang an fest. Über Jahre hinweg wurde der Wirtschaftsminister bei aller Popularität nur in einer längeren Reihe von möglichen Kandidaten genannt. Ein anderer Name stand im Vordergrund: Heinrich von Brentano.

Brentano war bereits zweimal der Nachfolger Konrad Adenauers gewesen. Im September 1949 hatte er ihn im Vorsitz der Bundestagsfraktion der CDU/CSU abgelöst; im Juni 1955 hatte Adenauer ihm nach jahrelangem Zögern das Außenministerium überlassen. Obwohl durch

1 Daniel Koerfer, Kampf ums Kanzleramt. Erhard und Adenauer. Stuttgart 1987.

mancherlei Sicherungsleinen und Fußeisen des machtbewußten Regierungschefs behindert, machte Brentano auf dem exponierten Posten rasch eine anerkannt gute Figur. Eine Reihe von diplomatischen Großereignissen, darunter die berühmte Moskaureise Adenauers und die Genfer Außenministerkonferenz der vier Siegermächte, gaben ihm 1955 gleich in den ersten sechs Monaten seiner Amtszeit reichlich Gelegenheit zur Profilierung, zumal der Kanzler krankheitshalber für mehrere Wochen die politische Bühne räumen mußte. Schon damals wurde der neue Außenminister als aussichtsreicher Bewerber für die Kanzlernachfolge gehandelt. Amerikanische Zeitungen nannten ihn schon „Germany's Eden", eine Anspielung auf den damaligen britischen Premierminister, der vom Außenminister Churchills zu dessen Nachfolger geworden war. Der amerikanische Außenminister Dulles hielt seinen deutschen Kollegen sogar, wie er vor Senatoren ausführte, für einen „great leader".

Abb. 49: Heinrich von Brentano und Bundeskanzler Konrad Adenauer nach der Rückkehr von einem Paris-Besuch im Jahr 1956.

Tatsächlich war Heinrich von Brentano sowohl nach außen als auch im Innern der beste Bürge für die Kontinuität der Adenauerschen Außenpolitik. Er hatte sich seit 1949 als eindeutiger Verfechter der Westorientierung der Bundesrepublik und der europäischen Integration profiliert. Zugleich galt er als pronocierter Deutschlandpolitiker, der für das Ziel der deutschen Einheit auch den Konflikt mit dem mächtigen Bundeskanzler nicht scheute. Am deutlichsten war dies 1952 in der Auseinandersetzung um die Bindungsklausel des Generalvertrags geworden. Konrad Adenauer hatte damals auf der automatischen Ausdehnung des Vertrags auch auf ein wiedervereinigtes Deutschland bestanden, um die Westbindung unumkehrbar zu machen. Er war damit bis in die eigenen Reihen auf härtesten Widerstand gestoßen, dem sich auch Heinrich von Brentano angeschlossen hatte, weil er jede Gesprächschance mit der Sowjetunion ausgeschlossen sah. Persönlich hatte der damalige Fraktionsvorsitzende beim amerikanischen Außenminister die letztendliche Kompromißlösung erreicht, die für den Fall der Wiedervereinigung einen Verhandlungsspielraum vorsah.

Auch sein gutes Verhältnis zur SPD-Opposition sprach für einen Kanzlerkandidaten Brentano. Als Mitbegründer der Großen Koalition in Hessen, der auch nach den ersten Bundestagswahlen 1949 zunächst für eine Große Koalition auf Bundesebene eingetreten war, hatte Brentano schon als Fraktionsvorsitzender der CDU/CSU den Faden zur SPD gepflegt und dies auch als Außenminister beibehalten.

Nicht zuletzt aber auch der eigenen Partei bot sich Brentano als Kompromißkandidat für die voraussichtlich spannungsreiche Zeit nach einer eventuellen Abdankung ihres bisherigen Zwingherrn an.

Sogar Konrad Adenauer hat in seinen „Erinnerungen" großen Wert auf die Feststellung gelegt, er habe auf Brentano große Hoffnungen für die Zukunft gesetzt. Doch dieses Lob erhielt der Außenminister erst posthum. Zu Lebzeiten hätte Brentano die Größe seiner Erbschaftschancen eher an den kleinlichen Maßregelungen ermessen können, mit denen der eifersüchtig auf seine unbeschränkte Autorität bedachte Kanzler ihn immer wieder kleinhalten zu müssen glaubte. „Brentano sei zu selbständig", beschwerte sich Adenauer im Januar 1956 ganz offen bei Bundespräsident Heuss.[2] Seitdem rissen die Klagen über den Außenminister nicht mehr ab. „Er gebe zu leicht und zu oft nach", meinte der Kanzler vier

---

2 Rudolf Morsey/Hans-Peter Schwarz (Hrsg.), Unter vier Augen: Gespräche aus den Gründerjahren/Konrad Adenauer, Theodor Heuss. Berlin 1997, S. 193.

Monate später, er „habe die Führung nicht recht in der Hand", hieß es ein Jahr darauf. Die Vorwürfe erreichten ihren Höhepunkt, als Adenauer im April 1959 den Minister für „körperlich und geistig erledigt" erklärte.[3] Vermutlich hat gerade die einlenkende Art und Weise, mit der Heinrich von Brentano in seiner Verehrung für den alten Herrn auf alle Zumutungen reagierte, nicht wenig dazu beigetragen, seine Befähigung für das Amt des Regierungschefs in den Augen Adenauers in Frage zu stellen. Die Verbindlichkeit, Fairness und Ausgleichsbereitschaft, die ihn in Partei und Öffentlichkeit vor dem stets polarisierenden Bundeskanzler auszeichnete, wertete dieser als Schwäche.

Doch in der öffentlichen Meinung galt Heinrich von Brentano lange als der geeignetste Kanzlernachfolger. Im Juni 1956 hielten ihn nach einer Emnid-Umfrage 26 Prozent der Befragten für den richtigen Kandidaten. Ludwig Erhard brachte es gerade mal auf 13 Prozent. Brentano wurde sogar als Kanzler einer eventuellen Großen Koalition gehandelt. Folgerichtig sah die Presse im Oktober 1956, als eine Kabinettsumbildung das Ausscheiden des bisherigen Vizekanzlers Franz Blücher anzukündigen schien, nicht etwa im Wirtschaftsminister, sondern im Außenminister den wahrscheinlichsten Erben. Selbst Konrad Adenauer, der sich seinerseits schon mit Rücktrittsabsichten trug, schien dieser Lösung zeitweilig nicht abgeneigt. Aber er hielt dann doch an Blücher fest. So konnte er der ungeliebten Kronprinzen-Frage noch einmal entgehen.

Heinrich von Brentano blieb trotzdem der aussichtsreichste Bewerber für die Kanzlernachfolge. In der CDU/CSU-Fraktion stand die Stimmung eindeutig zu seinen Gunsten. Bis zu den Bundestagswahlen im Jahr 1957 führte er auch in den Umfragen unangefochten die Reihe der Kandidaten an. Erst danach kam der Umschwung zugunsten Ludwig Erhards. Genauer gesagt: Zwischen Januar und März 1958 verlor Heinrich von Brentano seinen „Kampf ums Kanzleramt". Die Gründe sollen im folgenden näher beleuchtet werden.

Der 15. September 1957 war eine entscheidende Zäsur. Die CDU stand nach dem triumphalen Wahlsieg auf dem Gipfel ihres Erfolgs. Jetzt schien die Zeit einer ungehinderten Durchsetzung aller politischen Ziele gekommen. Jetzt erwachte allerorts auch der Ehrgeiz auf erweiterten Einfluß und neue Posten. Auch für die Kanzlernachfolge konnten nun die Weichen gestellt werden.

---

3 Hans-Peter Schwarz, Adenauer, Der Staatsmann: 1952–1967, S. 501; Adenauer an Globke, 15.4.1959.

Schon im Wahlkampf hatte die sogenannte „Brigade Erhard" erheblichen Aufwand getrieben, um den Wirtschaftsminister in der Öffentlichkeit zu profilieren. Ohne Zweifel war Ludwig Erhard „neben dem Kanzler zur dominierenden Figur" geworden. Nun konnte er erstmals auch die Bataillone der CDU/CSU-Fraktion im Bundestag für sich ins Feld führen. Mit ihrer Hilfe gelang es ihm, die nunmehr freigewordene Position des Vizekanzlers für sich zu erobern.

Allerdings warf jetzt auch der Außenminister seinen Hut in den Ring. Heinrich von Brentano forderte nun, nachdem er bei der Nachfolge des bisherigen Vizekanzlers leer ausgegangen war, den Löwenanteil an den Zuständigkeiten von dessen aufgelöstem Ministerium für wirtschaftliche Zusammenarbeit. Am 25. Oktober 1957 teilte er Erhard und Adenauer schriftlich seine Wünsche mit, die vor allem die Federführung für die Verhandlungen der soeben gegründeten EWG mit dritten Staaten beinhalteten und daher den Widerstand des Wirtschaftsministers provozieren mußten.

Die Resonanz auf den Vorstoß blieb zunächst verhalten. Der Bundeskanzler wollte offenkundig seine Karte im Ränkespiel noch eine Weile aufheben und behielt sich die Entscheidung einstweilen vor. Anfang November 1957 wandte sich der Außenminister erneut schriftlich an den Kanzler und spielte seinen besten Trumpf:

> *„Alle Fragen, die die politische Integration berühren, und alle Tatbestände, die geeignet sind, den Prozeß der politischen Integration zu fördern, gehören, wie ich glaube, in die Zuständigkeit des Auswärtigen Amts. Denn unsere Europa-Politik ist ja ein wesentlicher Bestandteil unserer Außenpolitik, ja vielleicht sogar das Fundament, auf dem wir unsere außenpolitischen Ziele zu verwirklichen suchen."*[4]

Diese Karte stach: Wenn Brentano die Streitfrage der administrativen Zuständigkeit mit der Grundsatzfrage der eigentlichen Zielsetzung der EWG-Politik verband, so konnte er davon ausgehen, daß der Kanzler mit ihm am selben Strang ziehen würde. Tatsächlich ließ ihm Adenauer nach wenigen Tagen mitteilen, daß er seine Auffassung „im wesentlichen" teile.

Aber damit allein war der Wirtschaftsminister und neue Vizekanzler noch nicht geschlagen. Ludwig Erhard ergriff nun seinerseits die Offensi-

---

4 Bundesarchiv Koblenz, Nachlaß Brentano, Bd. 157; Brief Brentano an Adenauer, 5.11.1957.

ve und lud kurzerhand einige Kabinettskollegen in sein Haus, um Vorschläge für den ständigen Sitz und die personelle Besetzung der europäischen Gemeinschaften zu erörtern. Es handelte sich schlicht um einen Usurpationsversuch. Entsprechend befremdet reagierte der Außenminister. Die vorgesehenen Gesprächsthemen, so belehrte er seinen Rivalen kühl, seien im Kabinett zu behandeln. Insbesondere aber könne „die Zuständigkeit für eine solche Kabinettsvorlage nur beim Auswärtigen Amt liegen". Am 10. Januar 1958 unterbreitete Brentano seinerseits Vorschläge für die Kompetenzabgrenzung mit dem Wirtschaftsministerium, die auf einen eindeutigen Vorrang des Auswärtigen Amts in allen strittigen Fragen hinausliefen.

Inzwischen wurde das Problem der Vertretung der Bundesregierung im Ministerrat der EWG akut. In Ermangelung einer Klärung erschien die deutsche Delegation am 25. Januar 1958 in Brüssel mit vier Ministern, die sich eifersüchtig um die Sitzordnung am Konferenztisch stritten. Das internationale Ansehen der Bundesrepublik drohte Schaden zu nehmen.

Doch alle Einigungsversuche blieben erfolglos. Resigniert berichtete Heinrich von Brentano dem Bundeskanzler: „Einige Herren im Wirtschaftsministerium sind offenbar an einer solchen Verständigung nicht ernsthaft interessiert." Er selbst, so betonte er, sei zur Rücksichtnahme auf die Belange aller beteiligten Ressorts bereit, und schloß trotzig: „... ich kann aber nicht so weit in dieser Zurückhaltung gehen, daß ich auf Zuständigkeiten verzichte, die ich, weil sie Bestandteil der gesamten Außenpolitik sind, nicht aus der Hand geben darf."[5]

Heinrich von Brentanos selbstbewußtes Auftreten in dieser Sache muß in einem größeren Zusammenhang gesehen werden. Seit dem Wahltag des Jahres 1957 war er offenkundig bemüht, aus dem Schatten Adenauers herauszutreten und sich für die Nachfolge im Kanzleramt zu profilieren. Ja, wenige Wochen später gab er es erstmals offen zu: Er wollte Bundeskanzler werden!

Ende Dezember 1957 war mit der Chance, Staatssekretär Hallstein im EWG-Ministerrat als ersten Präsidenten der Brüsseler Kommission durchzusetzen, unverhofft die Möglichkeit entstanden, eine seit längerem geplante personelle und organisatorische Neuordnung im Auswärtigen Amt zur Emanzipation von Kanzler und Kanzleramt zu nutzen.

---

5 Politisches Archiv des Auswärtigen Amts, Bestand Ministerbüro, Bd. 49; Brief Brentano an Adenauer, 29.1.1958.

Abb. 50: Brentano, Walter Hallstein und der amerikanische Außenminister John Foster Dulles (1888–1959, 2. v. r.) u. a. 1955 in den USA.

Dies war um so dringlicher, als der Bundeskanzler zur selben Zeit bereits plante, seinen Einfluß auf das Amt durch die Einsetzung seines früheren „alter ego" Herbert Blankenhorn als Staatssekretär noch zu erhöhen. Angesichts dieser Gedankengänge Adenauers mußte es Brentano darauf ankommen, rasch die Schlüsselpositionen seines Ministeriums durch Männer seines Vertrauens zu besetzen und dadurch größere Bewegungsfreiheit zu gewinnen. An der eigenen Personalabteilung vorbei beauftragte er daher seinen Persönlichen Referenten Peter Limbourg, Vorschläge für ein umfassendes Revirement zu erarbeiten. Limbourg kannte als Amtsangehöriger der ersten Stunde die Personalien des Auswärtigen Amts genau und besaß das volle Vertrauen seines Ministers.

Konrad Adenauer erhielt die Vorschläge am 27. Januar, am selben Tag lagen sie auch dem Bundespräsidenten vor. Die Hauptneuerungen waren die Einführung zweier Unterstaatssekretäre sowie die Neugliederung der Abteilungen und die Gründung einer Ostabteilung. Die damit einhergehenden personellen Änderungen erfolgten ausschließlich nach fachlichen und menschlichen Kriterien. Parteipolitische oder gar konfessionelle Gesichtspunkte blieben weitgehend unberücksichtigt. So gehörte Karl-Heinrich Knappstein, einer der vorgesehenen Unterstaatssekretäre, als Mitbegründer der linksorientierten Frankfurter CDU zu den frühen Weggefährten des Ministers und war wie dieser Anhänger einer Großen Koalition mit der SPD gewesen. Sein Amtskollege Herbert Dittmann wurde berufen, obwohl er als Angehöriger des früheren Berliner Auswärtigen Amts als belastet galt. Georg Ferdinand Duckwitz, der Leiter der neuen Ostabteilung, besaß dagegen offene Neigungen zur SPD, was ihn in den Augen Brentanos, der für die Ostpolitik eine breitere parlamentarische Basis wünschte, sogar besonders für den Posten qualifizierte.

Adenauer schluckte selbst diese „Kröte". In der unmittelbar vor seinem Urlaub anberaumten Kabinettsitzung machte er am 29. Januar 1958 keine Bedenken geltend. Heinrich von Brentano glaubte nun davon ausgehen zu können, daß seinen Planungen nichts mehr im Wege stand. Doch kaum war der Kanzler abgereist, regte sich Widerstand. Schon in der darauffolgenden Kabinettssitzung, an der der Außenminister nicht teilnahm, wurde auf Antrag von Familienminister Franz-Josef Wuermeling die Ernennung des neuen Leiters der Personalabteilung im Auswärtigen Amt verworfen. Für den bisherigen Botschafter in Mexiko Gebhardt von Walther, dem Brentano wie einigen seiner engsten Mitarbeiter vor Jahren in der Pariser Botschaft während seiner europäischen Verfassungsarbeit begegnet war, hatte sich der Minister persönlich stark gemacht. Den Kritikern galt jedoch der protestantische Adelige als ein Diplomat „alter Schule". Sein luxuriöser Lebensstil, seine Sympathien für die FDP und selbst seine Ehe mit einer geschiedenen Frau wurden gegen ihn ins Feld geführt.

Aber es gab noch ganz andere Gründe für die Ablehnung. Wuermelings Einspruch basierte auf Informationen des Pariser Gesandten Josef Jansen, der als Angehöriger der CDU und prononcierter Katholik seit 1955 selbst Ambitionen auf die Leitung der Personalabteilung besaß. Enttäuschter Ehrgeiz, aber auch ehrliche Bedenken ließen Jansen, der über schlagkräftige Parteiverbindungen verfügte, zu einem erbitterten Gegner des Revirements und damit zum wichtigsten Motor der aufkommenden Fraktionsfronde gegen den Außenminister werden.

Diese untergründigen Aktivitäten gegen seine Personalentscheidungen blieben Heinrich von Brentano natürlich nicht verborgen. Er war freilich nicht gewillt, sein Vorhaben aushebeln zu lassen. Kampfbereit suchte er die Rückendeckung des Bundeskanzlers, und selbstbewußt ging er in eine Aussprache mit Heinrich Krone, dem Vorsitzenden der Regierungsfraktion. Doch der Freund, von Mitstreitern Jansens mit belastendem Material über Gebhardt von Walther versehen, stellte sich hinter die Kritik; um so eher, als er sich bei der Planung des Revirements übergangen fühlte.

Den Hauptstoß aber führte der Haushaltsausschuß des Bundestags. Per Handzettel erfuhr der Außenminister in einer Fraktionsvorstandssitzung, daß der Ausschuß seine Planungen ohne Rücksprache einstimmig verworfen und statt der Unterstaatssekretäre die Einsetzung eines zweiten Staatssekretärs im Auswärtigen Amt verlangt hatte. Heinrich von Brentano war fassungslos. Unverzüglich beschwerte er sich beim Fraktionsführer, bei den Ausschußmitgliedern und vor allem beim Vorsitzenden des Ausschusses selbst, der gemäß den eindeutigen Mehrheitsverhältnissen im Bundestag doch immerhin ein Parteifreund war.

Der Minister fuhr schwerstes Geschütz auf und drohte mit Rücktritt. Kurz darauf verteidigte er in einer eigens anberaumten Sitzung des Fraktionsvorstands nochmals leidenschaftlich sein Neuordnungskonzept und räumte lediglich ein, die Fraktion besser früher konsultiert zu haben.

Inzwischen schaltete sich auch der Bundeskanzler ein. Per Telegramm verlangte er am 25. Februar, die Fraktion möge die Dinge in seiner Anwesenheit behandeln. „Bitte halten sie fest", stärkte er seinem Außenminister den Rücken. Der bedankte sich prompt und blieb siegesgewiß zur Unnachgiebigkeit entschlossen. Private Briefe aus dieser Zeit bezeugen freilich, daß er sich inzwischen auch persönlich tief verletzt fühlte.

Doch die Niederlage war nicht mehr aufzuhalten. „Brentano gibt nach", notierte sich Krone am 14. März, nachdem der Minister mit dem Rückzug seines Kandidaten für die Personalabteilung den wichtigsten Stein des Anstoßes beseitigt hatte. Aber erst nach einer weiteren Rücktrittsdrohung und einer weiteren Aussprache mit dem Fraktionsvorsitzenden begann dieser Ende März mit ersten Vermittlungsbemühungen. Es vergingen noch mehrere Wochen, bis endlich eine Lösung gefunden und mit persönlichem Einsatz Konrad Adenauers in der Fraktion durchgesetzt wurde.

Das Debakel des Außenministers war offensichtlich. Außer dem Rückzieher bei der Wahl seines Personalchefs mußte er sich darauf einlassen, die Unterstaatssekretäre nur als Ministerialdirektoren mit „Funktionszulage" einzustufen. Auch wenn Heinrich von Brentano nach der endgültigen Billigung durch Kanzler und Kabinett sein Revirement am 9. Juni vor der Presse als erfolgreich abgeschlossen bezeichnete: Er hatte verloren, und zwar mehr als nur den Machtkampf mit der Fraktion. Selbst sein neuer Staatssekretär erwog, ihm bei nächster Gelegenheit den Rücktritt nahezulegen.

Wie konnte es zu dieser Demontage jenes Ministers, der so lange als aussichtsreichster Kandidat für die Kanzlernachfolge gehandelt worden war, kommen? Die tiefste Ursache lag gar nicht in seiner Amtsführung, sondern in einem innerparteilichen Konflikt, in dem der Außenminister zum Sündenbock wurde. Der Ausgangspunkt war die berüchtigte Bundestagsdebatte vom 23. Januar 1958. Zu mitternächtlicher Stunde waren damals die früheren Minister Adenauers und jetzigen Oppositionspolitiker Thomas Dehler und Gustav Heinemann in einem gemeinsamen Rachefeldzug über den Bundeskanzler und die von ihm bestimmte Deutschlandpolitik hergefallen. Allein Heinrich Krone und Heinrich von Brentano hatten die Verteidigung übernommen, jedoch ihren Charakteren gemäß nicht die erforderliche Polemik aufgebracht. Der Außenminister war gar auf die in seinen Augen niveaulosen Tiraden nicht einmal sachlich näher eingegangen, obwohl ihm die entsprechenden Argumente von einem Mitarbeiter zugesteckt worden waren.

Brentano selbst hat sein Verhalten damit erklärt, er habe auf einen Vergeltungsschlag verzichtet, um – wie er einem Parteifreund schrieb – „die Würde unseres jungen Parlaments zu wahren". Für ihn lag die Ursache des Debakels darin, daß die Sitzung bis in die Nacht fortgesetzt worden war; ein Umstand, der in der Tat die Verteidigung erschwert hatte, weil gemäß der Geschäftsordnung des Bundestags das Eingreifen eines Regierungsmitglieds eine erneute Gegenrede der Opposition ermöglicht und damit die Debatte noch weiter verlängert hätte. Aber etwas anderes kam hinzu. Dehler und Heinemann hatten als Beleg für das angeblich mangelnde Interesse Adenauers an der deutschen Einheit die Diskussion um die Bindungsklausel des Generalvertrags von 1952 angeführt. Da Brentano seinerzeit selbst zu den Kritikern Adenauers gehört hatte, war er der letzte, der das damalige Verhalten des Kanzlers jetzt hätte rechtfertigen können.

Konrad Adenauer, der während der Parlamentsdebatte geschwiegen hatte, wollte die Schuld denn auch gar nicht bei seinem Außenminister suchen. Der tief getroffene Kanzler machte die protestantischen Fraktionsmitglieder verantwortlich, die der religiös gefärbten Heinemann-Rede nichts entgegengesetzt hätten. Es waren die blamierten Außenpolitiker der CDU, allen voran Kurt Georg Kiesinger und Eugen Gerstenmaier, die den Unmut auf Heinrich von Brentano lenkten. Erst jetzt kehrte sich die Katerstimmung der Fraktion, die kurz nach dem Wahltriumph eine für unmöglich gehaltene Schlappe erlitten hatte, gegen den Außenminister. Er war ein leichtes Opfer, da er über keinerlei schützende Hausmacht verfügte. Hier lag seine entscheidende Schwäche. Brentano waren alle Ränkespiele und Seilschaften zutiefst zuwider. Er setzte stets auf die Übereinstimmung mit dem Kanzler und hielt die Unterstützung der Fraktion als ihr ehemaliger Vorsitzender für selbstverständlich. Doch das war sie nicht: Die Fraktion war seit dem Gewinn der absoluten Mehrheit spürbar selbstbewußter geworden und umfaßte zudem eine Vielzahl neuer Köpfe, die wenig Respekt vor den Leistungen der ersten Nachkriegspolitiker zeigten.

Zudem war im Vergleich zu den Anfangsjahren das gesamte politische Klima in der Bundesrepublik schärfer geworden. Kaum war der Konflikt

Abb. 51: Brentano 1961 bei einem Treffen mit den Außenministern der drei Westmächte, Sir Alexander Douglas-Home (Großbritannien), Dean Rusk (USA) und Maurice Couve de Murville (Frankreich).

zwischen dem Außenminister und der Regierungsfraktion in die Öffentlichkeit gedrungen, fiel die Presse ohne Gnade über Heinrich von Brentano her. Weitere Nahrung erhielt die Kampagne durch die sogenannte „Lex Soraya“, ein Gesetzentwurf gegen Presseverunglimpfungen ausländischer Staatsoberhäupter, der durch einen Protest des persischen Schahs gegen Berichte deutscher Boulevardblätter über seine Frau motiviert war. Der Bundeskanzler selbst hatte das schließlich im Bundesrat gescheiterte Gesetz befürwortet. Doch allein der ausführende Minister bekam, getreu der Devise, daß wer den Sack schlägt, den Esel meint, die Hiebe. Brentano sei, so hieß es, „ein Minister ohne Fortune“ und eine „Belastung des Kabinetts“. Für andere war er bereits „politisch ein toter Mann“, und natürlich ließ es sich auch der „Spiegel“ nicht nehmen, eine Grabrede unter der bezeichnenden Schlagzeile „Rauche, staune, gute Laune“ beizusteuern. Daß sich der Bundeskanzler zu einer öffentlichen Inschutznahme seines Ministers genötigt sah, beflügelte die „Totengräber“ noch.

Den Ausbau einer Villa auf dem Bonner Venusberg als Dienstsitz des Außenministers nahm die Presse zum Anlaß regelrechter Häme. Von einem unverantwortlich teuren „Palais Brentano“, ja von einem auf Kosten des Steuerzahlers erbauten Schloß als „Junggesellenbude“ war die Rede.

Schon im März 1958 war Brentano, inzwischen auch gesundheitlich schwer angeschlagen, nahe daran gewesen zu demissionieren. Der Rücktrittgedanke verließ ihn seitdem nicht mehr. Als Adenauer nach der Bundestagswahl von 1961 seinen Minister in den Koalitionsverhandlungen mit der FDP zur Disposition stellte, war für diesen das Maß voll. Am 30. Oktober 1961 übergab er sein Rücktrittsgesuch. Es ist eine Ironie der Geschichte, daß er dafür von der Presse mehr Anerkennung erhielt als für seine Verdienste in den Jahren zuvor. Mit dem Berlin-Ultimatum Chruschtschows war im November 1958 der Kalte Krieg nach Europa zurückgekehrt. Heinrich von Brentano hatte wesentlichen Anteil daran gehabt, daß der heiße Krieg vermieden und dennoch die Freiheit West-Berlins sowie die völkerrechtliche Option einer Wiedervereinigung Deutschlands erhalten worden waren. Er hatte sich dafür buchstäblich aufgerieben. Doch es dankte ihm niemand. Er galt als Handlanger Konrad Adenauers, und das disqualifizierte ihn. Im Grunde hat sich daran bis heute nichts geändert: zu Unrecht, wie ich meine.

Erinnerungen an Heinrich von Brentano

Weert Börner

An die Ausführungen von Daniel Kosthorst über Heinrich von Brentano als Außenminister schließt sich das, was ich zu sagen habe, sehr gut an. Ich werde als Zeitzeuge über die Zeit nach dem Rücktritt Brentanos sprechen, also über die Jahre 1962 bis 1964. Ich hoffe damit eine Lücke im Programm zu schließen.

Heinrich von Brentano trat mit Erklärung vom 31. Oktober 1961 als Außenminister zurück. Er wurde von der CDU/CSU-Fraktion des Deutschen Bundestages als deren Vorsitzender gewählt, wiedergewählt, kann man sagen, denn er hatte dieses Amt ja schon vor der Außenministerzeit inne.

Sein letzter persönlicher Referent im Auswärtigen Amt, Walter Boss, konnte ihn noch ein paar Wochen begleiten. Er mußte sich also schnell nach einem neuen Adlatus umsehen. Der damalige Berlin-Bevollmächtigte, Heinrich Vockel, und der ehemalige Bürgermeister von Berlin, Ferdinand Friedensburg, die mich von meiner Tätigkeit als Landesvorsitzender der Jungen Union Berlin her kannten, empfahlen mich. So trat ich als junger Assessor Anfang 1962 als persönlicher Referent des Vorsitzenden in den Dienst der Bundestagsfraktion.

Es begann eine arbeitsreiche und interessante Zeit. Die Zeit muß ich etwas beleuchten. Die Bundestagswahl 1961 war für die CDU/CSU schlecht ausgegangen. Die FDP mit Erich Mende kam auf eine zweistellige Prozentzahl. Im ganzen reichte es wieder für die Koalition von CDU/CSU und FDP. Aber Bundeskanzler Konrad Adenauer ging geschwächt aus der Wahl hervor. Er mußte sich damit abfinden, auf Drängen der FDP als „Kanzler auf Zeit", also nur für zwei Jahre, gewählt zu werden.

Die Jahre von 1961 bis 1963 wurden sehr schwierig. Die Stellung des Vorsitzenden der CDU/CSU-Fraktion gewann an Gewicht. Nichts ging mehr ohne den Fraktionsvorsitzenden Heinrich von Brentano. Wie im 1. und 2. Deutschen Bundestag wurde er so etwas wie der „gute Geist der deutschen Politik". Seine Sachlichkeit trug dazu bei, daß wichtige Fragen vorangetrieben wurden. Er konnte immer wieder vermittelnd eingreifen, wenn die Dinge sich festgefahren hatten.

Die erste große Krise war die Strauß-Krise 1962. Der Verteidigungsminister Franz Josef Strauß mußte sich dem Vorwurf stellen, im Verlauf der Spiegelaffäre den Bundestag falsch unterrichtet zu haben. Bundeskanzler Adenauer versuchte zunächst, seinen Verteidigungsminister zu retten.

In einer Sitzung des Vorstandes der CDU/CSU-Fraktion, die Heinrich von Brentano leitete, und in der ich Protokoll zu führen hatte, spielte sich das wie folgt ab: Eugen Gerstenmaier hielt eine wohlvorbereitete Rede gegen Strauß, die er dramatisch beendete, indem er ausrief: „Und ich rufe Ihnen zu, Herr Bundeskanzler: ‚Zurück, Du rettest, den Freund nicht mehr!'"

Das etwa dreißigköpfige Gremium war beeindruckt. Es herrschte atemlose Stille. Nur einer war nicht beeindruckt: Das war der damals immerhin schon 86jährige Konrad Adenauer. Er hob in unnachahmlicher Weise den Zeigefinger und sagte auf gut Rheinisch: „Zitieren Sie ihn auch weiter, Herr Gerstenmaier, er hat ihn ja gerettet!" Gemeint war natürlich Schillers Bürgschaft, die der alte Herr so präsent hatte, daß er damit wie aus der Pistole geschossen kontern konnte.

Die Stimmung in dem ehrwürdigen Gremium löste sich in einem homerischen Gelächter. Adenauer hatte gesiegt. Die Rede von Gerstenmaier war, so gut sie gemeint war, mit einem kleinen Satz um ihre Wirkung gebracht. Im Endergebnis mußte Franz Josef Strauß aber nach einiger Zeit doch zurücktreten.

Die Außenpolitik blieb natürlich auch für den Fraktionsvorsitzenden Brentano ein besonderes Anliegen. Hier ein Beispiel: Brentano gehörte zu den Schrittmachern der Verständigung mit Frankreich. Er war aber nicht damit einverstanden, als Adenauer mit de Gaulle den Deutsch-Französischen Vertrag abschloß. Brentano sah in diesem Vertrag, so wie er abgeschlossen wurde, eine Gefährdung des atlantischen Gleichgewichts. Er setzte in der Fraktion durch, daß der Vertrag eine klarstellende Präambel erhielt.

Und im Frühjahr 1963 fuhr Brentano in die Vereinigten Staaten, um den Amerikanern den Deutsch-Französischen Vertrag zu erläutern und amerikanische Bedenken, die tatsächlich in starkem Maße vorhanden waren, zu zerstreuen.

Abb. 52: Brentano bei seinem Besuch bei John F. Kennedy im Frühjahr 1963 in den USA. Ganz links: Dean Rusk.

Ich durfte Brentano bei dieser Reise begleiten. Dabei wurde mir das große Ansehen, das er in den USA genoß, deutlich. Alle Türen öffneten sich für ihn. Präsident John F. Kennedy lud ihn ein, an einer Kabinettssitzung teilzunehmen. Ich durfte natürlich nicht mit hinein in den Kabinettssaal. Aber vor diesem Saal, sozusagen im Flur zwischen dem Vorzimmer Kennedys und dem Kabinettssaal, war es mindestens ebenso interessant. Die beiden Kinder Kennedys spielten dort herum, bewacht von einem Leibwächter. Der Blick in das Vorzimmer offenbarte eine Unordnung, wie ich sie im Vorzimmer einer Großmacht nicht für möglich gehalten hätte. Es lag eine Unmenge Papier herum, aber damals gab es ja auch noch keine Computer. Dann kam plötzlich Robert Kennedy, damals Justizminister, vorbei und sagte mir freundlich Guten Tag.

Schließlich traf sich alles im Oval Office wieder, wo ich Kennedy aus der Nähe studieren konnte. Er sah bei weitem nicht so jugendlich aus wie auf Fotos. Er hatte ein eindrucksvolles, wie gegerbtes Gesicht, und unterhielt sich längere Zeit angeregt mit Brentano. Beide hatten sich offensichtlich etwas zu sagen. Die laufenden Kameras schienen die Herren nicht zu stören. Von Präsident Kennedy ist nach einem 75minütigen Gespräch mit Brentano der Satz bekanntgeworden, „er habe soeben ein Stück des guten alten Europa, wie es in seinen Vorstellungen lebe, kennengelernt".

Abb. 53: Besuch Brentanos in den USA im Frühjahr 1963.
Lyndon B. Johnson, späterer US-Präsident (1963–1969), Karl Heinrich Knappstein, Heinrich von Brentano u. a.

In den paar Tagen, die wir damals in Washington und New York verbrachten, traf Brentano auch die Brüder Allen und John Foster Dulles, etliche Senatoren und z. B. den ehemaligen amerikanischen Hochkommissar John McCloy. Es gelang Brentano, amerikanische Bedenken hinsichtlich des Deutsch-Französischen Vertrages zu zerstreuen. Vor dem National Press Club sagte er am 22. März 1963 in diesem Zusammenhang: „Die freundschaftliche und vertrauensvolle Zusammenarbeit mit dieser stärksten Nation der freien Welt ist und bleibt ein unverzichtbares Ziel der deutschen Außenpolitik."

Das enorme Ansehen und Vertrauen, das dem Politiker und Europäer Brentano in den langen Jahren als Fraktionsvorsitzender und Außenminister zugewachsen war, zeigte sich auch bei einer etwas später durchgeführten Reise nach England, bei der ich ihn auch begleiten durfte. Auch hier öffneten sich ihm wieder alle Türen. Premier Harold Macmillan empfing ihn zu einem langen Vieraugengespräch – das die beiden auf Französisch führten. Andere Gesprächspartner waren z. B. Christopher Soames, der Schwiegersohn von Winston Churchill, Duncan Sandys und Selwyn Lloyd.

Entscheidend war Brentanos Rolle beim Kanzlerwechsel 1963. Nach der Regierungskrise und Kabinettsumbildung des Jahres 1962 wurde die politische Situation immer schwieriger. Die Zeit Konrad Adenauers als Bundeskanzler lief ab. Am 5. März 1963 wurde Brentano von der CDU/CSU-Fraktion beauftragt, die Nominierung eines Nachfolgers vorzubereiten. Der Bundesvorstand der CDU bestätigte diesen Auftrag und ermächtigte Josef Hermann Dufhues, Brentano bei der Erfüllung des Auftrages zu unterstützen.

Brentano war plötzlich zum „Königsmacher" geworden. Nach den Ausführungen von Herrn Kosthorst hätte man vielleicht annehmen können, daß nun die Stunde Brentanos schlagen würde. Aber die Zeiten hatten sich geändert. Die Partei wollte die nächsten Wahlen gewinnen. Brentano und andere hatten ihre Zweifel, ob Ludwig Erhard ein geeigneter Kanzler sein würde. Aber Erhard war durch das Wirtschaftswunder der mit Abstand populärste Politiker geworden. An ihm ging kein Weg vorbei.

Bei dieser Lage war für Brentano wohl nie zweifelhaft, wen er als Kandidaten für das Amt des Bundeskanzlers vorschlagen würde. Entscheidend war, wie er den Vorschlag machen, wie der Übergang sich vollziehen würde. Es kam auf einen taktvollen, möglichst geräuschlosen Wechsel in der Führung an. Adenauer sollte auf jeden Fall einen würdigen Abgang haben.

Am 22. April unterbreitete Brentano dem Fraktionsvorstand seine Überlegungen. Am 23. April faßte die Fraktion folgenden Beschluß:

„Bundeskanzler Dr. Konrad Adenauer hat der Fraktion der CDU/CSU erklärt, daß er bis zum Herbst 1963 von seinem Amt als Bundeskanzler zurücktreten wird. Die Fraktion nimmt diese Erklärung zum Anlaß, sich erneut zu der Person und den geschichtlichen Leistungen Dr. Adenauers zu bekennen. Sie spricht ihm ihr Vertrauen und ihren Dank aus. Die CDU/CSU wird die mit dem Namen Dr. Adenauer untrennbar verbundene Politik fortsetzen.

Abb. 54: Besuch des ehemaligen Außenministers Heinrich von Brentano in Rom, hier bei einer Audienz bei Papst Paul VI. im November 1963.

Die Fraktion der CDU/CSU sieht in Bundeswirtschaftsminister Professor Dr. Ludwig Erhard ihren Kandidaten für die Nachfolge Dr. Adenauers im Amt des Bundeskanzlers. Sie beauftragt ihren Vorsitzenden, Dr. von Brentano, diese Auffassung dem Herrn Bundespräsidenten mitzuteilen, wenn der Herr Bundespräsident den Fraktionsvorsitzenden zu Gesprächen über die Nominierung des neuen Bundeskanzlers auffordert."

Nachdem diese Entscheidung gefallen war, setzte eine spürbare Beruhigung der politischen Lage in der Bundesrepublik ein. Der Übergang im Herbst 1963 vollzog sich würdig. Die deutsche Demokratie erlebte in der Abschiedssitzung des Bundestages für den Bundeskanzler Adenauer am 15. Oktober 1963 eine große Stunde. Brentano selbst hatte bei der Debatte über die erste Regierungserklärung Erhards am 24. Oktober 1963 und auch bei einem Empfang des Fraktionsvorsitzenden für den scheidenden Kanzler auf dem Petersberg Gelegenheit, Adenauer ehrende Worte zu sagen.

Der gute Stil, in dem die Abschiedsfeierlichkeiten für Adenauer durchgeführt wurden, war wiederum Brentano zu verdanken. Bei dem Empfang auf dem Petersberg war ich dabei und konnte beobachten, wie Konrad Adenauer sich verhielt. Der alte Herr war natürlich doch etwas betroffen von dem von der FDP erzwungenen vorzeitigen Abschied. Ich werde nie das Bild vergessen, wie Adenauer mit seinen vier Söhnen Konrad, Max, Paul und Georg in den Saal einzog, in dem man sich zum Empfang traf. Es war wie auf dem bekannten Bild Kaiser Wilhelms mit seinen Söhnen. Die Söhne schirmten den Vater ab. Die fünf Herren setzten sich an einen Fünfertisch zum Drink. Alle anderen waren abgeblitzt. Bei dem anschließenden gesetzten Essen änderte sich das natürlich. Adenauer saß am Tischkopf zwischen Erhard und Brentano. Dabei fiel auf, daß Adenauer und Erhard sich nicht viel zu sagen hatten. Später zog Adenauer auch wieder mit seinen vier Söhnen aus.

Für mich ähnlich interessant verlief ein Herrenessen in der Redoute, das Brentano in dieser Zeit für Adenauer gab, in kleinerem Kreise, mehr unter Freunden. Nach dem Essen setzte man sich in den Salon. Es wurde viel getrunken und gelacht. Die Redoute war damals noch nicht umgebaut und nicht gut zu heizen. Adenauer, der sich nicht erkälten wollte, war im Pelzmantel bis morgens zwei Uhr dabei. Schließlich wollte er gehen. Brentano rief mich und sagte: „Begleiten Sie, bitte, den Herrn Bundeskanzler zum Wagen“. Auf dem Weg zum Ausgang zog Adenauer seine Brieftasche, guckte hinein und sagte: „Nun wollte ich dem Kerl an der Tür 10,– DM geben und habe sie nicht.“ Jetzt war es an mir, die Brieftasche zu ziehen. Ich gab Adenauer die 10,– DM – und dachte, ehrlich gesagt: Die sind weg. Am nächsten Morgen rief ich Adenauers Sekretärin an und sagte ihr, daß ich dem Bundeskanzler 10,– DM geliehen hätte. „Die schicke ich Ihnen gleich rüber!“ sagte sie. Und ich hatte mein Geld schnell wieder. Um 9 Uhr ging die Tür zu Brentanos Büro auf, Adenauer trat herein, sah mich stehen und sagte: „Herr Börner, Sie kriegen noch 10,– DM von mir.“ Er machte Anstalten, mir das Geld zu geben. Nun mußte ich ihm gestehen, daß ich mir das Geld schon besorgt hatte. Adenauer sagte nichts, sah mich an, zog die Augenbraue hoch so, als wollte er sagen: „Viel Kredit habe ich ja nicht bei Dir!“ Es war sehr peinlich. Soweit die kleine Anekdote, die mir den Abend in der Redoute unvergeßlich macht.

Jetzt, nachdem die Wiedervereinigung Deutschlands erreicht ist, wissen wir, daß dazu notwendig war ein Staatsmann, der in dem Augenblick, als der Mantel der Geschichte vorbeiwehte, die Chance entschlossen ergriff und im Gespräch mit den vier Großmächten nicht locker ließ, bis das Ziel erreicht war. Das war die Stunde Helmut Kohls.

Aber wir wissen auch, daß auf dem Wege dahin die vielen Politiker notwendig waren, die bei jeder Gelegenheit darauf achteten, daß auch die kleinste Option offen blieb. Ich kann hier nicht alle Politiker nennen, die in diesem Sinne wirkten. Aber ich nenne Hermann Ehlers, den Bundestagspräsidenten von 1950–54, und Heinrich von Brentano. Ich hatte das Glück – wenigstens betrachte ich es als Glück –, daß ich diesen beiden Männern nahestand. Ich war als Student viel im Hause Ehlers in Bonn und schrieb später die erste Biographie über ihn. Und ich war der letzte persönliche Referent von Brentano.

Wer Brentanos Art, politische Probleme anzugehen, studieren möchte, dem empfehle ich seine in dem Band „Deutschland, Europa und die Welt" zusammengestellten Reden. Hier wird auch deutlich, daß Brentano die Kraft und den Mut hatte, weit vorausschauende Perspektiven zu entwickeln. So sagte er zum Beispiel in einer Rede anläßlich des Bundestreffens der Landsmannschaft Oberschlesien am 1. Juli 1956 zum deutsch-polnischen Verhältnis: „Je mehr sich beide Nachbarvölker auf ihre Gemeinsamkeiten besinnen, je europäischer sie denken, desto weniger werden sie darauf bedacht sein, sich einander zu verschließen und zu bekämpfen, desto mehr werden sie erkennen müssen, daß auch in Osteuropa der Geist des Nationalismus überwunden werden muß, um Platz zu machen dem Geiste europäischer Gemeinschaft. Übrigens – das wissen wir – das polnische Volk möchte wieder zu Europa gehören, und wir, wir möchten es in einem freien Europa nicht missen!" Diese Sätze könnten heute gesprochen sein.

Es ist Michael von Brentano zu danken, daß er als Nachlaßverwalter Heinrich von Brentanos den wertvollen Briefwechsel Brentano/Adenauer dem Historiker Arnulf Baring anvertraute. Der gab die Briefe in dem Band „Sehr verehrter Herr Bundeskanzler" heraus. Das Besondere an diesem Buch ist, daß hier zwei Männer ihr Ringen um die richtige Politik in einem sehr offenen Briefwechsel für die Nachwelt festgehalten haben. Daraus ergibt sich, daß Brentano nicht einfach Erfüllungsgehilfe Adenauers war, sondern ein Mitgestalter deutscher Politik. Adenauer hat das einmal so formuliert: „Ich selbst habe mit Heinrich von Brentano unsere gemeinsame außenpolitische Konzeption hier in der Bundesrepublik und im weiten Ausland vertreten dürfen, und ich weiß daher aus eigenem Erleben, wie groß sein Anteil am Erfolg ist, wie klug und behutsam er in den ersten schwierigen Jahren um Vertrauen und Freunde für unser Land geworben hat. Die deutsche Außenpolitik seit 1949 ist daher zu einem entscheidenden Teil auch sein Werk."

Zum anderen kann der Briefwechsel zu einem Exkurs über Loyalität verleiten. Heute ist es weitgehend üblich geworden, die gebotene Loyalität der eigenen Profilierungssucht zu opfern. Heinrich von Brentano war ein Musterbeispiel für richtig verstandene Loyalität. Er hätte eine von Adenauer abweichende Meinung nie direkt in der Presse verkündet. Das Buch beweist, daß er trotzdem immer für seine eigene Ansicht gekämpft hat.

Literatur (Auswahl)

Baring, Arnulf: Sehr verehrter Herr Bundeskanzler. Heinrich von Brentano im Briefwechsel mit Konrad Adenauer 1949–1964, Hamburg 1974.

Böhm, Franz (Hrsg.): Deutschland, Europa und die Welt. Reden zur deutschen Außenpolitik von Heinrich von Brentano. Bonn-Wien-Zürich (Siegler), 1962.

Börner, Weert: Heinrich von Brentano, in: Christliche Demokraten der ersten Stunde. Hrsg. v. d. Konrad-Adenauer-Stiftung. Bonn 1966, S. 51–83.

Börner, Weert: Hermann Ehlers und der Aufbau einer parlamentarischen Demokratie in Deutschland. Bonn 1967.

Kosthorst, Daniel: Brentano und die deutsche Einheit. Die Deutschland- und Ostpolitik des Außenministers im Kabinett Adenauer 1955–1961. Düsseldorf 1993.

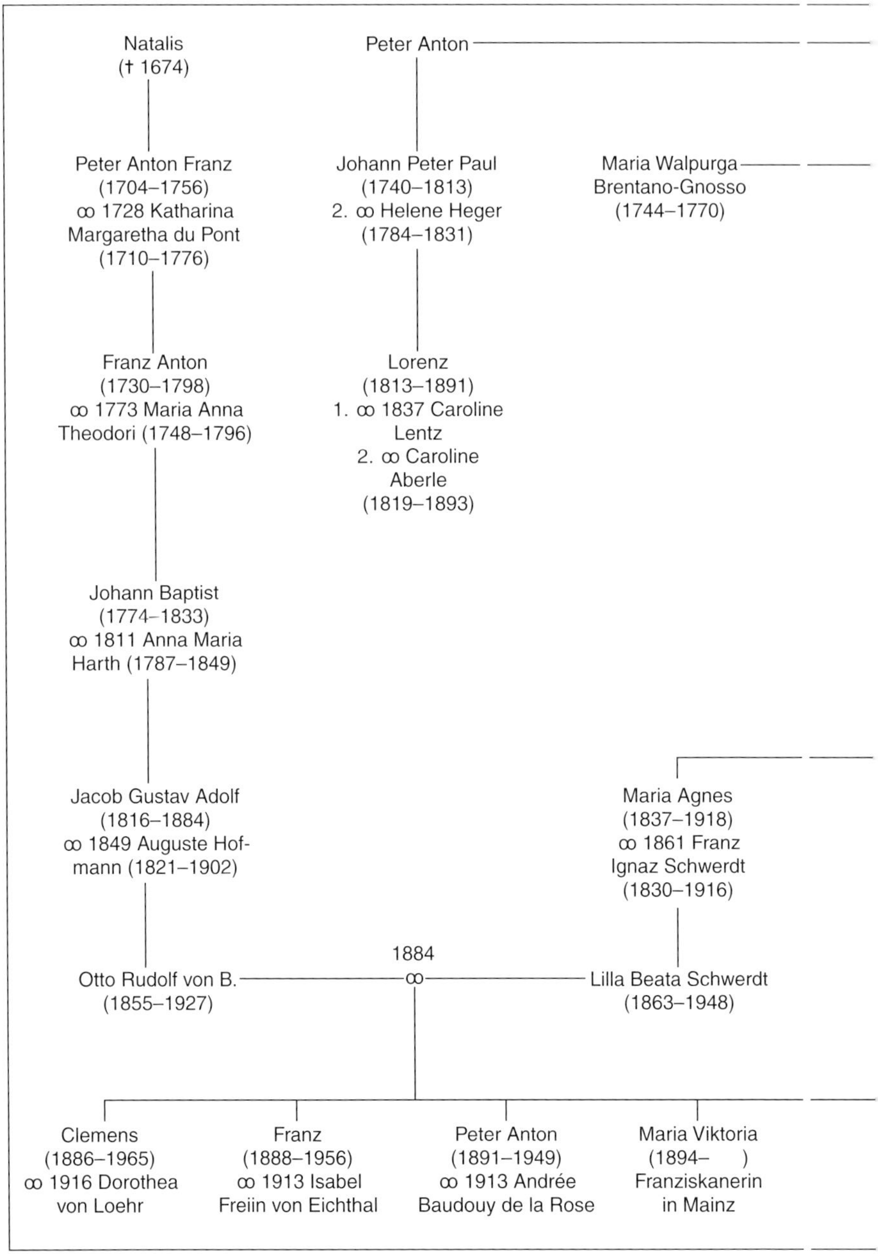
Natalis
(† 1674)
Peter Anton
Peter Anton Franz
(1704–1756)
∞ 1728 Katharina
Margaretha du Pont
(1710–1776)
Johann Peter Paul
(1740–1813)
2. ∞ Helene Heger
(1784–1831)
Maria Walpurga
Brentano-Gnosso
(1744–1770)
Franz Anton
(1730–1798)
∞ 1773 Maria Anna
Theodori (1748–1796)
Lorenz
(1813–1891)
1. ∞ 1837 Caroline
Lentz
2. ∞ Caroline
Aberle
(1819–1893)
Johann Baptist
(1774–1833)
∞ 1811 Anna Maria
Harth (1787–1849)
Jacob Gustav Adolf
(1816–1884)
∞ 1849 Auguste Hof-
mann (1821–1902)
Maria Agnes
(1837–1918)
∞ 1861 Franz
Ignaz Schwerdt
(1830–1916)
1884
Otto Rudolf von B.
(1855–1927)
∞
Lilla Beata Schwerdt
(1863–1948)
Clemens
(1886–1965)
∞ 1916 Dorothea
von Loehr
Franz
(1888–1956)
∞ 1913 Isabel
Freiin von Eichthal
Peter Anton
(1891–1949)
∞ 1913 Andrée
Baudouy de la Rose
Maria Viktoria
(1894–)
Franziskanerin
in Mainz

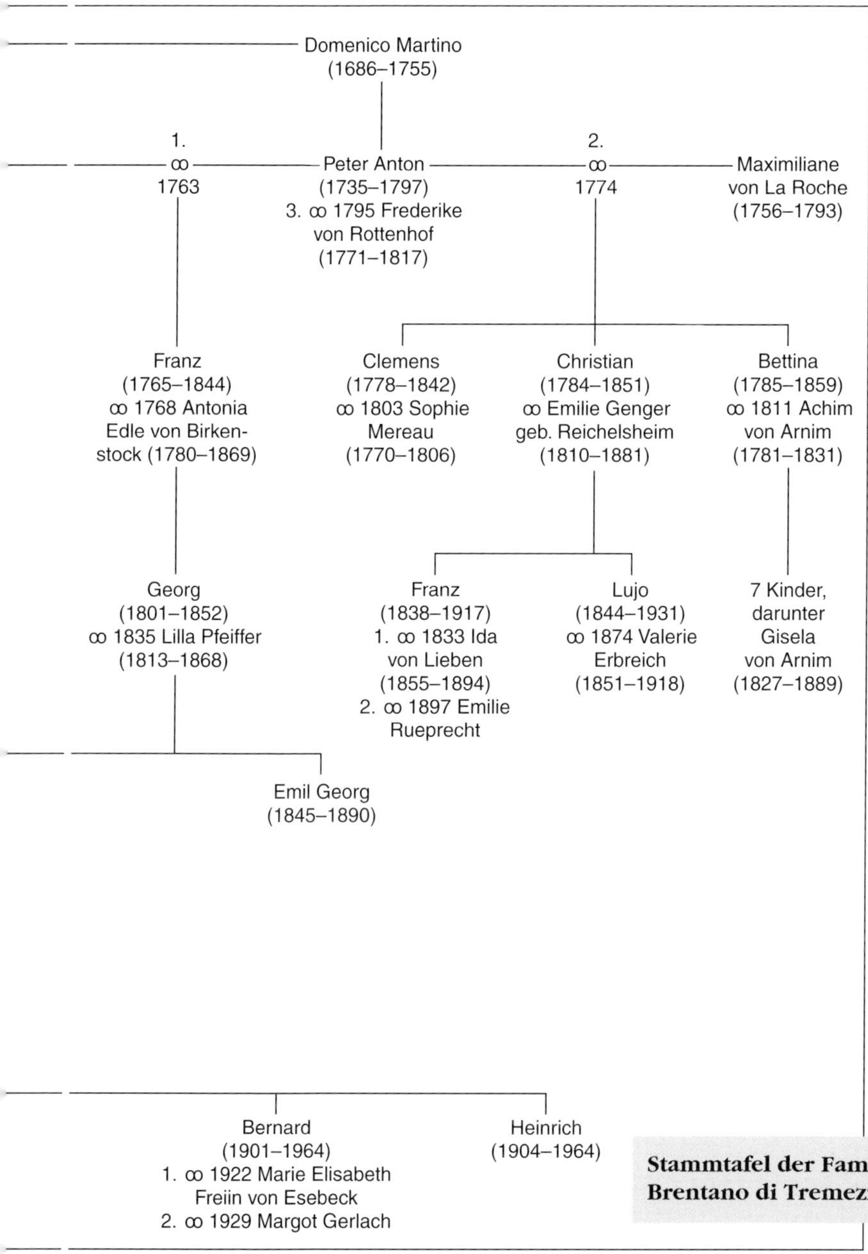

Stammtafel der Familie Brentano di Tremezzo

Abbildungsnachweis

Freies Deutsches Hochstift/Frankfurter Goethemuseum:
Abb. 5–8, 12, 14–22, 24–38
Fotos: Ursula Edelmann

Historisches Museum Frankfurt:
Abb. 4 (C 29455)
Abb. 10 (C 13952)
Abb. 13 (C 42651)
Fotos: Ursula Seitz-Gray

Institut für Stadtgeschichte Frankfurt a. M.:
Abb. 11

Baron Udo von Brentano und Baronin Angela von Brentano:
Abb. 9 (Oestrich/Winkel)

Privatbesitz Prof. Dr. Peter von Brentano und Tremezza von Brentano, Köln:
Abb. 41–45

Privatbesitz Dr. Weert Börner, Bonn:
Abb. 46–54

Aus Klaus Günzel: Die Brentanos, eine deutsche Familiengeschichte:
Abb. 1, 2, 3 und Titelbild

Hessisches Staatsarchiv Darmstadt:
Abb. 39 u. 40

Märkisches Museum Berlin:
Abb. 23

Zu den Autoren

Professor Dr. phil. Wilhelm Baumgartner
geb. 1944, Studium der Philosophie, Theologie, Politische Wissenschaften, Pädagogik in Dillingen, München, Providence USA (Brown University), Promotion 1975, Habilitation 1984, Ernennung zum Professor für Philosophie 1990. Leiter der Franz Brentano-Forschungsstätte am Institut für Philosophie der Universität Würzburg, zahlreiche Veröffentlichungen zur philosophischen Psychologie, Herausgeber der „Brentano-Studien".

Dr. Weert Börner
geb. 1930 in Berlin. Studium der Geschichte und Rechtswissenschaften. 1962–64 persönlicher Referent Heinrich von Brentanos bei der CDU/CSU-Fraktion des Deutschen Bundestages. 1965–71 im Auswärtigen Dienst. 1971/72 im Büro des Bundestagspräsidenten Kai-Uwe von Hassel. 1972–87 in der Landesverwaltung von Schleswig-Holstein und Niedersachsen. Staatssekretär a. D. Publikationen: Heinrich von Brentano (1966), Hermann Ehlers (1967).

Dr. Helma Brunck M. A.
geb. 1952 in Würzburg, Studium der Geschichte, Altphilologie und Rechtswissenschaften in Frankfurt a. M., Heidelberg, Marburg und Mainz. M. A. 1981, Promotion 1996. Vorwiegend freiberufliche Historikerin (Archive, Museen), Veröffentlichungen (Monographien und Aufsätze) zur Zeitgeschichte und zur hessischen Geschichte.

Professor Dr. jur. Dipl.-Dolm. Barbara Dölemeyer
geb. 1946 in Bad Langensalza/Thüringen, Wissenschaftliche Mitarbeiterin am Max-Planck-Institut für europäische Rechtsgeschichte in Frankfurt a. M. und Honorarprofessorin für Rechtsgeschichte an der Universität Gießen. Zahlreiche Publikationen zur Europäischen Gesetzgebungsgeschichte und Juristenbiografien sowie Beiträge zur hessischen Landesgeschichte.

Professor Dr. phil. Eckhart G. Franz
geb. 1931 in Marburg, Geschichtsstudium in Heidelberg, Portland (Oreg.), Freiburg/B. und Köln, seit 1959 Archivrat am Hessischen Staatsarchiv Marburg, 1971–1996 Direktor des Hessischen Staatsarchivs Darmstadt, Vorsitzender der Hessischen Historischen Kommission Darmstadt und des Historischen Vereins für Hessen. Zahlreiche Publikationen zur hessischen Geschichte.

Klaus Günzel
geb. 1936 in Zittau Bibliothekar, seit 1984 freischaffender Publizist. Mehrere Veröffentlichungen über Themen der deutschen Romantik, u. a. „Die Brentanos. Eine deutsche Familiengeschichte", Zürich 1993, sowie kulturgeschichtliche Essays in der „ZEIT" und im Magazin der „Frankfurter Allgemeinen".

Dr. Bernd Heidenreich
geb. 1955 in Frankfurt a. M., Ständiger Vertreter des Direktors der Hessischen Landeszentrale für politische Bildung.

Dr. Ulrike Hessler
geb. 1955 in Kassel, 1974–1980 Studium der Neueren Deutschen Literatur und der Romanistik in München. 1980–1984 wissenschaftliche Mitarbeiterin an der Universität Eichstätt. 1984 Promotion bei Wolfgang Frühwald in München über Bernard von Brentano. Seit 1984 an der Bayerischen Staatsoper: Ab 1988 Pressesprecherin, ab 1993 Leiterin der Public Relations Abteilung und Mitglied des Direktoriums. Publikationen zum Musiktheater.

Professor Dr. Rainer Koch
geb. 1944 in Leipzig, Wissenschaftlicher Assistent 1972–1975 am Friedrich-Meinecke-Institut der FU Berlin, 1975–1982 an der Johann Wolfgang Goethe-Universität Frankfurt a. M., 1974 Promotion, 1982 Habilitation, seit 1983 Direktor (ab 1989 Ltd. Direktor) des Historischen Museums Frankfurt a. M., seit 1994 aplm. Professor für Geschichtswissenschaften an der Universität Frankfurt. Zahlreiche Publikationen, darunter zur Geschichte der Stadt Frankfurt a. M.

Dr. Daniel Kosthorst
geb. 1960, von 1993 bis 1997 Wissenschaftlicher Mitarbeiter des Instituts für Zeitgeschichte, seit 1997 Wissenschaftlicher Mitarbeiter der Stiftung Haus der Geschichte am Zeitgeschichtlichen Forum Leipzig. Mehrere Veröffentlichungen zur Auswärtigen Politik der Bundesrepublik Deutschland, darunter „Brentano und die deutsche Einheit", Düsseldorf 1993.

Dr. Hans-Christof Kraus
geb. 1958, Historiker, Forschungsreferent am Forschungsinstitut für öffentliche Verwaltung bei der Deutschen Hochschule für Verwaltungswissenschaften zu Speyer.

PD Dr. Ulrike Landfester
geb. 1962 in Soltau/Niedersachsen, Studium der Neueren Deutschen Literatur, der Mediävistik und Anglistik in Freiburg/B. und München, 1993 Promotion, 1998 Habilitation in München. Wissenschaftliche Mitarbeiterin in München und Marburg bis 1993, von 1996 bis 1999 Mitarbeiterin im Projekt der DFG „Edition Rahel Levin Varnhagen" (Universität Hamburg), seit Mai 1999 Stipendiatin der DFG. Zahlreiche Publikationen (Aufsätze und Monografien) zur Romantik und zur Goethezeit, Editionen zu Bettine von Arnim u. a.

Dr. Brigitte Schad M. A.
geb. 1942 in Aschaffenburg, 1962–1968 Studium der Germanistik, Kunstgeschichte, Musikwissenschaft in Frankfurt a. M. Promotion mit einer Diss. über Clemens Brentano, berufliche Tätigkeiten im Journalismus, Museums- und Archivwesen, seit 1990 Leiterin der städt. Galerie Aschaffenburg; mehrere Publikationen, seit 1991 Herausgabe zahlreicher Ausstellungskataloge zur Kunst des 20. Jahrhunderts.

Professor Dr. Hartwig Schultz
geb. 1941 in Dortmund. Studium der Germanistik und Anglistik in Berlin, Wien und Göttingen, Promotion 1970, Lehraufträge an der FU und TU Berlin, Habilitation 1978 in Berlin. Seit 1975 Leiter der Brentano-Redaktion im Freien Deutschen Hochstift/Frankfurter Goethe-Museum, Mitherausgeber der historisch-kritischen Brentano-Ausgabe, apl. Prof. in Mainz. Zahlreiche Publikationen, darunter Edition des Arnim-Brentano-Briefwechsels und der Werke Eichendorffs.